Oswald Niederegger
Christoph Mayr

Hausbuch der Südtiroler Heilkräuter

Die Drucklegung dieses Buches wurde ermöglicht durch
die Stiftung Südtiroler Sparkasse,
die Autonome Region Trentino-Südtirol und
das ZDN (Zentrum zur Dokumentation von Naturheilverfahren – www.zdn.info)

BIBLIOGRAFISCHE INFORMATION DER DEUTSCHEN BIBLIOTHEK
Die Deutsche Bibliothek verzeichnet diese Publikation
in der Deutschen Nationalbibliografie; detaillierte
bibliografische Daten sind im Internet abrufbar:
http://dnb.ddb.de

Dezember 2005

Bildnachweis:
Die Abbildung auf Seite 167 (Leinsamen – *Linum usitatissimum L.*)
stammt von Hans Glaser, alle anderen von Christoph Mayr.
Für die gestattete Reproduktion der alten Kräuterdarstellungen
ergeht der Dank an folgende Institutionen:
Landesbibliothek Dr. Friedrich Tessmann, Bozen; Diözesanarchiv, Brixen;
Südtiroler Landesarchiv, Bozen; Stadtbibliothek Bozen.

Gestaltung und Satz: design.buero, St. Leonhard in Passeier
Druck: Athesiadruck, Bozen

ISBN 88-8266-342-6

www.athesiabuch.it
buchverlag@athesia.it

Oswald Niederegger
Christoph Mayr

Hausbuch der Südtiroler Heilkräuter

Gesundheit aus der Natur

VERLAGSANSTALT ATHESIA | BOZEN

Das berühmte Annenberger Kräuterbuch ist nach dem am Vinschgauer Sonnenberg oberhalb von Goldrain gelegenen Schloss benannt.

Vorwort

Ich war noch ein junger Apotheker, als ich einmal anlässlich einer Tagung gefragt wurde, ob ich nicht bereit wäre, eine Reihe von Vorträgen über Heilkräuter zu halten. Der Südtiroler Bevölkerung sollte die Bedeutung der Heilkräuter näher gebracht werden, damit sie sich wieder mehr den Kräften der Natur anvertraut. Es war damals die Zeit, als man bei Halsschmerzen sorglos penizillinhaltige Pastillen verwendete und es möglich war, dem Tierfutter leistungssteigernde Mittel beizumengen, die allesamt Antibiotika enthielten. Unsere Leute waren verunsichert und wussten nicht mehr so recht, was sie von den altbewährten Heilkräutern halten sollten, hatte man doch ein blindes Vertrauen in die Errungenschaften der modernen Medizin gesetzt, die eine baldige Heilung sämtlicher Krankheiten in Aussicht stellte. Die Leute hatten das Vertrauen und den Mut verloren, sich mit Bekanntem, Bewährtem, aber von vielen als altmodisch und überholt Geglaubtem auseinander zu setzen.

Mit meinen Vorträgen sollte ich den Leuten wieder Mut machen, ihnen die Gewissheit geben, dass die Heilkräuter und die sanfte Medizin im Allgemeinen wichtig seien und man sie deshalb pflegen und anwenden sollte. Während meiner langjährigen Tätigkeit als Referent kam ich immer mehr zur Überzeugung, dass die Heilkräuter zur Kultur unseres Landes gehören. Sie sind ein Teil des Lebens unserer Leute und fast jeder Südtiroler hat mit ihnen schon eine direkte Erfahrung gemacht, wenn auch das einschlägige Wissen durch die veränderten Lebensbedingungen immer geringer wurde. Diesen Vorträgen folgten bald weitere, zudem organisierte ich Fortbildungskurse und Seminare; später wurde mir die Gelegenheit geboten, im Rundfunk über Heilkräuter und deren Anwendung zu sprechen. So konnte ich im Laufe der Zeit vieles erklären, vieles mitteilen und vermitteln. Im Gespräch mit den vielen Leuten konnte ich auch wertvolles Wissen austauschen und neue, bereichernde Erkenntnisse sammeln. Es ist mir deshalb ein Anliegen, all denjenigen zu danken, welche mir Anregungen gaben, mir Verborgenes, Unbekanntes, ab und zu wohl auch Merkwürdiges von den Heilkräutern erzählt und mitgeteilt haben.

Dr. Oswald Niederegger ist Ende Oktober 2004 Opfer eines schweren Verkehrsunfalles geworden. Wenige Tage zuvor hat er dem Verlag das fertig gestellte Manuskript übergeben. Das Projekt wurde bis zur Veröffentlichung des Buches von seiner Tochter Dr. Ursula begleitet.

Nun sind wir wieder in einer etwas ähnlichen Situation. Wiederum gibt es Unsicherheit und Zweifel. Diesmal aber nicht wegen der oben angeführten Ursachen, sondern weil sich in den Medien eine meistens unqualifizierte Presse und eine auf Profit ausgerichtete Industrie der Heilkräuter angenommen haben. Sie werben des Öfteren mit professioneller Aufmachung, in psychologisch ausgeklügelten Artikeln und versuchen aus reinem Geschäftsinteresse so manchen Kräutern Eigenschaften zuzuschreiben, die sie nie besaßen und nie besitzen werden. Damit erwecken sie vergebliche Hoffnungen, die dann in Ratlosigkeit und Misstrauen umschlagen. So kann man laut dieser Werbung, um nur einige Beispiele zu nennen, dank unbekannter oder neu entdeckter Kräuter, mühelos abnehmen, Stress überwinden, Krampfadern loswerden oder – wer möchte das nicht – einfach schöner, besser und klüger werden.

Dieses Buch soll ein Gleichgewicht herstellen. Es soll vor allzu großen Erwartungen warnen, damit Enttäuschungen vermieden werden können, den Mutlosen aber Mut machen, sich mit dieser wertvollen Materie auseinander zu setzen. Es soll aber auch zum Versuch anregen, einige Heilkräuter durch eigenen Anbau und sorgfältige Pflege besser kennen zu lernen. Dadurch eignet man sich ein unvergleichliches, wertvolles Wissen an, sammelt für sich und andere Erkenntnisse und Erfahrungen und wird in die Lage versetzt, überliefertes und gefährdetes Kulturgut weiterzugeben.

Dieses Buch soll aber vor allem ein nützliches, einfach zu handhabendes Nachschlagewerk sein, in welchem jeder Benützer einen alten, vielleicht in Vergessenheit geratenen Bekannten wieder finden sollte. Es kann und soll natürlich nicht den Arzt ersetzen und sollte auch nicht zur unkritischen Behandlung von Krankheiten verleiten, sehr wohl aber einen Beitrag leisten, das eigene Wissen zu vermehren, eine Hilfe bei auftretenden Problemen leisten und ein Leitfaden für eine gesündere Lebensweise sein.

Dr. Oswald Niederegger
Meran, im Herbst 2004

Unser Land und die Heilkräuter

Im Gegensatz zu den vielen nutzbringenden Pflanzen und Früchten gedeihen im Garten der Natur auch solche, die Unheil und Verderben bringen. Der Sündenfall Adam und Evas wird hier als gutes Beispiel angeführt (Hortus Sanitatis, Ende 15. Jh.).

Zur Entwicklung der Heilkunst in Südtirol

Das moderne Gesundheitswesen unseres Landes, mit Ärzten, Apothekern und der gesundheitlichen Vorsorge, ist praktisch vollständig in das Dienstleistungssystem der Wirtschaft integriert. Es bedient sich sozusagen des technischen Fortschritts, es wird ein Teil desselben. Die ärztliche Behandlung ist für den Patienten eine Selbstverständlichkeit und mit derselben Gewissheit erwartet er vom Apotheker, das gewünschte Medikament zubereitet oder verabreicht zu bekommen. Noch vor hundert Jahren war dies aber keinesfalls die Regel. Bis dahin gab es in Südtirol nur wenige Ärzte mit einem Hochschulstudium. Auch die Apotheken waren dünn gesät und Einrichtungen, welche sich ausschließlich auf die Städte beschränkten. In der Krankenfürsorge spielten die Klöster mit der Einrichtung der ersten Spitäler und Apotheken eine große Rolle.

Vertreter anderer Heilberufe, wie die so genannten Bader und Wundärzte, zogen häufig durch das Land und boten ihre Dienste hauptsächlich auf Jahrmärkten und anderen Veranstaltungen an. Quacksalber, die ihre Mittel anpriesen, waren ebenfalls vertreten. Die Leute waren nicht sehr kritisch und all denjenigen dankbar, die sich der Gesundheit annahmen oder zumindest so taten, als ob sie etwas davon verstünden. Die Bevölkerung hatte grundsätzlich keine andere Wahl, sie war also meist gezwungen, sich selbst zu kurieren. Die wirksame Arznei aus uraltem Wissensschatz der Volksmedizin brachte Heilung und war jahrhundertelang die einzige Möglichkeit einer Therapie. Die Schreibkundigen legten sich eigene Rezeptsammlungen an, wie es heute noch manchmal einige Hausfrauen für Kochrezepte tun, in denen Heilmittel gegen Krankheiten von Mensch und Tier aufgezeichnet wurden. Meist lagen diesen Rezepten keine eigenen Entdeckungen zugrunde, sie waren vielmehr das Produkt von Erfahrung und Überlieferung, von Erfolgen und Misserfolgen. Manches wurde von fremder Quelle übernommen, manches wurde aber als

Darstellung eines mit dem Mischen und Zerstoßen beschäftigten Apothekers (Hortus Sanitatis, Ende 15. Jh.).

überliefertes Grundwissen genutzt und weitergegeben. Diese Rezeptsammlungen stellen als Arzneivorschriften ein Wissensgut dar, dessen sich viele Tiroler bedienten.

Damals kannte man ja noch nicht die synthetischen Arzneimittel von heute und man musste sich durch überlieferte Erfahrungen und Erkenntnisse ganzheitlich ausgerichteter Medizin helfen. Auch waren die Entfernungen ganz anders, man hatte keine Möglichkeit, schnell und problemlos von einem Ort zum anderen zu kommen. Die Kommunikation erforderte Zeit, die Informationen waren spärlich und auf einige wenige beschränkt. Man musste sich deshalb selbst helfen, anderen beistehen und alles nur Mögliche tun, um für den Ernstfall gewappnet zu sein. In jener Zeit bemühte man sich, die Ursachen der Krankheit zu erforschen und zu erkennen, beobachtete sehr genau den Verlauf des Übels und versuchte, bei der Bekämpfung der Erkrankung dem Körper behilflich zu sein.

Beispiele aus dem Tiroler Rezeptschatz dürfen die Bedeutung alter Heilmethoden unterstreichen. Im Annenberger Arzneibuch wird unter anderem die Weidenrinde zur Behandlung von Gicht und Rheuma eingesetzt. Schon Hippokrates, Dioskurides und Galen hatten die Weidenrinde gegen Rheuma und Fieber empfohlen. Wegen ihrer Fieber senkenden Eigenschaft wurde die Weidenrinde 1818 in das französische und 1842 in das amerikanische Arzneibuch aufgenommen.

Der 1500 in Siena geborene und 1577 in Trient verstorbene Arzt und Botaniker Pier Andrea Mattioli war einer der bedeutendsten Naturwissenschaftler seiner Zeit. Das von ihm verfasste und 1586 von J. Camerarius herausgegebene illustrierte »Kreutterbuch« ist eine bibliophile Kostbarkeit ersten Ranges.

Salicin wurde 1830 als erster Wirkstoff vom französischen Apotheker Leroux aus der Weidenrinde isoliert. Auch die Rinde anderer Bäume enthält Salicin, beispielsweise die der mit der Weide verwandten Pappel; in Essig eingeweichte Pappelblätter wurden übrigens von den alten Römern als Pflaster zur Linderung von Schmerzen bei Gicht verwendet.

Der Spierstrauch, unser Mädesüß, gedeiht in den Feuchtwiesen Europas und seine weißen duftenden Blüten sind von Mai bis August bis in bergige Gegenden um 1700 Meter zu finden. Diese Blüten wurden als Hausmittel gegen Rheuma empfohlen. Durchaus zu Recht, denn 1874 isolierte der deutsche Chemiker Nietzki aus den Blütendolden eine Substanz, die hauptsächlich aus Salicylsäure besteht. Diese und ihre Abkömmlinge wurden bis zum Erscheinen von Kortison um 1950 auch zur Behandlung von akutem Gelenkrheuma eingesetzt. Inzwischen hat die Therapie mit Kortison wegen der vielfältigen, unangenehmen und gefährlichen Nebenwirkungen wieder stark an Bedeutung verloren und die Salicylderivate werden wieder aktuell.

Kein anderes Medikament hat einen so großen Erfolg zu verzeichnen, wie das Aspirin. Es ist heute noch, über hundert Jahre nach seiner Einführung, ein zuverlässiges Hausmittel. Der Stil der Werbung hat sich allerdings geändert.

Die Markteinführung der Acetilsalicylsäure, des Aspirins, geschah am 1. Februar 1899, am Vorabend eines Jahrhunderts, in dem die moderne Medizin nach jahrtausendelangen empirischen Versuchen und zufälligen Entdeckungen den Durchbruch schaffen sollte. Sehr schnell wurde das Aspirin zum Wundermittel und zum weltweit meistverkauften Heilmittel. Es ist es immer noch und wird es vermutlich auch bleiben, denn seine Möglichkeiten sind längst nicht alle ausgeschöpft.

Solche Betrachtungen über die Entwicklung eines modernen Medikamentes aus der Pflanzenheilkunde könnte man beliebig fortsetzen, das Aspirin sollte nur ein Beispiel für alle sein. Nur so wird uns bewusst, wie oft in einfachen Kräuterbüchern und Rezeptsammlungen Schätze für unsere Gesundheit verborgen sein können. Die Weltgesundheitsorganisation hat deshalb solche Studien in Auftrag gegeben, denn man erhofft sich, durch eine weltweite Bearbeitung dieser Sammlungen weitere Entdeckungen zu machen.

Jahrhundertelang waren die Klöster mit ihren Apotheken und Spitälern für die Heilkunde von

Der Kurort Meran hat in seiner Blütezeit ein internationales, vornehmes Publikum angezogen, zu dem auch Fürsten und Könige zählten. Ein früherer Besitzer der Central-Apotheke mag eine gute Verbindung zu diesen Kreisen gehabt haben, sonst hätte man ihn wohl nicht zum Königlich Serbischen Hof-Apotheker ernannt.

Erinnerungen an anno dazumal.
Eine kleine Auswahl von in Apotheken üblichen Verpackungsarten.

größter Bedeutung. Sie waren die einzigen Orte, in denen etwas für die Gesundheit getan werden konnte, in denen die Pflanzenheilkunde gepflegt und studiert wurde. Die Situation änderte sich langsam mit der Gründung von Universitäten und ihren medizinischen Fakultäten. Kaiser Friedrich II. trennte mit dem Medizinaledikt 1240 den Beruf der Apotheker von dem der Ärzte. Im Tiroler Raum finden wir bereits 1303 die Erwähnung eines Apothekers. In diesem Jahr kauft Otto, der Kämmerer des Landesfürsten, in der »Apotecca magistri Bartholomei in Inspruka« Wachs, Pfeffer und Safran. In Bozen wurde 1317 eine Apotheke errichtet. Der bekannte Chronist von Meran Cölestin Stampfer veröffentlichte 1887 (Beilage zum Burggräfler Nr. 10) ein urkundliches Verzeichnis der Apotheker von Meran. Demzufolge erscheint im Jahre 1335 ein gewisser Berthold, »Bürger zu Meran«, als ältester nachweisbarer Apotheker in der Passerstadt.

Aus der Schrift eines Arztes aus der damaligen Zeit ist zu ersehen, dass die hier als Apotheker bezeichneten Personen wohl nur als Gewürz- und Kräuterhändler zu betrachten sind, die nebenbei auch Medikamente verabfolgt haben mochten. Bis 1575 dürften nur selten geprüfte Apotheker in der alten Passerstadt zu finden sein, wohl aber Quacksalber (Quecksilber gegen Syphilis!), Marktschreier, Zahnbrecher und dergleichen. Diese Pillendreher verkauften damals Pflaster, Pillen, Kräuter, Gewürze und Drogen, darunter hauptsächlich Abführmittel.

Damit möchte ich die enge Verbindung der Apotheken und ihrer Einrichtungen zur Kräuterheilkunde unterstreichen, die in Südtirol und im ganzen Alpenraum Hand in Hand mit der Entwicklung und dem Fortschreiten der Medizin geht. Heute verfügen die Apotheken über eine meist hervorragend sortierte und gepflegte Kräuterabteilung. Bis ein Heilkraut zum Patienten gelangt, muss eine Reihe von Vorkehrungen getroffen werden, die gewährleisten, dass alle Bedingungen, die eine Verwendung als Heilmittel erfordert, erfüllt sind.

Die in der Apotheke verkauften Heilkräuter sind allesamt mit einem Zertifikat versehen, das über Erntezeit, Herkunft und Inhaltsstoffe Aufschluss gibt, und entsprechen somit den Anforderungen. Ebenfalls wird bestätigt, dass keine mikrobiologische Verunreinigung vorliegt, dass keine Microtoxine enthalten sind und diese Heilkräuter nicht mit Schwermetallen belastet sind, wie es vorkommen kann, wenn diese z. B. in der Nähe von verkehrsreichen Straßen geerntet werden. Auch eine Analyse der Radioaktivität ist beigelegt sowie eine Erklärung, dass in diesen Kräutern keine Rückstände von Phytopharmaka vorhanden sind.

Bis vor einigen Jahren galten Leute, welche sich mit Heilkräutern beschäftigten, als überholt oder rückständig. Dies hat sich aber erfreulicherweise in den letzten Jahren wieder geändert. In unserem Zeitalter der Technik hat die Forschung ungeahnte Möglichkeiten eröffnet, die immer öfter auch zur kritischen Untersuchung der Wirkstoffe der Heilkräuter eingesetzt werden, mit teilweise verblüffenden Ergebnissen. Wirkstoffe werden bestätigt, andere werden entdeckt, was wiederum bewirkt, dass heute einige Heilkräuter in einem anderen Licht aufscheinen. So wurden zum Beispiel die Inhaltsstoffe des Huflattichs geprüft und, neben den überaus gut wirksamen Eigenschaften der Pflanze, leider auch schädliche Zusammensetzungen gefunden, welche den Gebrauch des an und für sich wertvollen Heilkrautes einschränken. So dient die moderne Wissenschaft auch dem Schutz des Patienten, denn schädliche Substanzen werden aufgespürt, aufgelistet und hervorgehoben. Diese Untersuchungen und Prüfungen haben der Phytotherapie, das ist die Therapie mit Heilkräutern, eine neue Dimension gegeben. Diese Art der Auseinandersetzung nimmt den Heilkräutern wohl jenen Hauch von Romantik, von Mysteriösem und Zauberhaftem, der in einem in einer Einsiedelei wohnenden Kräuterweiblein, welches das magische Wissen für sich behält, in unserer Vorstellung weiterlebt. Dafür wird der Gebrauch der Heilkräuter aber sicherer und genauer. In der Vergangenheit haben die Heilkräuter für alle Erkrankungen herhalten müssen, denn die Devise lautete: Für alle Krankheiten gibt es das entsprechende Heilkraut. Dem ist leider nicht so, weil sich auch im Laufe der Zeit die Krankheiten geändert haben. Im Altertum waren die Wunden von Bissen

Im Altertum und Mittelalter wurde Kermessirup als Nerven-, Kopf-, Herz- und Magenmittel angewendet. In Verbindung mit anderen Stoffen waren Kermespräparate ein unfehlbares, aber sehr kostspieliges Mittel gegen fast alle Krankheiten (Hortus Sanitatis, Ende 15. Jh.).

wilder Tiere sowie Plagen die wichtigsten Ereignisse. Im Mittelalter standen die für uns in der heutigen Zeit unvorstellbaren Epidemien im Zentrum des Interesses, hervorgerufen von ansteckenden Krankheiten, wie der als Schwarzer Tod bezeichneten Pest, welche Millionen von Menschen dahinraffte, außerdem Typhus, Cholera, Schwindsucht und Syphilis.

Viele der überlieferten wundersamen Heilungen durch Heilkräuter haben sicherlich nie stattgefunden. Nachdem viele der früher unheilbaren Krankheiten durch ein anderes Hygienebewusstsein und durch synthetische Wirkstoffe erfolgreich bekämpft werden konnten, sind es heutzutage der Krebs und vor allem die Folgen einer falschen Lebensweise, welche die größten Probleme darstellen. Da lauert immer noch die Gefahr, bei zweifelhaften, raffinierten, gut getarnten Personen zu landen, welche Heilung und Besserung versprechen, obwohl es für gewisse Krankheiten noch keine Heilung gibt. Nur der aufgeklärte Leser ist in der Lage, kritisch zu urteilen und frei zu entscheiden, ob er mit einem Heilkraut oder einem Medikament eine vorübergehende Unpässlichkeit behandeln will.

Laufend werden in der wissenschaftlichen Presse neue Studien über Pflanzen veröffentlicht. Immer neue Erkenntnisse und Anwendungen werden gewonnen und eingeführt. Deshalb ist auch der Inhalt dieses Buches nicht etwas Statisches und ein für alle Zeiten gültiges und unverrückbares Dogma. Das Buch befasst sich aber ausführlich mit der zur Zeit bekannten und erprobten Anwendung der gebräuchlichen Heilkräuter. Es wird immer Neues und Anderes, Zusätzliches und Überraschendes dazukommen, oder Bekanntes sich einfach verändern. Das ist es, was die große Faszination ausmacht, die von den Heilkräutern ausgeht.

Die geheimnisvolle Alraunwurzel (Mandragora officinarum) galt im Volksglauben als wirkungsvolles Zaubermittel und Aphrodisiakum. Nicht umsonst gehörte sie zu einem wichtigen Requisit vieler Wunderheiler und Quacksalber, die ihre »Heilkunst« meist auf öffentlichen Märkten darboten (P.A. Mattioli, 1586).

Ein gesundes Leben

Allgemeines – Grundlegendes

Die Welt hat in den letzten Jahrzehnten einen außerordentlichen Aufschwung der Technik, der Technologien sowie der Gentechnik erlebt, und das scheint erst der Beginn einer neuen Epoche zu sein. Einen Aufschwung gab es besonders in allem, was Materie ist, was sich mittels Messungen und Experimenten erfassen lässt. Oberflächlich gesehen, mag alles außergewöhnlich, ausgezeichnet und berauschend aussehen. Wenn man aber diese Entwicklung etwas genauer betrachtet und kritisch beurteilt, stößt man allerdings auf eine lange Reihe von Problemen, welche aus einer solchen Weltanschauung erwachsen. Dadurch, dass der Mensch sein Augenmerk nur mehr beinahe ausschließlich auf seine Umgebung, auf seine Umwelt, also nach außen richtet, ist er nicht mehr in der Lage, ein bleibendes Glück, ein ausgewogenes Gleichgewicht seines Ichs, ein gesundes, harmonisches Leben zu verwirklichen.

Es liegt auf der Hand, dass wir äußere Schwierigkeiten, körperliche Probleme, Verlust der Gesundheit und andere unangenehme Dinge, die auf uns zukommen, leichter ertragen, wenn wir uns geistig wohl fühlen, uns in einem ausgeglichenen Zustand befinden. Im Gegensatz dazu können wir eine geistige Bedrücktheit, ein geistiges Unbehagen nicht nur dadurch beseitigen, dass wir die äußere Umgebung umgestalten, die äußere Umgebung angenehm und bunt einrichten, indem wir uns mit allerlei käuflichen Dingen zu trösten versuchen.

Man kann feststellen, dass die Welt heutzutage Fortschritte gemacht hat, die früher undenkbar waren, gegenwärtig aber unser Leben bis ins kleinste Detail mitbestimmen. Man kann jedoch gleichzeitig erkennen, dass sich auch Ängste ausgebreitet haben, welche früher ebenfalls undenkbar waren.

In dieser sich rasch und unaufhaltsam verändernden Welt, in der das Heute schon alt und untauglich zu sein scheint, versucht jeder einen Weg zu finden, der es ihm ermöglicht, sich irgendwie durchzumogeln. Der Halt scheint verloren, Althergebrachtes und bis gestern Gewisses scheint in Frage gestellt zu sein, immer neue Weisheiten, von irgendwelchen Experten untermauert, haben einen kurzen Moment der Berechtigung. Viele schwere Krankheiten, welche in der Vergangenheit die Menschheit fast ausgerottet hätten, wie die Pest, die Tuberkulose, die Syphilis, die Pocken usw., sind heute dank der Errungenschaften der Medizin keine allzu große Bedrohung mehr. Die verbesserten hygienischen Bedingungen, die Fortschritte in der Chirurgie haben die Lebenserwartung in die Höhe schnellen lassen. Auch eine lückenlose, aufgeklärte medizinische Versorgung hat die Krankheitsbilder verschoben und vielen Patienten das Leben verlängert. Ob sie es erträglicher gemacht hat, das kann man bezweifeln.

Ein gesundes, ausgeglichenes Leben ist in der heutigen Zeit nicht so leicht zu erreichen, denn niemand ist mehr bereit, etwas aufzugeben, ohne sofort etwas dafür zu bekommen. Ein jeder versucht sein Ego in eine mehr oder weniger geglückte Scheinwelt zu versetzen. Viele verbergen ihre Persönlichkeit, zu der sie kein Vertrauen mehr haben, hinter dicken Mauern. Sie machen sich und der Umgebung etwas vor und glauben damit sich und andere täuschen zu können. Dies alles kostet eine Menge Kraft, verbraucht viel Energie, und so kommt es, dass Neurosen, Angstzustände, Panikanfälle oder Depressionen den Alltag begleiten. Man sucht Zuflucht in der Masse, versteckt sich, indem man jede modische Ausgelassenheit mitmacht. Dies beginnt bereits in der Jugend: Schon allzu früh verfällt man der Anonymität der Massen, der Anonymität der Trends, dem um jeden Preis »in«-sein-Wollen. Auf der Strecke bleibt ein zermartertes Ich, ein zerbrechliches Bild seiner selbst, ein frustriertes Alltagsleben, bei dem sehr viele, leider allzu viele, untergehen. Man sucht dann oft Zuflucht bei Medikamenten, Alkohol und Drogen, nur nicht bei sich selbst.

Ein gesundes Leben soll auch einen Teil der eigenen Persönlichkeit enthalten. Man soll sich akzeptieren, wie man ist, lernen, sich selbst zu spüren, das Leben bewusst zu erleben – sich fühlen und lieben lernen. Nur so wird man in die Lage versetzt, die Qualität der eigenen Person zu spüren, in sich hineinzuhören, das zu erkennen, was einem gut tut und was nicht, was man braucht und was überflüssig ist. So kann man Störungen erkennen, nur auf diese Weise wird man in die Lage versetzt, auch mit Hilfe leichter, harmonischer Heilmittel, wie es die Heilkräuter sein können, wieder nachhaltig gesund zu werden. Der Arzt ist und bleibt immer der erste Ansprechpartner, er ist derjenige, der eine Diagnose stellen und eine Krankheit erkennen kann. Es ist aber der aufgeschlossene Patient selbst, der seinem Körper helfen kann, Unpässlichkeiten, Krisenmomente, ja Krankheiten zu überwinden.

Die Ernährung

Die Gesundheit und die Ernährung sind innig miteinander verbunden. Mit einer falschen, nicht bewussten, unausgewogenen Ernährung kann man nicht gesund bleiben. Auch wenn es notwendig erscheint, Mängel durch Zusätze auszugleichen, ist der Körper mit der Zeit nicht mehr in der Lage, dauernde Stresssituationen auszugleichen. Schonend mit dem eigenen Körper umgehen heißt, die eigenen Bedürfnisse zu kennen und zu versuchen, durch Maß und Ziel ein gesundes Gleichgewicht zu erlangen.

Kräutertees können dabei eine große Hilfe sein, doch man kann nur dann ihre ganze Kraft schöpfen, wenn man lernt, diese bewusst anzuwenden, wenn man lernt, sie in einen positiven und ausgeglichenen Lebenslauf einzubeziehen. Wir werden einräumen müssen, öfter Fehler gemacht zu haben, aus Unwissenheit, aus Nachlässigkeit oder aus

Trägheit. Wir werden auch zu dem Schluss kommen, dass es unmöglich ist, alles Wünschenswerte zu haben, ohne auf etwas verzichten zu müssen.

Gesund sein heißt, im Gleichgewicht mit sich selbst sein, gesund bleiben heißt, möglichst Richtiges zu tun, gesund werden bedeutet, sich seiner selbst bewusst zu werden, zu lernen, in sich und auf sich zu hören. Das Wohlbefinden und eine angemessene Gesundheit hängen von einer ausgewogenen und möglichst naturnahen Ernährung ab. Um zu wissen, ob man sich richtig ernährt, kann eine Waage sehr gut helfen, denn sie ist unbestechlich und zeigt ohne Erbarmen alles auf, was man richtig oder falsch gemacht hat.

Heutzutage sind immer mehr Leute, ob jung oder alt, übergewichtig. Das mag für viele Personen bedeutungslos sein, denn sie glauben, sich wohl zu fühlen, sie geben nicht zu, dem Gewicht gegenüber ohnmächtig zu sein. Sie werden des Öfteren versucht haben abzunehmen, viele Diäten hinter sich haben, vielen gut gemeinten Ratschlägen gefolgt und immer wieder neue Schlankheitsdiäten ausprobiert haben. Trotzdem ist es nicht gelungen, auf Dauer ihr Gewicht zu reduzieren. Immer wieder fällt der Übergewichtige in die alten Ernährungsgewohnheiten zurück, immer wieder erliegt sein guter Wille den allgegenwärtigen Versuchungen, und so kommt es, dass langsam, aber sicher der alte Zustand wieder erreicht wird.

Durch eine Vielzahl von Studien wurden die Vorteile einer Gewichtsreduzierung belegt. Übergewicht zu haben ist ungesund. Viele Erkrankungen könnten vermieden werden, wenn dem Gewicht mehr Augenmerk geschenkt würde. Viele Personen glauben, an »Lebensqualität« zu verlieren, wenn sie sich gesund und genügsam ernähren. Sie behaupten sogar, es entgehe ihnen etwas, wenn sie nicht alles – und das im Überfluss – haben.

Doch Übergewichtige nehmen mit der Nahrung eine Menge so genannte freie Radikale zu sich, das sind Atome oder Moleküle, die chemisch gesehen sehr reaktionsfreudig sind und daher sehr stark mit der unmittelbaren Umgebung reagieren. Diese freien Radikale sind bis zu einem gewissen Grad dem Menschen nützlich, denn sie bekämpfen unter anderem Mikroorganismen und helfen, fremde Substanzen abzubauen. Die meisten in den Industriestaaten lebenden Menschen führen aber durch Umweltgifte, durch industrielle Verarbeitung von Nahrungsmitteln, durch übermäßigen Verbrauch an Fetten, hauptsächlich tierischer Herkunft, durch Stress oder Tabakrauch, übermäßigem, meist hochgradigem Alkoholkonsum mehr freie Radikale dem Körper zu, als dieser verkraften kann. Diese überschüssigen freien Radikale zerstören Zellbausteine, Membranen und Erbsubstanz, sie spielen bei der Entstehung von Herz- und Krebserkrankungen und beim menschlichen Alterungsprozess eine wesentliche Rolle. Aus einer Studie der Weltgesundheitsorganisation der letzten Zeit geht hervor, dass rund 30 % aller Krebserkrankungen durch falsche Ernährung verursacht werden.

Wie schnell wir altern, ist einerseits von der Qualität unseres Erbmaterials, andererseits von der Lebensweise, insbesondere der Ernährung abhängig. Eine ausgewogene Ernährung mit reichlich Gemüse, Salat und Obst liefert ausreichend Vitamin A, C und E sowie Spurenelemente wie Selen und Zink, die dem so genannten oxidativen Stress entgegenwirken können. Eine zusätzliche Zufuhr von Vitaminen und Spurenelementen über den täglichen Bedarf ist weder notwendig noch sinnvoll, auch wenn heutzutage durch kommerzielles Interesse ohne medizinische und wissenschaftliche Begründung viel darüber berichtet wird.

Das Zigarettenrauchen überflutet sozusagen den gesamten Organismus mit freien Radikalen; nicht zu rauchen oder mit dem Rauchen aufzuhören stellt neben einer gesunden Ernährung die wichtigste Maßnahme dar, den oxidativen Stress des Körpers zu verringern. Oxidativer Stress entsteht, wenn mehr freie Radikale zugeführt werden, als der Körper verkraften kann.

Was bedeutet aber »ideales Gewicht«? Wie viel muss ich wiegen, damit ich weiß, ob mein Gewicht ein angemessenes ist? Ich bin kein Freund von Formeln und werde in diesem Buch auch keine anderen anführen, aber um zu wissen, wie es um mein Gewicht steht, empfehle ich eine leicht zu erlernende Formel. In den letzten Jahren hat sich der BMI, der so genannte »Body Mass Index«, als tauglich durchgesetzt. Mit diesem Index kann man schnell und unkompliziert erfahren, wie es um das eigene Gewicht steht. Der BMI ist nichts anderes als das Gewicht in Kilogramm, geteilt durch die Größe im Quadrat. Das heißt in wenigen Worten: wenn ich 75 Kilogramm wiege und 1,71 Meter groß bin, dividiere ich meine 75 Kilogramm durch das Quadrat von 1,71 (1,71 × 1,71 = 2,92), also 75 : 2,92 = 25,68. Ein normales Gewicht habe ich, wenn das Resultat meiner Rechnung zwischen 20 und 25 liegt. Untergewicht habe ich, wenn der BMI unter 20 liegt, Übergewicht habe ich bei einem BMI von 25–30, stark übergewichtig bin ich, wenn mein BMI über 30 liegt. So kann ich leicht erkennen, dass die oben errechneten 25,68 ein ganz leichtes Übergewicht bedeuten. Das Normalgewicht soll aber keine starre Zahl sein, denn so wie man sich im Leben verändert, ändert sich auch das Normalgewicht mit der Zeit. So kann man von einem wünschenswerten BMI sprechen, der dem Alter angepasst ist.

Um das Gesagte zu veranschaulichen, habe ich eine leicht zu lesende Tabelle zusammengestellt, die auf einen Blick die Situation erklärt:

ALTERSGRUPPE	UNTERGEWICHT	NORMALGEWICHT	ÜBERGEWICHT
19 bis 24 Jahre	< 19	19 bis 24	> 24
25 bis 34 Jahre	< 20	20 bis 25	> 25
35 bis 44 Jahre	< 21	21 bis 26	> 26
45 bis 54 Jahre	< 22	22 bis 27	> 27
55 bis 64 Jahre	< 23	23 bis 28	> 28
über 65 Jahre	< 24	24 bis 29	> 29

BMI über 30 bedeutet Fettsucht.
BMI über 40 bedeutet extreme Fettsucht.

Schlank sein wird in der heutigen Zeit mit dynamisch und erfolgreich gleichgestellt. Das Angebot an Schlankheitskuren, Diäten, Abspeckungsprogrammen, Schlankheitspillen und Wundermitteln ist enorm. Sämtliche Zeitschriften enthalten welche, die Bücherläden sind voll von Ratgebern und Elaboraten von Besserwissern. Auf die Dauer sind sie fast alle unwirksam, denn sie sind meistens unseriös und zielen mehr auf die Schlankheit des Geldbeutels, als auf diejenige des Körpers ab.

Es gibt einige einfache Grundsätze und Regeln, die ohne Tabellen, Zählapparate, Badezusätze, Massagegeräte, Turnhilfen und Diätvorschriften auskommen. Als Erstes muss man bei Übergewicht die Essgewohnheiten ändern und sich an diese geänderten Gewohnheiten halten, was immer auch komme. Die Verlockungen sind überall gegenwärtig, in Kaufhäusern, in den Geschäften, in Zeitungen, auf Plakaten, im Fernsehen, in den Restaurants.

Ein ganz wichtiger Grundsatz ist, Nahrungsmittel möglichst unverarbeitet zu sich zu nehmen. Denken Sie an die Tatsache: je naturbelassener, desto gesünder.

Obst und Gemüse sind die wichtigsten Lieferanten für Vitamine, welche für die Stärkung der Abwehrkräfte und gegen Infektionen gebraucht werden. Obst und Gemüse enthalten überdies Carotenoide, Bioflavone und phytochemische Stoffe, das sind allesamt Stoffe, die einen großen Einfluss auf unsere Gesundheit haben.

Carotenoide sind für den Farbstoff verantwortlich, dem Nahrungsmittel wie Möhren, Aprikosen und Mangos ihre gelbe Farbe verdanken. Betacarotin gehört zu den Antioxidantien, die dazu beitragen, den Körper langfristig gesund zu erhalten, und möglicherweise vor den Auswirkungen von Alter und Krankheiten schützen. Bei Bedarf kann der Körper Betacarotin in Vitamin A umwandeln.

Bioflavonoide sind chemische Stoffe, welche in Früchten wie Zitronen, roten Trauben, Pflaumen, Grapefruits, Kirschen, Brombeeren und Schwarzen Johannisbeeren sowie in Buchweizen, schwarzem Tee und Kohl enthalten sind. Bioflavonoide besitzen meist ausgeprägte antioxidative Eigenschaften, das heißt, sie können ebenfalls freie Radikale binden. Außerdem stärken sie zusammen mit Vitamin C die kleinen Blutgefäße, welche Kapillaren genannt werden. 2–3 × täglich Obst, 3–4 × täglich Gemüse sollte man versuchen zu sich zu nehmen.

Phytochemische Stoffe sind eine Gruppe von Substanzen, von denen man vermutet, dass sie in gewissem Umfang vor Krebs, Herzerkrankungen, Arthritis, Bluthochdruck und anderen Störungen schützen können. Der Beweis steht bisher noch aus, doch deutet vieles darauf hin, dass Menschen, die viel Obst oder Gemüse essen, seltener an Krebs erkranken.

Zu den phytochemischen Stoffen gehören unter anderem Betacarotin, Indole und Isothiocyanate. Viele dieser Stoffe sind in Zitrusfrüchten, Zwiebeln, Äpfeln und Trauben enthalten sowie in Broccoli und anderen Gemüsesorten.

Obst und Gemüse enthalten auch Ballaststoffe, welche eine überaus wichtige Rolle bei der Verdauung spielen und zur Erhaltung eines gesunden Darms beitragen. Es gibt lösliche und unlösliche Ballaststoffe. Die löslichen Rohfasern werden durch Bakterien im Dickdarm in kleinere Bestandteile zerlegt. Lösliche Ballaststoffe können dazu beitragen, einen hohen Cholesterinspiegel und damit das Risiko einer Erkrankung der Herzkranzgefäße zu senken. Viele lösliche Ballaststoffe liefern Früchte, vor allem Dörrobst, Äpfel, grünes Gemüse, Hülsenfrüchte wie Erbsen, Linsen oder Bohnen und bestimmte Getreideprodukte wie Haferflocken und Weizenkleie.

Die unlöslichen Ballaststoffe, die in der Kleie, in vielen Gemüsesorten sowie im naturbelassenen Getreide jeglicher Art enthalten sind, fördern die Verdauung, indem sie den Durchgang durch den Darm beschleunigen.

Getreide und Zerealien sind der Kraftstoff des Lebens, sie sind reich an Vitaminen und enthalten Stärke, die ein komplexes Kohlenhydrat darstellt. Stärke besteht aus Zuckerbausteinen und ist die wichtigste Energie- und Kohlenhydratquelle der menschlichen Ernährung. Besonders stärkehaltig sind Getreideprodukte, wie Brot, Nudeln und Reis, sowie Kartoffeln. 70–100 g am Tag sind für eine gesunde, ausgewogene Ernährung notwendig. Sinnvoll ist es, anstatt der heutzutage gereinigten Getreidesorten naturbelassene integrale Sorten zu verwenden. Haushaltszucker, Weißmehl und polierter Reis sind Beispiele für stark verarbeitete, raffinierte Lebensmittel, deren wesentliche Bestandteile so verändert wurden, dass viele der ursprünglich enthaltenen Nährstoffe verloren gegangen sind. Weißmehl und polierter Reis büßen den größten Teil ihrer Ballaststoffe ein, Reis darüber hinaus das Vitamin B1. Allerdings wird durch die Verarbeitung die Haltbarkeit der Lebensmittel verlängert.

Fleisch, Fisch und Eier. Die extrem leichte Verfügbarkeit und auch die teilweise einfache Art der Zubereitung haben den Verbrauch dieser an sich wichtigen Lebensmittel fast schon zu einem Missbrauch werden lassen. Nicht öfter als 1–2 × die Woche sollten sie auf dem Speisezettel stehen. Das Fleisch ist eine der besten Quellen für Eiweißstoffe, Vitamine und andere Nährstoffe. Fleisch enthält auch viel Eisen, das besser verwertet werden kann, als das im Gemüse enthaltene. Eisen ist unerlässlich für die Muskulatur und für den Aufbau des Hämoglobins, welches in den roten Blutkörperchen den Sauerstoff zu den Zellen transportiert. Wir nehmen heutzutage im Durchschnitt fast doppelt so viel Eiweiß zu uns, wie notwendig wäre, und belasten dadurch Nieren und Leber. Fleisch und auch Milchprodukte enthalten viele gesättigte Fettsäuren, welche die häufigste Form von Fett darstellen. Gesättigte Fettsäuren stehen im Verdacht, das Risiko für Erkrankungen der Herzkranzgefäße zu erhöhen. Deshalb sollte man fettarmes Fleisch verzehren, und zwar, wie gesagt, nicht mehr als 1–2 × in der Woche mageres Rind, Lamm oder Schweinefleisch, 2–3 × die Woche Huhn, Truthahn, Fisch oder Meeresfrüchte; jeweils nicht mehr als 70–120 g pro Mahlzeit. Kleine Fische sind weniger mit Umweltgiften belastet als große und enthalten ebenso viele essentielle Fettsäuren, das sind die ungesättigten, die gesunden Fettsäuren, welche der Körper nicht selbst herstellen kann und mit der Nahrung zugeführt werden müssen. Es gibt im Wesentlichen zwei Gruppen von essentiellen Fettsäuren: zum einen die Omega-6-Fettsäuren, chemische Abkömmlinge der Linolsäure, die in Pflanzenölen wie Sonnenblumenöl oder Olivenöl enthalten sind; zum anderen die Omega-3-Fettsäuren, die von der Linolsäure abstammen und im Leinöl, Walnüssen und Fischen vorhanden sind. Diese Fettsäuren halten die Zellmembranen intakt, transportieren Fette innerhalb des Körpers und werden für die Bildung von Prostaglandinen (wichtige hormonähnliche Substanzen) benötigt. Fett ist der wichtigste Dickmacher. Ein Gramm Fett liefert 9,3 Kalorien – mehr als doppelt so viel wie Kohlenhydrate oder Eiweiß. Statt des empfohlenen Anteils von 30 % Fett in den täglich verzehrten Speisen, werden 40 % und mehr aufgenommen, was zu Übergewicht, Herz-Kreislauf-Erkrankungen, Arteriosklerose und Krebs führen kann. Auch Eier, die an sich ein leicht verdauliches und gesundes Lebensmittel darstellen, denn sie enthalten Vitamin A, B12, Folsäure und Riboflavin, sollten wegen des hohen Cholesteringehaltes nicht öfter als 3–4 × die Woche auf dem Speisezettel stehen.

Man sollte versuchen, Lebensmittel immer schonend zuzubereiten, man sollte blanchieren statt kochen, garen statt braten, grillen statt frittieren. Fertiggerichte enthalten sehr oft versteckte Salze und Fette, sind im Allgemeinen vitaminarm und mit künstlichen oder »naturkonformen« Aromastoffen im Geschmack verändert.

Frische Kräuter und Gewürze sollten an Stelle des Salzes verwendet werden. Salz verdirbt den Eigengeschmack der Speisen und kann zu hohem Blutdruck führen.

Mit Zucker sollte man sparsam umgehen. Zucker ist ein Feind der Zähne, enthält viele Kalorien und liefert keine Nährstoffe. Limonaden, Fruchtsaftgetränke unter 100 % Fruchtgehalt und Süßigkeiten sollten vermieden werden. Dasselbe gilt auch für alkoholhaltige Getränke.

In Ruhe bewusst essen, gut kauen und es sich schmecken lassen, das sind einige Grundsätze für die Beibehaltung einer guten Gesundheit.

Vorschlag für eine Diät zur Gewichtsreduzierung

Im vorhergehenden Kapitel habe ich die Bedeutung eines ausgewogenen Gewichtes für die Gesundheit hervorgehoben und auf die Vorteile hingewiesen, die dem Körper daraus entstehen können. Nicht nur, dass sich auf längere Zeit das Wohlbefinden verbessert, es führt auch zu einer besseren Lebensqualität. Gewicht reduzieren bedeutet aber auch, Lebensgewohnheiten zu ändern, wobei man zur Einsicht gelangen sollte, warum sich etwas ändern muss und nicht zuletzt oft jahrelange Gewohnheiten aufzugeben oder grundlegend zu verändern sind. Abnehmen sollte aber nicht bedeuten, ein fanatischer, verkrampfter Abhängiger des täglichen Wägerituals zu werden, sich und andere mit den eigenen Gewichtsproblemen zu belasten. Gewicht zu reduzieren soll eine von innen ausgehende Überzeugung sein, eine mit Freude, wenn auch mit Anstrengung verbundene Tätigkeit. Am Anfang wird es einem nicht leicht fallen, etwas zu ändern, es wird immer eine innere Stimme geben, die fragt: »Wozu?« und meint: »Nur heute noch, morgen werde ich beginnen!«, doch wenn man von dem, was man tut, überzeugt ist, wird man in die Lage versetzt durchzuhalten und wird am Ende durch ein neues Lebensgefühl und durch die Genugtuung, etwas Grundlegendes geschafft zu haben, reichlich belohnt.

Sollten Sie zu viel Gewicht haben und nicht in der Lage sein, die oben angeführten Werte einzuhalten, mache ich hier einen Vorschlag für eine Diät, welche, wenn sie befolgt wird, zu einer andauernden Gewichtsreduzierung führen kann. Dies zum einen, weil die Gewichtsabnahme nur langsam vonstatten geht, zum anderen, weil man beginnt, bewusster zu essen und sich auf das, was auf den Tisch kommt, zu freuen.

Bei dieser Diät spielen Kräutertees eine wichtige Rolle. Kräutertees haben den Vorteil, keine Kalorien zu enthalten, durch Abwechslung bekömmlich zu sein und den Umstellungsprozess, welcher im Körper durch eine Diät stattfindet, zu unterstützen. Kräutertees können entschlackend, harntreibend, entsäuernd wirken und sind bei einer Diät immer sehr wertvoll. Als Kräutertees können die in diesem Buch angeführten Frühstückstees oder Gesundheitstees oder auch einfache Kräutertees, wie Brennnessel, Pfefferminze, Kamille, Melisse, Schafgarbe und Zinnkraut, um nur einige zu nennen, genommen werden.

Die hier beschriebene Diät ist ausgewogen, vielseitig und leicht nachzuvollziehen. Sie führt nach anfänglicher Schwierigkeit, die immer bei einer Umstellung auftritt, zu einer langsamen, aber sicheren Gewichtsreduzierung, ohne Kraftverlust und ohne Müdigkeitserscheinungen. Es handelt sich dabei nur um einen Vorschlag, welcher ohne chemische Hilfsmittel und ohne großen Aufwand zu einem guten Ergebnis führen kann.

Diät zur Gewichtsreduzierung

> Am Morgen zum Frühstück trinkt man 1 Glas Wasser, ungefähr 250 ml, dann 200 ml Milch oder ungesüßten Kakao oder 200 ml eines

Kräutertees, dazu isst man, langsam kauend, ein kleines Brötchen, das nicht mehr als 30 g auf die Waage bringt.

- > Im Laufe des Vormittags trinkt man schluckweise mindestens ½ Liter eines ungezuckerten Kräutertees.
- > Mittags trinkt man zuerst ein Glas Wasser, ca. 250 ml, isst dann entweder gemischten Salat so viel man will, angerichtet mit Salz, Essig oder Zitrone und 1 Esslöffel Olivenöl, und eine Mahlzeit wie unter (I) angeführt, oder eine Mahlzeit wie unter (II) angeführt, dazu Gemüse (roh oder gekocht), ebenfalls mit Salz, Essig oder Zitrone und 1 Esslöffel Olivenöl angerichtet; diese Mahlzeit mit 30 g Brot.
- > Im Laufe des Nachmittags trinkt man wieder schluckweise mindestens ½ Liter eines ungezuckerten Kräutertees.
- > Am Abend trinkt man zuerst wieder ein Glas Wasser, ungefähr 250 ml, und isst dann eine der angeführten Mahlzeiten (I), (II), (III).
- > Jeden Tag sollte man 2 Esslöffel Olivenöl und nicht mehr verwenden, um die Salate anzurichten. Jeden Tag isst man zusätzlich, auch zwischen den Mahlzeiten, 200 g frisches Obst.
- > Uneingeschränkt verbraucht werden können Zitronensaft, Gewürze und Essig.
- > Nicht erlaubt sind Süßigkeiten jeglicher Art, Kartoffeln, Majonäse, Oliven, getrocknetes Obst, Superalkohol, Sahne, Pizza.
- > Die Mahlzeiten, wie sie unter (I), (II), (III) angegeben sind, werden folgendermaßen zusammengesetzt:

MAHLZEIT (I):

a) 80 g Reis oder Nudeln, nur mit Tomatensoße, kein Ragout, keine anderen Zutaten verwenden, keine Butter oder anderen Fette, ohne Parmesankäse; oder 2 kleine Knödel.
b) Getreide (Grieß, Gerste, Hafer usw.) in Suppe, ohne Hülsenfrüchte oder Nudeln.
c) Polenta (250 g; gekocht) mit Gemüse oder Pilzen.

MAHLZEIT (II):

a) Fisch (170 g netto oder 350 g als ganzer Fisch).
b) Thunfisch (120 g netto).
c) 2 Eier in beliebiger Zubereitung.
d) Fleisch (110–120 g; nach Wahl) oder gekochter Schinken (80 g) oder Speck (80 g) oder Bündnerfleisch (90 g).
e) Käse: Stracchino (100 g), Provola (70 g), Scamorza (80 g), Mozzarella (180 g).

Wenn man will, ist zu diesen Mahlzeiten einmal täglich 125 ml Weiß- oder Rotwein erlaubt.

MAHLZEIT (III):

Hülsenfrüchte (Linsen, Bohnen, Erbsen usw.) in der Suppe, nicht passiert, ohne Nudeln oder Getreide, mit wenig Gemüse; zwei Teller.

Die 14 Mahlzeiten in der Woche, 7 × mittags und 7 × abends, müssen folgendermaßen aufgeteilt werden:

A. MAHLZEIT (I):
5 × in der Woche

B. MAHLZEIT (II):
1 × Thunfisch
1 × Fisch
4 × in der Woche Fleisch
1 × Eier
1 × Käse

C. MAHLZEIT (III):
1 ×

Wichtig: Getreide, Hülsenfrüchte und Obst sollte man nicht mischen!

Kräutertees und andere Möglichkeiten Kräuter zu verwenden

Man kann die Heilkräuter auf verschiedenste Weise verwenden, einige frisch als Salat, wie z. B. Löwenzahn, oder gekocht als Gemüse, wie z. B. die Brennnessel, die Mehrzahl aber als zurechtgeschnittene Droge, wobei man mit Droge ein Kraut bezeichnet, das als Heilkraut benützt wird, aber auch in Aufgussbeuteln, als lösliches Pulver, als Tinktur, Extrakt, Salbe, Sirup u. dgl.

In den meisten Fällen wird ein Kräutertee als Aufguss oder als Abkochung zubereitet. Oft ist man über die zu verwendende Menge etwas unschlüssig. In der Regel, die für die meisten Kräuter zutrifft – seien sie einzeln oder als Mischung vorhanden – nimmt man pro Tasse (ungefähr 150 ml) jene Menge, die zwischen Daumen, Zeige- und Mittelfingerspitzen Platz hat, also eine Prise. Um es noch genauer zu machen, kann man 1 Teelöffel pro Tasse und, wie beim herkömmlichen, so genannten Kaisertee, auch einen zusätzlichen Teelöffel für das Gefäß, in dem der Tee aufgegossen wird, nehmen. Abweichende Mengen werden immer in der Beschreibung der Kräuter bei der Zubereitung angegeben.

Das Heilkraut verspricht bei Beschwerden und bei Krankheit immer Heilung. Dabei ist es jedoch wichtig, dass man der Zubereitung jene Aufmerksamkeit schenkt, die man dem Heilkraut als solchem widmet.

Man nehme den Tee möglichst früh und nüchtern ein. Wenn vorgeschrieben ist, einen Tee täglich mehrmals zu trinken, dann in der Früh nüchtern, 1 Stunde vor dem Mittagessen und abends vor dem Zubettgehen, außer es wird bei den einzelnen Kräutern anders angegeben. Sinnvoll und zeitsparend ist es, wenn man einen Kräutertee täglich frisch in der Menge zubereitet, welche man tagsüber verbraucht, und in einer Thermosflasche aufbewahrt. Tees mit aromatischen Bestandteilen sollte man jedoch immer frisch zubereiten. Jeden Kräutertee sollte man möglichst heiß trinken, außer es wird anders verordnet. Man süße, wenn nötig, mit Kandiszucker oder Honig. Der Honig wird erst vor der Verwendung des Kräutertees hinzugefügt, denn eine zu hohe Temperatur sowie ein zu langes Verbleiben in der Flüssigkeit können die zarten Zusatzstoffe des Honigs verändern oder sogar vernichten.

Tees und überhaupt pflanzliche Heilmittel sollten regelmäßig, wenn notwendig auch für längere Zeit, genommen werden, sie gewinnen dadurch an Wirkung. Wenn man pflanzliche Zubereitungen sozusagen als letzte Rettung einnimmt, wenn alle anderen Versuche gescheitert sind, können sie nicht den Wirkungsgrad erzielen, den man sich vorstellt.

So genannten Gesundheitsinseraten, mit denen heute fast alle Zeitschriften ausgestattet sind, aber auch Inseraten, bei denen mehr oder weniger selbst ernannte Experten zu Worte kommen, kann und sollte der vernünftige Mensch keinen Glauben schenken, denn sie sind meistens auf einen ökonomischen Vorteil ausgerichtet und enthalten selten einen nachweisbaren gesundheitlichen Nutzen.

Der Aufguss oder das Infus

Zur Herstellung eines Aufgusses (Infus) übergießt man das Heilkraut mit kochendem Wasser und lässt es darauf 5–15 Minuten zugedeckt ziehen. Die meisten werfen etwas Heilkräuter in das kochende Wasser und bereiten so einen Kräutertee zu. Als schonender und besser hat sich aber die andere Methode erwiesen, bei der man das kochende Wasser in die Schale oder in den Behälter, welcher das Heilkraut enthält, eingießt. Diese Art der Zubereitung wird meistens bei Blüten und Blättern angewandt. Je zarter die Blüten und je reicher an flüchtigen Ölen die Blätter, desto kürzere Zeit lasse man ziehen, da sich sonst die Heilstoffe mehr und mehr verflüchtigen. Flüchtige ätherische Öle sind in allen aromatisch riechenden Pflanzen enthalten, wie Kamille, Thymian, Melisse, Pfefferminze, Majoran, Liebstöckel, um nur die wichtigsten zu nennen. Die ätherischen Öle sind meistens mit dem Wirkstoff identisch, sie verflüchtigen sich schnell, deshalb ist die Einwirkung von zu viel Hitze und zu viel Zeit schlecht für die Wirksamkeit eines Heilkrautes. Wir wollen ja etwas für unsere Gesundheit tun, wir wollen Linderung oder Heilung erzielen, und so ist es schade, wenn man sich zwar die Mühe macht, aber nicht bewusst und überzeugt an die Sache herangeht.

Die Bitterstoffe enthaltenden Kräuter wie Wermut, Tausendgüldenkraut, Enzian usw. sollten ebenfalls nur kurz ziehen, die Aufgüsse werden sonst zu bitter. Das Hinzufügen von Zucker mildert diese Bitterkeit nicht, nur ein kürzeres Ziehen des Aufgusses kann dies erreichen.

Die Abkochung oder das Dekokt

Diese Art der Zubereitung eines Tees wird bei holzigen Teilen, harten Wurzeln und Rinden bevorzugt. Sie werden kalt angesetzt, langsam zum Sieden gebracht und danach 10–30 Minuten gekocht, alsdann warm ausgepresst und abgeseiht. Eine Ausnahme bilden die Bärentraubenblätter, die, obwohl Blätter, ebenfalls 10 Minuten gekocht werden müssen, da sonst das Heilmittel, das in der Pflanze enthalten ist, nicht wirken kann. Die Abkochung sowie der Aufguss können kombiniert werden, wenn man zwei unterschiedliche Heilkräuter verwenden muss. Es kommt z. B. des Öfteren vor, dass man für Sitzbäder einen kombinierten Tee von Eichenrinde und Kamille verschrieben bekommt oder verwendet. Diese Kombination, als Sitzbäder kalt angewendet, ist eine hervorragende Mischung bei Hämorrhoidalbeschwerden, bei welchen sie sich bestens bewährt hat. Diese Beschwerden sind bei der heutigen Lebensweise: wenig Bewegung, unsachgemäße Ernährung und Übergewicht, leider sehr verbreitet. Wir haben zweierlei Arten von Heilkräutern, einmal eine Rinde und einmal eine Blüte. Es versteht sich von selbst, dass man diese zwei unterschiedlichen Drogen nicht gemeinsam zubereiten soll. Zuerst gibt man die angemessene Menge an Eichenrinden ins kalte Wasser, erwärmt dies und kocht das Ganze 15 Minuten, alsdann gibt man die Kamillenblüten dazu und lässt das Ganze erkalten. Man seiht das in einen angemessenen Behälter und nehme ein Sitzbad. Diese richtige Zubereitung eines Heilmittels ist unvergleichlich besser und wirkungsvoller als das bloße Zubereiten ohne diese Vorkehrungen. Sie ist ein wenig mühevoll, aber die Wirkung ist bedeutend besser und ungemein wohltuend.

Der Kaltwasserauszug oder das Mazerat

Wenn man Kräuter verwendet, die schleimige Bestandteile enthalten, ist weder ein Aufguss noch ein Überbrühen sinnvoll, denn sonst würden die wertvollen schleimigen Bestandteile, die eine Heilwirkung haben, zersetzt oder unbrauchbar, d.h. vernichtet werden. Deshalb verwendet man den Kaltwasserauszug zum Beispiel bei Eibisch oder bei Leinsamen.

Man weicht das Kraut eine halbe bis mehrere Stunden im kalten Wasser ein, wonach man den Kaltwasserauszug, das Mazerat, abgießt und meist ohne nachfolgende Aufkochung verwendet. Man erwärmt einfach diesen Auszug und trinkt ihn, sobald eine angemessene Wärme erreicht ist. Am Beispiel des Heilkrautes Isländisch Moos *(Cetraria islandica)* möchte ich die unterschiedlichen Arten der Zubereitung erläutern, mit denen man den einen oder anderen Wirkstoff gewinnen kann. Im Isländisch Moos sind zwei wichtige Inhaltsstoffe enthalten, einer ist bitter und wird als Tonikum bei Magenerkrankungen verwendet, der andere ist schleimig und wird bei Katarrhen der oberen Luftwege verwendet. Bei Magenleiden wird das Isländisch Moos einfach einige Stunden im kalten Wasser eingeweicht und dann abgegossen leicht erwärmt, denn die Bitterstoffe, die enthalten sind, sind wasserlöslich. Will man das Isländisch Moos als Hustenmittel verwenden, kann man die Droge überbrühen, dann das erste Kochwasser entfernen und noch einmal aufgießen. Auch den Misteltee sollte man als Kaltwasserauszug zubereiten.

Ein anderes Heilkraut, bei dem man beide Arten, sei es den Kaltwasserauszug als auch den Aufguss, verwendet, sind die Hagebutten *(Rosa canina)*. Die Früchte der Hagebutte, aus denen die Samen entfernt wurden, sind getrocknet sehr hart, deshalb ist es sinnvoll, diese einige Stunden vor der Zubereitung im kalten Wasser einzuweichen und dann erst vor dem Gebrauch zu erhitzen.

Die Alkoholauszüge oder Tropfen oder Tinkturen

Oft ist es sinnvoll, den Wirkstoff einer Heilpflanze mittels Alkohol auszuziehen, hauptsächlich wenn man durch Überbrühen oder Auskochen diesen nicht optimal nützen kann. Nehmen wir das Beispiel des Baldrians *(Valeriana officinalis)*. Im Baldrian sind die verschiedenen Wirkstoffe in der Wurzel enthalten. Diese Wirkstoffe verhalten sich wie ätherische Öle, sind also flüchtig. Ein jeder kennt den penetranten Geruch des Baldrians. Die Inhalte der Wurzel sollte man mittels einer Abkochung gewinnen, was wiederum nicht möglich ist, da sie ja flüchtig sind; das heißt, sie würden nicht in der gewünschten Lösung bleiben, sondern verdampfen. Da sie im Alkohol löslich sind, bietet sich die Möglichkeit, diese mittels dieses Lösungsmittels auszuziehen; somit kann man angenehm zu verwendende Tropfen daraus machen. Es gibt mehrere Möglichkeiten, eine Tinktur herzustellen. Ich will nicht auf alle eingehen, aber eine einfache möchte ich hier erklären.

Bei fast allen Kräutern, die nicht giftig sind, verwendet man eine Konzentration von 20 % Kraut in ca. 70-gradigem Alkohol. Sollte man giftige oder sehr stark wirksame Kräuter mittels Alkohol ausziehen müssen, wird die Konzentration auf 10 % reduziert. Ich möchte an dieser Stelle davor warnen, als Laie giftige oder hochwirksame Kräuter zu verwenden, denn man begibt sich auf ein Gebiet, das sehr gefährlich werden kann. Man überlasse dies dem Fachmann, der weiß, wie mit diesen Mitteln umzugehen ist.

Praktisch geht man folgendermaßen vor: Man kaufe 100 ml 96 Grad reinen Alkohol. Zu Hause verdünnt man diesen mit ca. 50 ml Wasser. Man erhält auf diese Weise 150 ml Alkohol mit ungefähr 70 Grad. Auf einen Prozent mehr oder weniger kommt es nicht an. Man nehme 30 g getrocknete oder 150 g frische Kräuter und übergieße sie mit dem vorher auf 70 Grad verdünnten Alkohol. Dann bedeckt man das Ganze und lässt es an einem Ort mit Zimmertemperatur 3 Wochen lang stehen. Man schüttle 2 × täglich, morgens und abends, das Ganze auf. Nach dieser Zeit filtriert man die so gewonnene Tinktur (der Name kommt von lateinischen tingere = färben) und erhält auf diese Weise gebrauchsfähige Tropfen. Dies ist eine etwas vereinfachte Methode, Tropfen herzustellen, doch sehr leicht nachvollziehbar. Für Tropfen eignen sich bestens Baldrian *(Valeriana officinalis)* oder Melisse *(Melissa officinalis)* und im Allgemeinen Kräuter, welche ätherische Öle enthalten. Bestens bewährt haben sich auch so hergestellte Tropfen mit Weißdorn *(Crataegus oxyacantha)* oder mit Mistel *(Viscum album)*.

Die Extrakte oder Extracta

Extrakte sind pharmazeutische Formen, bei denen ein Heilkraut als Trocken-Extrakt, als Flüssig-Extrakt oder als Dickflüssiger Extrakt Verwendung findet. Extrakte sind hier nur am Rande erwähnt, denn die Herstellung derselben ist meist sehr aufwendig und bedarf etwas komplizierter Apparaturen. Extrakte enthalten pro Maßeinheit dieselben Mengen an Wirkstoff wie die Kräuter. Zum Beispiel enthalten 1000 g Flüssig-Extrakt dieselben Mengen an Wirkstoff wie 1000 g Heilkraut. Zur Erinnerung: 1000 g Tinkturen enthalten dieselben Mengen an Wirkstoff wie 200 g Heilkräuter. Extrakte sowie Kräuter enthaltende Weine oder Sirupe kauft man am besten in der Apotheke, weil die Herstellung nicht nur verstanden sein will, sondern auch im Verhältnis zu den geringen Mengen, die man braucht, viel zu viel Arbeit macht und unwirtschaftlich ist.

Kleine, vergängliche und erkannte Unpässlichkeiten können Kräuter durchaus heilen, bei ernsteren Krankheiten hilft nur der Arzt.

Die Salben oder Unguenta

Eine letzte Möglichkeit, Heilkräuter anzuwenden, die ich erläutern möchte, ist die Einarbeitung in die Salbengrundlagen. Heilkräuter in Salben verwendet man als so genannte Brustsalben, welche bei Entzündungen der oberen Luftwege Anwendung finden. Außerdem gibt es Salben, die gegen allerlei Entzündungen des Muskelapparates oder der Venen sowie bei Schmerzen der Gelenke, bei Ekzemen und anderen Veränderungen der Haut wirken, um nur einige zu nennen. In alten Rezepten findet man immer wieder als Salbengrundlage das Schweineschmalz, welches an und für sich ein hervorragendes Mittel darstellt, aber heutzutage kaum mehr Anwendung findet. Das Schweineschmalz hat nämlich einige Nachteile, die eine Verwendung nicht mehr zulassen. Es wird nämlich leicht ranzig, das heißt, es ist ohne Zusatz von Konservierungsmitteln nicht haltbar und kann außerdem sehr oft Allergien hervorrufen. Heute verwendet man Flüssigkeit aufsaugende Salbengrundlagen wie »ung. molle« oder »ung. cereum« oder »emulsificans«, wobei wegen der allergisierenden Wirkung das altbewährte Lanolin immer weniger Anwendung findet.

Die Wirkstoffe der Heilkräuter in Form von ätherischen Ölen, Extrakten oder Tinkturen werden dann in diese Salbengrundlagen, die man fertig in den Apotheken kaufen kann, eingearbeitet.

Die Blutreinigungskur

Es gibt in Südtirol, bezüglich der Kräuterkuren, kaum eine so beliebte und bekannte Teemischung wie diejenige des Maykurtees. Der Maykurtee wird in allen Gegenden unseres Landes und von jeder Bevölkerungsschicht gerne genommen und wird, wenn auch in unterschiedlicher Zusammensetzung, von vielen Apotheken nach alter Tradition zubereitet.

Eine Blutreinigung, wie sie genannt wird, ruft bei den Ärzten nur ein müdes Lächeln hervor, denn dieser Begriff ist nicht mehr zeitgemäß und auch wissenschaftlich nicht belegt. Die Wirkung dieser alten Kurmethode ist auch mit den heute verfügbaren Mitteln nicht zu erklären, dennoch ist es unbestreitbar, dass diese vorhanden ist und viel gerühmt wird. Diese Kur wird immer wieder mit Erfolg angewandt und ist aus den Gewohnheiten unserer Leute, auch in dieser hektischen Welt, nicht wegzudenken. Mit der Blutreinigung will der Patient ja keineswegs eine Krankheit heilen, sondern vorbeugend etwas gegen Unpässlichkeit, Müdigkeitserscheinungen, Wetterfühligkeit oder Schwächegefühl unternehmen, hauptsächlich im Frühjahr. Man geht nämlich davon aus, dass sich im Laufe des Jahres, durch unkontrollierte Ernährung, Mangel an Bewegung, Trägheit, Umwelteinflüsse usw., im Körper Gifte ansammeln, welche entfernt werden sollten.
So verwendet man den Blutreinigungstee unter anderem, wenn sich Veränderungen in der Haut bemerkbar machen, bei Eintreten von Unwohlsein, das nicht näher erklärt werden kann, oder auch nur vorbeugend, um sich besser zu fühlen.

Die Blutreinigung ist ein Überbleibsel der von der Überlieferung her bekannten Annahme, dass vier Säfte die Gesundheit des menschlichen Körpers ausmachen. Als Grundlage dafür dient die Säftelehre des römischen Arztes Galen, der als Erster eine Theorie aufstellte, mit der er beweisen wollte, dass ein Ungleichgewicht dieser vier Säfte in unserem Körper eine Erkrankung auslösen kann. Diese Säfte sind Blut, Schleim, schwarze und gelbe Galle, welche den Elementen Feuer, Wasser, Luft und Erde zugeordnet sind und die Qualitäten Warm, Kalt, Feucht und Trocken besitzen. Die Diagnostik und die Behandlung dieser vier Säfte, auch Humores genannt, waren vom Altertum bis in das 16. und 17. Jahrhundert die Grundlage des medizinischen Wissens. Den vier Säften entsprachen vier menschliche Charaktermerkmale: der Sanguiniker, vom lateinischen sanguis – Blut, ein heiterer, lebhafter, optimistischer Mensch, welcher ein feuchtes und warmes Blut hatte; der Phlegmatiker, vom griechischen phlegma = Schleim, ein langsamer, schwerfälliger, träger Mensch, welcher dem feuchten und kalten Schleim zugeordnet war; der Melancholiker, vom griechischen melanos = schwarz und chole = Galle, ein schwermütiger, trauriger, misstrauischer Mensch mit trockener und kalter schwarzer Galle; der Choleriker, vom griechischen chole = Galle, ein unausgeglichener, instabiler, jähzorniger Mensch mit trockener und warmer gelber Galle.

Die alten Ärzte verstanden unter der Blutreinigung die Anwendung von Kräutertee-Mischungen und Säften, welche auf die Ausscheidung des Darmes, der Leber und Galle, der Niere und der Haut eine anregende Wirkung hatten. Unter diesem Licht erklärt sich die unten stehende Anweisung, die bis vor einiger Zeit jedem Päckchen Maykurtee beigelegt war.

Über den Namen Maykur gibt es unterschiedliche Auslegungen. Die einen sagen, der Name beziehe sich auf den Monat Mai, weil die Teemischung auch als Frühjahrskur verwendet wird, die anderen behaupten, der Name stamme vom lateinischen Species Maiores, einer Bezeichnung, die sich auf die ausgewogene Zusammensetzung dieser Kräutermischung beziehen soll.

»Kostbare Maikur oder des ganzen menschlichen Lebens reinigender Thee.

Mit Gebrauch dieser kostbaren und vortrefflichen Maikur, wodurch der ganze Leib von aller verlegenen Galle, Schleim und üblen Schärfe, es sey innerlich oder äußerlich und in was für einem Theile des Leibes angelegen oder verlegen oder ausgestreuet, sogar im Mark und Beinen (wie es immer seyn mag), vortrefflich solches auflöset, absondert, reinigt und ganz gelinde abführt; und diese nicht nur im Monate May, sondern zu allen anderen Zeiten, und sowohl für Junge, Erwachsene, auch Alte männlichen und weiblichen Geschlechts, als das beste, vortrefflichste und sicherste Mittel. Zu gebrauchen ist, wie bei einem anderen Thee, nur dass man mehr nehmet, nämlich ½ Loth oder 2 Esslöffel voll, ihn in 2–3 Kaffeeschalen Brunnenwasser zwei Vaterunser lang ziehen lassen und mit oder ohne Zucker Morgends und Abends nehmen und also dies acht Tage zu gebrauchen. Welche aber mit der Gliedersucht, Wasser- und Gelbsucht, Leberverhärtung, Sand und Stein, Scharbock, und den Leib mit allerhand Geschwür, in solche eingewurzelte üble Galle, Schleim und Schärfe von allen Theilen des Leibes vollkommen auszureinigen, etwas länger zu gebrauchen belanget, wo sodann durch diesen Gebrauch als wie neugeboren ausgereinigt werden, und wenn man nur allein so viel davon wie von einem anderen Thee öfters gebraucht, wider alle Entzündung und Verstopfung der Lunge, Leber, Milz, Nieren, goldene Ader, Zwerchfell sehr vortrefflich, und auch von so viel üblen Krankheiten, wovon die schwersten und gefährlichsten Zustände (wie es weltbekannt), dass in diesem Blatt zu erklären kein Platz, vollkommen befreyet werden, und sehr vortreffliche Proben davon beweisen.«

Die Zusammensetzung des Maykurtees ist unterschiedlich: enthalten sind neben Sennesblättern und Faulbaumrinde, Kamillenblüten, Malvenkraut, Holunderblüten, Erdrauchkraut, Stiefmütterchenkraut, Queckenwurzel, Fenchelfrüchte und Süßholzwurzel.

Eine etwas andere Teemischung, die ebenfalls als Blutreinigung verwendet wird, aber weniger bekannt ist, ist der Spanische Kräutertee. Dieser Tee ist nicht abführend und kann deshalb, im Gegensatz zum Maykurtee, auch für längere Zeit hindurch genommen werden. Auch dieser ist mit einer etwas eigentümlichen, der Zeit entsprechenden Gebrauchsanweisung versehen, welche ich hier wiedergebe:

»Nutzen und Gebrauch des sehr kostbaren weit und breit berühmten extra fein Spanischen Kräuter = Thee, so komponieret wird aus etlich vierzig der kostbarsten Kräuter und anderen Stücken.

Als nämlichen und erstlichen: reinigt dieser Thée das versäuerte und unreine Geblüt, und versüsset dasselbe. Zweitens benimmt er allen bösen Schleim auf der Brust, vertreibt auch die übelsteckende Karthäre, Engbrüstigkeiten und das harte Schnaufen sammt allen Schlagflüssen. Drittens ist dieser Gebrauch eine sehr vortreffliche Stärkung des Herzens, reinigt auch von Grund aus die Lungen, Leber, Milz und Nieren. Viertens wenn ein Mannsbild an der Colika, oder ein Weibsbild an der Mutter leidet und dieses Thée sich bedienet, werden selbige von Grund an Besserung und Genesung verspühren. Fünftens führet er auch alle Säuren aus dem Magen, vertreibt den Tartenischen Schleim aus demselben, und macht guten Appetit zum Essen und Trinken. Sechstens ist dieser Gebrauch sehr nutzbar denenjenigen, so an Stein, Sand und Gries leiden, massen es dieses alles auf eine ganz subtile Art durch den s.v. Urin ausführet.

Der Gebrauch ist wie beim Indianer Orientalischen Thée außer dass man diesen etwas länger an einem warmen Orte stehen lässet; und kann auch in sechs Tagen gebraucht werden, wenn man nur vor dem Trinken ein wenig frischen daran thut. Damit man aber nicht mit anderen und falschem Thée verführet oder betrogen werde, so ist zu merken, dass die Päckel, so in 6 Loth bestehen, alle mit einem spanischen Kreuze müssen verpetschirt sein, und mit vier Buchstaben (B.B.L.V.).«

Auch in diesem Falle sind die Zusammensetzungen unterschiedlich. Enthalten sind unter anderem: Schafgarbenkraut, Pfefferminzblätter, Ehrenpreiskraut, Huflattichkraut, Lindenblüten, Stiefmütterchenkraut, Klatschrosen, Rosmarinblätter, Himmelschlüsselblumen, Kornblumen, Lorbeerblätter, Queckenwurzel, Engelsüßwurzel, Kalmuswurzel, Iriswurzel, Sassafrassaholz, Fenchelfrüchte, Anisfrüchte, Weinbeeren, Johannisbrot, Perlgerste.

Der naturnahe Garten

Sollte man einen Garten oder Balkon oder auch nur eine Fensterbank zur Verfügung haben, wäre es der Mühe wert, sich mit der Anpflanzung und Pflege von Heilkräutern zu beschäftigen. Heilkräuter, von eigener Hand ausgesät, gepflegt und geerntet, aufbewahrt und letztendlich verbraucht, bekommen eine ganz andere Wertstellung, denn man erlebt sie, auch wenn man sich über sie freut oder ärgert, unter einem ganz anderen Gesichtspunkt. Nur so lernt man die Kräuter richtig kennen, man lernt sie zu bestimmen, es wird ein Leichtes, über sie zu sprechen und sie zu verwenden. Gärten lehren uns unter anderem, mit dem Lebendigen umzugehen, die darin lebenden Pflanzen und – warum auch nicht – Tiere, und seien sie noch so unbedeutend und klein, zu respektieren. Wie ich schon bei der Zubereitung eines Kräutertees angedeutet habe, will ich noch einmal darauf hinweisen, dass man auch dem Garten gegenüber eine positive Einstellung haben sollte, um zu erfahren wie wertvoll es ist, mitten in den Pflanzen mit einem freundlichen Gefühl zu arbeiten. Positive Gedanken sowie eine bejahende Einstellung haben sogar einen wichtigen, stärkenden Einfluss auf das Immunsystem und beeinflussen somit im guten Sinne unser Wohlbefinden. Dies ist ebenso wichtig wie alles, was jeder von uns zusätzlich unternimmt, um gesund zu werden oder gesund zu bleiben. Wie die körperliche Verfassung Einfluss auf den Geist hat, so hat der Geist auch Einfluss auf den Körper. Zum Beispiel erröten wir, oder wir kommen ins Schwitzen, wenn wir etwas Unvorhergesehenes, Unangenehmes erfahren, so reagiert der Körper auf etwas, was vom Geiste kommt.

Sie werden sich allmählich fragen, was das mit dem naturnahen Garten zu tun hat. Sehr viel, denn wenn wir uns etwas Gutes tun wollen, legen wir einen Kräutergarten mit ganz der gleichen Einstellung an. Wir verwenden keine künstlichen Hilfsmittel, wir nehmen Abstand von der so genannten Chemie, wir versuchen unseren Pflanzen einen möglichst natürlichen oder zumindest angemessenen Standort zu geben, und sollte die eine oder andere Pflanze dennoch erkranken, ist dies nicht immer nur Schuld von irgendwelchem Ungeziefer oder Pilzen, sondern des Öfteren deshalb, weil diese Pflanze durch einen falsch gewählten Standort oder einen ungeeigneten Boden geschwächt ist. Naturnah heißt, den Versuch zu wagen, der Pflanze im Garten ein Habitat zu geben, welches dem Natürlichen weitgehend entspricht. Wir wollen dadurch, dass wir allerlei Geräte und Hilfsmittel benutzen, ja nicht Krieg gegen die Natur führen, wie das leider allzu viele tun, um künstliche Schönheit zu erzeugen, sondern wir sollten vielmehr Harmonie und Ausgeglichenheit suchen. Wir wollen die Tradition pflegen und auch lernen, diese zu verstehen, denn was in unseren Gärten zur Tradition geworden ist, hat sich bewährt, auch wenn das nicht immer begriffen wird.

Warum gibt es so eine große Vielfalt von Pflanzen in unseren Bauerngärten, warum dieses bunte Gemisch an Blumen, Kräutern und Gemüse? Ganz sicher nicht nur wegen der anmutigen Schönheit, die aus dieser Vielfalt entspringt. In der Natur gibt es keine Monokultur, sie entspricht lediglich dem ökonomischen Denken des Menschen und kann nur mit viel Mühe und Aufwand aufrechterhalten werden. Monokultur in der Landwirtschaft mag einen wirtschaftlichen Nutzen haben, natürlich ist sie nicht. Die Natur braucht, um sich angemessen entwickeln zu können, Vielfalt und dauernde Veränderung. Natürlichkeit ist gleichzusetzen mit freier, ungezwungener Entwicklung. Wer einmal eine naturbelassene, blühende, in ihrer Vielfalt prächtige Bergwiese gesehen, ja erlebt hat, kann verstehen, was ich meine. Wie anders sieht eine künstlich angelegte, gedüngte Wiese aus. Vielleicht ist in der gedüngten Wiese im Gras pro Gewicht mehr an Protein enthalten, das ist günstiger für die Milchproduktion, muss aber mit viel Aufwand aufrechterhalten werden. Überlässt man eine solche Wiese wieder sich selbst, wird sie nach einiger Zeit wieder in den ursprünglichen Zustand zurückkehren.

Blumen, Kräuter und Gemüse sind Ausdruck von Vielfalt, deshalb sollte ein naturnaher Garten möglichst viel von jedem enthalten. Schön ist er sowieso, und außerdem können die Pflanzen gesund und frei von Ungeziefer und allerlei Schädlingen prächtig gedeihen.

Ebenso sollte man im naturbelassenen Garten keinen Kunstdünger gebrauchen. Nicht, weil dieser an und für sich schlecht wäre, sondern weil er mit der Zeit die Beschaffenheit des Bodens verändert. Der Kunstdünger ist nichts anderes als eine ausgewogene, für die Pflanzen wichtige salzhaltige Quelle von Nährstoffen. Diese Salze verändern aber unter anderem den osmotischen Druck innerhalb der Zellen lebendiger Wesen, was bedeutet, dass diese absterben, und so kann man sich erklären, warum diese Salze einen Einfluss auf das Leben der Bakterien im Boden haben. Wenn die Bakterien abgetötet oder in ihrer Vermehrung gehemmt werden, können sich ihre ganz wichtigen Funktionen, welche für einen gesunden Boden unerlässlich sind, nicht entfalten, der Boden wird langsam verarmen. Einerseits hat die Einführung des Kunstdüngers im letzten Jahrhundert zu explosionsartigen Steigerungen der Erträge in der Landwirtschaft geführt, anderseits ist aber eine beträchtliche Anzahl von Böden durch Versalzen, durch Ausschwemmen, durch Verlust an Humus unfruchtbar geworden. Wenn wir in unserem naturbelassenen Garten Pflanzen in ihrer Vielfalt und in ihrer gesunden Umgebung kultivieren wollen, müssen wir wiederum die Natur nachahmen und die Nährstoffe möglichst schonend hinzufügen. Der gute alte Komposthaufen in irgendeiner Ecke sorgt nicht nur für umweltschonende Verwertung von pflanzlichen Abfallstoffen, sondern liefert auch alles, was die Pflanzen brauchen, in bester Qualität und ohne Probleme zu schaffen. Böden, die mit Kompost gepflegt sind, haben ein einwandfreies Bakterienleben, dadurch können sich alle nützlichen Bodenbewohner unbeschwert entfalten.

Die Böden sind locker und in der Lage, Feuchtigkeit zu halten; sie werden dadurch überaus wertvoll für alle Pflanzen. Einerseits verlangt eine solche Art der Pflege, eine solche Einstellung wohl viel Arbeit, Zeit und Zuwendung, andererseits ist der Gewinn an Erfahrung, Freude, Wissen und innerer Ausgeglichenheit unbezahlbar.

Ein chinesisches Sprichwort sagt: Wer einen Tag lang glücklich sein will, der betrinke sich. Wer einen Monat lang glücklich sein will, der schlachte ein Schwein und esse es auf. Wer ein Jahr lang glücklich sein will, der heirate. Wer ein Leben lang glücklich sein will, der pflege einen Garten.

Das Sammeln und Aufbewahren der Kräuter

Das Sammeln von Wildkräutern sollte auf ein Mindestmaß beschränkt werden. Bei meinen vielen Kräuterwanderungen habe ich leider immer wieder die Erfahrung machen müssen, dass eifrige und unbedachte Naturfreunde ganze Ansammlungen von Heilkräutern abgeräumt haben. In der freien Natur kommen durch landwirtschaftliche Nutzung, durch die so genannte Flurbereinigung, durch Düngung oder einfach nur aus Gedankenlosigkeit, die wertvollen Heilkräuter immer seltener vor. Die Standorte der Kräuter werden verändert, sie finden die Bedingungen für ein optimales Wachstum nicht mehr vor. Feuchtwiesen werden trockengelegt, Gemäuer und Trockengebiete fallen der Einebnung für die maschinelle Bearbeitung zum Opfer. Monokultur macht sich auch in Wiesen und Feldern breit. Bedenken sollte man auch, dass es ein Gesetz gibt, welches das Pflücken und Ernten von Wildkräutern einschränkt oder, wenn diese unter Naturschutz gestellt sind, untersagt. Lehrwanderungen sollten nur mehr dazu dienen, die Heilkräuter an Ort und Stelle zu bestimmen und kennen zu lernen. Ansonsten sollte man diese Pflanzen stehen lassen und viel mehr in Gärten ziehen. Da kennt man die Beschaffenheit des Bodens, man kann mit Kompost natürlich düngen, und wenn man die Ratschläge befolgt, welche im Kapitel »Der naturnahe Garten« angeführt sind, ist man durchaus in der Lage, eine stattliche Anzahl von Heilkräutern anzubauen und zu pflegen, ohne dabei chemisch oder maschinell einzugreifen.

So wie viele Naturliebhaber Vögel beobachten, belauschen, bestimmen und sich an ihnen in freier Natur erfreuen, sie zu fotografieren versuchen, einfach die Tiere, ohne sie zu stören, in ihrer natürlichen Umgebung erleben wollen, sollte es auch möglich sein, eine Pflanze in ihrem natürlichen Habitat zu betrachten, zu beobachten und zu bestimmen, sich an ihr zu erfreuen, ohne sie zu zerstören. Wenn man sich aber das beglückende Gefühl des Entdeckens und Erkennens eines Heilkrautes in der natürlichen Umgebung nicht entgehen lassen will, dann sammle man mit Plan und Ziel und nicht nur gelegentlich, wenn man Heilkräutern beim Wandern begegnet. Diese Richtlinien haben ebenfalls für in den Gärten gezogene Kräuter Gültigkeit.

Die Kräuter, die man erntet, sollte man genau kennen und bedenken, dass man nur an jenen Standorten sammelt, an denen sie häufiger vorkommen. Genügend sollte man zusammentragen, denn man muss bedenken, dass die getrockneten Kräuter nur ungefähr die Hälfte bis ein Fünftel des Gewichtes der frischen Kräuter ausmachen. Beim Ernten ganzer Pflanzen reiße man die Wurzeln nicht mit heraus, sondern schneide das Kraut so ab, dass ein Stumpf mit einigen Blättern zur Erholung und Erneuerung der Pflanze stehen bleibt. Blätter und Blüten pflücke man vorsichtig und belasse einen entsprechenden Teil an der Pflanze, um ihren Bestand nicht zu gefährden.

Man sollte auch die Pflanze nicht ausrotten, indem man ihr die Möglichkeit nimmt, Samen zu bilden und sich zu vermehren, indem man einen Platz bis auf den letzten Rest ausplündert. Man nehme nur gesunde Pflanzen, frische Blätter, vollkommene Blüten und Stängel, die noch nicht verholzt sind. Wenn eine Pflanze länger blüht, sollte man nicht zu spät ernten, denn die ersten Blüten enthalten die meisten Wirkstoffe. Am besten sammle man vormittags, sobald der Tau abgetrocknet ist. Sollte man Blätter oder das ganze Kraut ernten, ist die beste Zeit der Nachmittag, denn zu dieser Zeit sind am meisten Nährstoffe in der Pflanze. Es versteht sich von selbst, dass man das kostbare Sammelgut locker in einen Korb legt, es nicht quetscht oder sogar in einen Plastiksack legt, denn so kann das Gut nicht atmen und erstickt. Dadurch wird es unansehnlich und es kann Schwierigkeiten beim Trocknen geben. Auch waschen sollte man Blüten, Blätter oder Kräuter niemals, denn durch das Zufügen von Feuchtigkeit kann es leicht vorkommen, dass die Pflanzenteile verderben oder schimmeln.

Wenn man nicht an staubigen Straßenrändern oder in der Nähe von frisch gedüngten Feldern sammelt, braucht man die Kräuter nicht weiterbehandeln.

Rinden sollte man im Frühling ernten, wenn die Vegetation wieder beginnt. Wurzeln erntet man am besten im Herbst oder Frühjahr. Man bedenke immer: Wurzeln ernten heißt, die Pflanze abtöten, denn man nimmt ihr die Möglichkeit, sich weiterhin mit Nährstoffen zu versorgen. Wurzeln sind sorgfältig zu reinigen und zu waschen, man kann diese auch in einem Dörrapparat behutsam trocknen.

Es ist selbstverständlich, dass beim Sammeln jeder Schaden in Wiese und Feld vermieden werden muss, je nach Umständen die Erlaubnis des Grundbesitzers eingeholt werden sollte und dass die gesetzlichen Naturschutzbestimmungen beachtet und eingehalten werden müssen.

Mit dem Trocknen beginne man sofort nachdem das Sammelgut heimgebracht worden ist, damit die Wirkstoffe möglichst vollständig erhalten bleiben. Nicht direkt an der Sonne sollte man die empfindlichen Pflanzen trocknen, denn die Kräuter würden verdorren und nicht nur ihr Aussehen, sondern durch die hochenergetische, ultraviolette Strahlung, die das Sonnenlicht enthält, auch einen Teil ihrer wirksamen Bestandteile verlieren.

Schattige, warme Orte, an welchen die Luft durchstreicht, ein Schuppen oder eine Kammer, sind als Trockenlager bestens geeignet. Man kann aber auch die Kräuter schonend in einem Dörrapparat trocknen, nur zu schnell sollte es nicht gehen. Blüten und Blätter breite man flach und locker aus, damit die Luft gut durchstreichen kann. Auch wenden sollte man fleißig, um den Trockenvorgang zu beschleunigen und um eine Schimmelbildung an der Droge zu vermeiden. Mit Droge meine ich ein getrocknetes Erzeugnis aus dem Pflanzenreich, das für die Verbesserung der Gesundheit verwendet wird, und nicht die übliche Bezeichnung, welche man auch für Rauschgift verwendet.

Beim Aufbewahren müssen wir die getrockneten Pflanzen vor Feuchtigkeit und deren Folgen wie Schimmelbildung, muffigem Geruch usw. schützen, die die Kräuter wertlos werden lassen und sogar der Gesundheit schaden würden. Zu beachten sind folgende Faktoren: Licht, Temperatur, Luftfeuchtigkeit und Zerkleinerungsgrad. Für nahezu alle Heilkräuter ist ein Schutz vor Licht erforderlich, denn dieses würde einen Abbau und eine Veränderung der Inhaltsstoffe mit sich bringen. Es sollte verhindert werden, die Kräuter einer allzu hohen Temperatur auszusetzen, deshalb ist die Aufbewahrung auf einem zwar trockenen, aber zu heißen Dachboden nicht sinnvoll. Auch sollte man die Heilkräuter nicht allzu stark zerkleinern, vor allem solche Kräuter, welche ätherische Öle, Gerbstoffe oder Bitterstoffe enthalten. Niemals sollte man sie pulverisieren, denn dadurch wird die Haltbarkeit stark eingegrenzt.

Glasbehälter mit gutem Verschluss oder die guten alten Blechbüchsen eignen sich gut. Man vergesse nicht, das Jahr zu vermerken und natürlich den Inhalt draufzuschreiben, so dass kein Irrtum aufkommen kann. Eine Verwechslung könnte unangenehme Folgen haben und nicht zum Ziel führen. Es kommt sehr oft vor, dass Kunden in die Apotheke kommen, mir ein getrocknetes Kraut zeigen und nicht mehr wissen, was es denn sei. Wenn man dann fragt, wann denn das unbekannte Ding gesammelt wurde, wissen auch da leider die allerwenigsten Bescheid.

Trotz bester Aufbewahrung verlieren die Drogen mit der Zeit Wert und Wirkung. Man erneuere sie möglichst jedes Jahr, deshalb sollte man nicht mehr sammeln, als man in einem Jahr verbraucht. Man muss die Kräuter ja nicht gleich wegwerfen, sondern kann sie auch als Badezusatz verwenden. Jene, die ätherische Öle enthalten, eignen sich bestens dafür.

Pflanzen, welche in unseren Gärten gepflegt werden, haben mitunter durch unterschiedliche Sonneneinwirkung, aber auch durch eine unterschiedliche Bodenbeschaffenheit teilweise sehr unterschiedliche Konzentrationen an Wirkstoffen. Wenn jemand eine genaue und möglichst gleich bleibende Heilwirkung braucht, zum Beispiel bei Beruhigungstees oder bei Tees, die der Verdauung förderlich sind, wäre es sinnvoller, Heilkräuter aus der Apotheke zu kaufen, denn nur dann kann durch die strengen Richtlinien bezüglich Wirkstoffgehalt und Qualität die medizinische Wirkung gewährleistet werden.

Zur Monographie der Kräuter

In diesem Buch werden hauptsächlich Kräuter näher beschrieben, welche in Südtirol wild oder verwildert vorkommen und auch angepflanzt werden. Das sind nicht nur einheimische Kräuter, sondern auch solche, die sich im Laufe der Zeit bei uns eingebürgert haben, bekannt sind, oder ihrer Heilkraft wegen angepflanzt werden, sofern sie bei uns auch wachsen können. Ich beziehe mich zum Beispiel auf die Zaubernuss *(Hamamelis virginica)*, ein wunderschöner Strauch, der in unseren Gärten öfters angepflanzt wird, oder den Sonnenhut *(Echinacea purpurea)*, ein Präriekraut, das man in fast allen Gärten und Bauerngärten vorfindet. Beide stammen aus Nordamerika, werden in unseren Gegenden schon lange angepflanzt und sind in der Zwischenzeit sehr bekannt und geschätzt. Auch die Bohne *(Phaseolus vulgaris)*, eine Pflanze aus den subtropischen und tropischen Gebieten Amerikas, ist ein solches Kraut. Perennierende, exotische Pflanzen, welche des Klimas wegen in unseren Breiten nicht wachsen können, auch wenn sie eine gute Wirksamkeit haben, werden nicht berücksichtigt und auch in den Kräutermischungen so weit wie möglich nicht angegeben. Auch beschränkt sich die Auswahl der Kräuter auf solche, die eine nachweisbare Heilkraft besitzen. Pflanzen, die historisch wichtig waren, aber nach neuen Untersuchungen keinerlei Heilkraft besitzen, werden erwähnt, aber nicht näher beschrieben.

Geschichte

Die Geschichte der Menschheit ist durchzogen von Epidemien und Krankheiten, denen gegenüber sich der Mensch ohnmächtig und hilflos fühlte. Nicht nur seit der Entstehung des Christentums wurden Krankheiten, Hungersnöte und Epidemien als Strafe Gottes angesehen, die der Mensch über sich ergehen lassen musste. Epidemien wie die Pest, Cholera, Typhus, Pocken und auch einfachere Krankheiten wie Lungenentzündungen, Durchfälle, Geschwüre, Wundbrände waren selten heilbar und verliefen meist tödlich. Hungersnöte schwächten zusätzlich die Abwehr des menschlichen Organismus und führten zu noch mehr Erkrankungen. Es versteht sich von selbst, dass solche Ereignisse fast immer einschneidende Veränderungen im Verhaltensmuster der Menschen hervorriefen, Völkerwanderungen auslösten, zu Kriegen führten, Königreiche zu Fall brachten, Schuldzuweisungen oder zügellose Vergnügungssucht zur Folge hatten. Auch von Bittprozessionen erhoffte man sich Erhörung in der Not. Der damalige Mensch hatte ja keine Ahnung von Krankheitserregern wie Bakterien, Viren oder Pilzen.

Die Medizin des Altertums hat viele bedeutende Gelehrte hervorgebracht: Hippokrates, der von 460 bis ca. 370 v. Chr. gewirkt hat, war ein bedeutender griechischer Arzt, dessen berühmteste Hinterlassenschaft auch der allgemein bekannte Eid ist, den die Ärzte schwören; Plinius der Ältere, der als Verfasser der »Naturalis historia« berühmt wurde, fand beim Vulkanausbruch von Pompeji 79 n. Chr. den Tod; vor allen aber Dioskurides, der im ersten Jahrhundert n. Chr. als Militärarzt römischer Kaiser ein fünfbändiges Werk über die Medizin verfasste, welches immer wieder im Laufe der Jahrhunderte erwähnt, studiert, ergänzt und erweitert wurde und als ein grundlegendes Werk angesehen werden kann. Später war es Galen von Pergamon (129 – ca. 200 n. Chr.), auf dessen Werke sich die Grundlagen der heute noch gebräuchlichen Vorschriften beziehen. Kaiser Karl der Große (747–814) verordnete durch Gesetze in seinem »Capitulare de villis et curtis imperialibus«, was Klöster und Städte an Obst-, Heil- und Gewürzpflanzen anzulegen hatten. Durch diese Gesetze wurden erstmalig die Voraussetzungen für eine gesundheitliche Versorgung der damaligen Menschen geschaffen. Im Mittelalter war es Hildegard von Bingen (1098–1179), die in ihren Schriften wie »Physica« und »Causae et curae« Pflanzen, Tiere und Mineralien beschrieb und diese in Bezug zu den Krankheiten brachte. Die Schule von Salerno ist ebenfalls zu dieser Zeit bestrebt, neue Errungenschaften in die Heilkunde einzubauen. Durch Gutenbergs Erfindung des Buchdruckes, Mitte des 15. Jahrhunderts, begann eine für damalige Zeiten unglaubliche Entwicklung und Verbreitung nicht nur von kirchlichen, sondern auch von heilkundigen Werken. Lonicerus, Bock und Matthiolus, um nur einige zu nennen, haben einen grundlegenden Beitrag zur Bekanntmachung und zur Verbreitung der damaligen Medizin geleistet. Diese Autoren hatten aber keine andere Möglichkeit, als Krankheiten zu beschreiben und die Heilmöglichkeiten hauptsächlich in der Kräuterheilkunde zu suchen. Sie haben in Ansätzen auch begleitende Maßnahmen beschrieben, aber keine wirklich wirksamen Mittel zur Verfügung gehabt. Dies alles gab Zauberern, Badern, Pseudogelehrten und selbst ernannten Heilern die Möglichkeit, mit allerlei Tricks und Kniffen den Glauben und die Hilflosigkeit, die Ängste und Verzweiflung der Leute auszunützen und zu Geld zu machen. Der Aberglaube und eine immer phantasievolle mündliche Überlieferung taten den Rest.

Geschichtlich interessant ist die Tatsache, dass nicht sämtliche heute gebräuchlichen Heilkräuter im Altertum schon bekannt waren. So kommt zum Beispiel Arnika *(Arnica montana),* ein heutzutage allgemein bekanntes, geschätztes und wirksames Heilkraut, in den Schriften des Altertums und des Mittelalters nicht vor.

Herkunft und Vorkommen

Die Herkunft eines Heilkrautes erklärt vieles über seine Verbreitung, aber auch über seine geschichtliche Entwicklung. Das Vorkommen zu erwähnen ist zweifelsohne wichtig, da dadurch Anhaltspunkte für die Pflege im Garten gegeben werden können.

Verwendete Teile

Fast jedes Heilkraut hat bestimmte Teile, in welchen der Wirkstoff am konzentriertesten vorliegt oder überhaupt vorkommt. Bei der Namengebung des Heilkrautes wird hier nicht der herkömmliche deutsche botanische Name verwendet, sondern der Name in Bezug auf den wirksamen Teil der Pflanze. So ist zum Beispiel der Wirkstoff des Baldrians ausschließlich in der Wurzel vorhanden, weshalb diese Pflanze nicht einfach Baldrian genannt wird, sondern Baldrianwurzel.

Wirkstoffe

Die Wirkstoffe, welche in einem Heilkraut vorhanden sind, geben Aufschluss über seine Verwendung. Das Vorhandensein gewisser Inhaltsstoffe erklärt die Wirksamkeit und schließt unangebrachte Anwendungen, auch wenn sie oft in der gebräuchlichen Volksmedizin vorhanden sind, aus.

Alkaloide

Die Alkaloide sind Wirkstoffe, die relativ kompliziert aufgebaut sind. Sie können Heilkraft besitzen, wie Codein, Morphin, sie können tödlich giftig sein, wie jene, die im Eisenhut *(Aconitum napellus)*, in der Tollkirsche *(Atropa bella-donna)* enthalten sind, oder als Genussmittel dienen wie das Koffein.

Ätherische Öle

Fast alle Pflanzen, die auch als Kraut einen Duft verströmen, enthalten ätherische Öle. Dies sind Substanzen, welche ölige Konsistenz aufweisen, aber flüchtig sind. Das heißt, sie verdunsten, ohne Rückstände zu hinterlassen. Sie haben Heilkraft, wie zum Beispiel das Thymianöl, das Lavendelöl oder das Melissenöl, sie können aber dazu noch als wohlriechende Aromastoffe dienen, wie zum Beispiel das Latschenkiefernöl oder das Rosenöl.

Bitterstoffe

Wie schon der Namen sagt, schmecken diese Stoffe bitter und können durch ihre anregende Wirkung auf die Verdauung, bei Problemen mit dem Magen, Darm, Leber und Galle verwendet werden. Diese haben aber auch eine große Bedeutung in der Likörindustrie, wo sie in Magenbittern, in Camparis, Wermuts und anderen Kräuterelixieren weite Verbreitung finden.

Cumarine

Das sind Inhaltsstoffe, welche in vielen Pflanzen wie Waldmeister oder Süßklee vorkommen und wie duftendes Heu riechen.

Flavonoide

Es handelt sich dabei um eine Gruppe von Substanzen, die meistens in gelb blühenden Pflanzen vorkommen. Sie heißen je nach Wirkung

Flavone, Flavonole, Flavanone, Isoflavone. Verwendet werden bei Venenerkrankungen das in der Rosskastanie enthaltene Rutosid, bei Herz- und Kreislauferkrankungen das im Weißdorn enthaltene Flavonoid und bei Lebererkrankungen der in der Mariendistel enthaltene Flavonoidkomplex. Wassertreibende Eigenschaften besitzen die Flavone der Birkenblätter, entkrampfende jene der Kamille.

Gerbstoffe

Gerbstoffe befinden sich oft in der Rinde, der Wurzel, aber auch in den Blättern einer Pflanze. Sie haben die Eigenschaft, das Kollagen zu binden und dadurch die Haut zu gerben. Sie ziehen Schleimhäute und Gewebe zusammen und sind durch ihre reizmildernden, entzündungshemmenden, antibakteriellen und sekretionshemmenden Eigenschaften besonders geeignet bei Schleimhautverletzungen, Geschwüren, Verbrennungen und Entzündungen.

Glykoside

Wie schon der Name sagt, bestehen die Glykoside aus gewissen Zuckerverbindungen. Diese haben eine zum Teil sehr starke Wirkung, wie jene, die im Fingerhutkraut *(Digitalis lanata)* enthalten sind, die tödlich giftig sind und niemals auf eigene Faust eingenommen werden dürfen. Ein anderes Glykosid, das nicht giftig ist, ist das Salicin, das in der Weide vorhanden ist.

Saponine

Sie sind nach dem lateinischen Wort sapo = Seife benannt. Sie sind, wie alle Seifen, oberflächenaktiv und beschleunigen die Aufnahme anderer Stoffe in Heilkräutern. Saponine sind im Seifenkraut *(Saponaria rubra)*, das als Seifenersatz gebraucht wurde, und als Phytosterole in der Brennnesselwurzel *(Urtica urens)* und im Weidenröschenkraut *(Epilobium parviflorum)*, welche bei gutartigen Prostataleiden verwendet werden, enthalten.

Schleimstoffe

Schleimstoffe haben die Eigenschaft, im Wasser aufzuquellen und einen schleimigen Film zu bilden. Sie legen sich auf Haut und Schleimhäute und wirken so reizmildernd und beruhigend. Sie werden bei Reizhusten, Halsweh, Magen-Darm-Katarrhen und manchen Verletzungen verwendet.

Solanine

Dies sind Verbindungen, welche hauptsächlich in den Blättern der Nachtschattengewächse enthalten sind. Sie sind durchaus giftig und dürfen nur äußerlich, bei Hauterkrankungen und dergleichen, angewendet werden.

Anwendungsbereiche

Die Anwendungsbereiche der Heilkräuter, die in diesem Buch angeführt werden, sind alle geprüft beziehungsweise durch eine langjährige, positive Anwendung zuverlässig und generell gut dokumentiert. In diesem Buch wird nicht auf Anwendungen der Phantasie, ungeprüfte und überholte Gebräuche sowie nicht nachvollziehbar heilende Eigenschaften eingegangen. Weiters werden Sie in diesem Buch weder Erzählungen über wundersame Heilungen vorfinden noch romanartige Geschichten von Leuten, die plötzlich von unheilbaren Erkrankungen geheilt wurden.

Volkstümliche Anwendung

Die Anwendung der Heilkräuter ist keine starre und unumstößliche Wissenschaft. Immer Neues wird entdeckt und hinzugefügt, immer neue Wirkstoffe werden gefunden. In der letzten Zeit wendet man sich zum Beispiel weltweit verstärkt einem Heilkraut, einer Arthemisia-Art *(Arthemisia annua)* zu, in der man einen Wirkstoff vermutet, welcher eine bahnbrechende Waffe gegen die Malaria sein könnte. In der Volksheilkunde sind viele Anwendungen von Heilkräutern, auch wenn sie nicht oder noch nicht wissenschaftlich belegt wurden, gebräuchlich und stark verankert. Die Volksheilkunde hat viel zur wissenschaftlichen Entwicklung beigetragen, denn auf viele Eigenschaften wurde man erst durch das Brauchtum aufmerksam. Auch heute noch werden Arbeiten in Auftrag gegeben, die alte Schriften, vergessene Nutzungen und volkstümliche Anwendungen von bekannten und weniger bekannten Pflanzen dokumentieren und erforschen sollen.

Zubereitung

Bei der Zubereitung sei auf das eigene Kapitel hingewiesen. Zubereitungen werden, wenn möglich, gezielt und entsprechend aufgelistet.

Vorsichtsmaßnahmen

Das Motto »nützt's nichts, schadet's nicht«, das bei Heilkräutern gerne und mit Schmunzeln angewandt wird, trifft nicht immer zu. Extrem giftige Heilkräuter macht erst die Dosierung zum Heilkraut. Allergie auslösende Pflanzen werden in diesem Buch zwar angeführt, aber es wird auf ihre Bedenklichkeit hingewiesen. Zum Beispiel sollen Heilkräuter, welche abführend wirken, nicht auf längere Zeit angewendet werden, denn einige reizen den Darm, andere wiederum bewirken Verluste an Mineralsalzen, die für eine gesunde Entwicklung des Körpers notwendig sind. Die modernen Analysemethoden haben auch gefährliche, leberschädigende und krebserregende Substanzen in Heilkräutern gefunden, wie die Pyrrolizidinalkaloide, welche die Verwendung von einigen, an sich gut wirksamen Heilkräutern einschränken oder auch verbieten. Zuletzt sei noch auf die Verseuchung durch radioaktive Substanzen hingewiesen, die von einigen Pflanzen vermehrt aufgenommen werden.

Bemerkungen

Bei den Bemerkungen findet man Ratschläge und auch ergänzende, hilfreiche Anregungen, die man bei der Einnahme von Kräutern beachten und berücksichtigen sollte.

Bewährte und bekannte Teemischungen

Bewährte und bekannte Teemischungen sind wirksam, leicht herzustellen und im allgemeinen Gebrauch. Die in diesem Buch angegebenen sind fast zur Gänze aus heimatlichen, im Einzelnen angeführten und beschriebenen Heilkräutern zusammengestellt.

Homöopathie

Da gewisse Kräuter auch Grundstoff für homöopathische Arzneimittel sind, habe ich der Vollständigkeit halber ihre in der Homöopathie gebräuchlichen Anwendungen vermerkt. Diese Anwendungen sollen nur ihren Wirkungsbereich erläutern und nicht Grundlage für eine Selbstbehandlung sein. Nur der homöopathisch ausgebildete Arzt oder Apotheker ist in der Lage, Krankheitsbilder zu deuten und zu therapieren. Das homöopathische Mittel wird auch für andere Krankheitsbilder, mit anderen Potenzen und Dosierungen als im Buch angegeben, eingesetzt.

Bachblütentherapie

Sofern ein Heilkraut in der Bachblütentherapie angewendet wird, wird dies angegeben. Die Bachblütentherapie ist eine eigenständige, vom englischen Arzt Edward Bach (1886–1936) gegründete Heilmethode. Edward Bach schreibt: »Krankheit ist weder Grausamkeit noch Strafe, sondern einzig und allein ein Korrektiv, ein Werkzeug, dessen sich unsere Seele bedient, um uns von größeren Fehlern abzuhalten, um uns daran zu hindern, mehr Schaden anzurichten, und uns auf den Weg der Wahrheit und des Lichts zurückzubringen, von dem wir nie hätten abkommen sollen.« Die Bachblütentherapie ist also eine seelische Umstimmungstherapie, mit deren Hilfe ein harmonischer Seelenzustand gefunden werden kann.

Brauchtum und Kuriosa

Heilkräuter und Kultur, Heilkräuter und Brauchtum, Heilkräuter und Hoffnung, Heilkräuter und Eigenarten. Immer dort, wo Glaube und Hoffnung, Ohnmacht und Tradition, Erfolg und Rückschläge mitspielen, entstanden im Laufe der Jahrhunderte Bräuche, Aberglauben und Fanatismus, Meinungen und Überzeugungen, welche dieses Gebiet so lebendig und faszinierend machen. Einige Kostproben sind in der Monographie fast einer jeden Pflanze enthalten.

Südtiroler
Heilkräuter

Alantwurzel *Inula helenium L.*

FAMILIE: KORBBLÜTLER

Geschichte

Die Alantwurzel war in der Antike eine geschätzte Heilpflanze, die auch für kulinarische Zwecke gerne verarbeitet wurde. Früher gehörte der Alant in jeden Bauerngarten, heute wird er wegen seiner allergisierenden Wirkung nur noch selten kultiviert und ist nicht mehr oft anzutreffen. Ich erwähne ihn, weil er in Südtirol bekannt ist und, wenn auch selten, verwendet wird.

Herkunft und Vorkommen

Der Alant kann bis zu 1 1/2 Meter groß werden und ähnelt etwas der Arnika. Seine Heimat ist Zentralasien, er kommt aber in ganz Europa vor und wächst verwildert an Ufern, auf feuchten Wiesen und an den Rändern von Weiden, in Parkanlagen sowie in Hecken. Diese vom Frühling bis in den späten Herbst blühende Pflanze ist auch in Südtirol oft anzutreffen.

Verwendete Teile

Verwendet werden die Wurzelstöcke mit den fleischigen Nebenwurzeln, die in den Monaten März und April oder Oktober und November gesammelt werden.

Wirkstoffe

Inulin, ätherisches Öl mit Helenin, Sesquiterpenlactone mit Alantolacton, Triterpene, Sterole, Polyacetylene, Kieselsäure. Die Sesquiterpenlactone sind für die allergisierende Wirkung verantwortlich.

Anwendungsbereiche

Erkrankungen der Atmungsorgane, wie Bronchialkatarrh mit starker Schleimbildung, Hautleiden, Verdauungsbeschwerden.

Volkstümliche, wissenschaftlich nicht belegte Anwendung

Innerlich bei Verdauungsstörungen, Menstruationsbeschwerden, Infektionen der Harnwege, bei Erkrankungen der Atemwege, Erkältung und Kopfschmerzen. Äußerlich als Umschlag bei Erkrankungen der Haut, wie Infektionen usw.

Dosierung

Um aus der Alantwurzel einen Hustentee zu machen, übergießt man 1 Teelöffel der getrockneten Wurzeln mit 1 Tasse kochendem Wasser. Diesen Aufguss lässt man 5 Minuten ziehen und seiht dann ab. Davon trinkt man bis zu 4 Tassen täglich, mit Honig gesüßt, in kleinen Schlucken.

Vorsichtsmaßnahmen

Der Gebrauch der Alantwurzel ist nicht unbedenklich. Bei falscher Anwendung kann es zu Magen-Darm-Beschwerden und zu Reizungen der Schleimhaut kommen. Allgemein besteht eine erhöhte Gefahr von Allergien. In der Schwangerschaft und in der Stillzeit sollte diese Heilpflanze nicht angewendet werden – wenn schon, dann nur nach Rücksprache mit dem Arzt.

Brauchtum und Kuriosa

Im Mittelalter hatte der Alantwein eine große Bedeutung. Er wurde als Universalmittel eingesetzt und gegen alle möglichen Erkrankungen und Leiden der Brust, des Kopfes, des Magens, gegen Schlaganfälle und sogar gegen die Pest verschrieben.

Andornkraut *Marrubium vulgare L.*

FAMILIE: LIPPENBLÜTLER

Geschichte

Der Andorn ist eine der ältesten beschriebenen Heilpflanzen, die schon den Ägyptern und Römern bekannt war. Auch die Kräuterärzte des Mittelalters benutzten diese Pflanze bei Lungenkrankheiten, Verstopfung, Gelbsucht, Schuppen und Seitenstechen. Matthiolus und Bock beschreiben die vielseitigen Anwendungen dieses Heilkrautes und empfehlen es auch bei Erkrankungen der Atmungsorgane.

Herkunft und Vorkommen

Ursprünglich kommt der Andorn aus Zentralasien und dem Mittelmeergebiet. Diese Pflanze wächst auf trockenen Wiesen sowie auf nicht gepflegtem Land. Sie ist inzwischen in ganz Europa eingebürgert.

Verwendete Teile

Verwendet werden die zur Blütezeit von Juni bis August gesammelten, getrockneten oberirdischen Teile.

Wirkstoffe

Bitterstoffe, ätherisches Öl, Gerbstoffe.

Anwendungsbereiche

Die in dieser Heilpflanze enthaltenen Bitterstoffe regen die Gallenwege an und wirken zuverlässig bei Appetitlosigkeit sowie bei Verdauungsbeschwerden, die sich durch Völlegefühl oder Blähungen bemerkbar machen. Verwendet wird dieses Heilkraut auch bei Katarrhen der oberen Luftwege, hauptsächlich bei älteren Menschen.

Volkstümliche, wissenschaftlich nicht belegte Anwendung

Dieses auch in der Volksheilkunde überaus beliebte Heilkraut wird zusätzlich noch bei chronischen Durchfällen, zur Regelung der Menstruation und gegen Erkältungen angewendet. Äußerlich bei Wunden, Geschwüren und allgemein gegen Hautleiden.

Zubereitung

Man überbrüht 2 gehäufte Teelöffel des getrockneten Krautes mit 1 Tasse kochendem Wasser. Nach 5 Minuten seiht man ab und trinkt davon 3–5 × am Tag 1 Tasse.

Bewährte und bekannte Teemischung

Bei Appetitlosigkeit und Verdauungsstörungen:

30 g Andornkraut
20 g Löwenzahnwurzel
20 g Löwenzahnkraut
20 g Pfefferminzblätter
10 g Wermutkraut

Zubereitung: 1 Teelöffel dieser Teemischung mit 1 Tasse kochendem Wasser überbrühen, 10 Minuten ziehen lassen, abseihen und vor jeder Mahlzeit 1 Tasse davon trinken.

Brauchtum und Kuriosa

Der Abt des Klosters Reichenau Walahfrid Strabo (808–849 n. Chr.) schreibt in seinem Gartengedicht, dem »Hortulus«, unter anderem beim Andorn Folgendes: Sollten dir Stiefmütter je feindselig bereitete Gifte mischen in das Getränk oder trügenden Speisen verderblich Eisenhut mengen, so scheucht ein Trank des heilkräftigen Andorns, unverzüglich genommen, die drohenden Lebensgefahren.

Angelikawurzel, Engelwurz *Angelica archangelica L.*

FAMILIE: DOLDENGEWÄCHSE

Geschichte

Alte Kräuterbücher beschreiben die Angelica als Engelskraut oder als Wurzel des Heiligen Geistes, denn man glaubte, sie könne eine Reihe von Krankheiten heilen, hauptsächlich in Zusammenhang mit Vergiftungen und infektiösen Erkrankungen. Man war überzeugt, sie könne das Blut reinigen sowie vor ansteckenden Krankheiten schützen. Paracelsus und andere Heiler berichteten über ihre Wirksamkeit bei Pestepidemien und bei Infektionen, welche durch diese Heilpflanze vermieden werden können.

Herkunft und Vorkommen

Bei der Kulturpflanze handelt es sich um die im Norden Europas und Asiens verbreitete Unterart *A. arch. ssp. archangelica,* deren Wildform aus den Gebirgen Skandinaviens und dem nördlichen Sibirien stammt. Die Pflanze, welche bis zu 2 Meter groß werden kann, kommt verwildert an Flussufern vor.
In Südtirol findet man häufiger die Sumpfengelwurz, *Angelica plustris,* und die Waldengelwurz, *Angelica silvestris.*

Verwendete Teile

Verwendet wird die stark würzig riechende und scharf schmeckende Wurzel.

Wirkstoffe

Ätherisches Öl, Furanocumarine.

Anwendungsbereiche

Angelica archangelica wird bei Erkrankungen des Magen-Darm-Traktes benützt, als entkrampfendes Mittel, zur Förderung der Magensaftsekretion, als appetitanregendes Mittel, bei Völlegefühl und Blähungen. Auch die Gallensaftausschüttung wird angeregt.
Angelica wird heute noch bei der Zubereitung vieler Kräuterschnäpse und Magenliköre verwendet wie Wermut, Benediktiner- und Kartäuserlikör. Die Samen werden benützt, um Weine und andere alkoholische Getränke und Liköre zu würzen. Die Wurzeln sind auch Bestandteil von mehr oder weniger bekannten Verdauungsgetränken, welche sich großer Beliebtheit erfreuen.

Bemerkungen

In Skandinavien wurde die Pflanze schon seit vielen Jahrhunderten als Marktware gehandelt. Bis heute ist die Engelwurz in den Ländern am Polarkreis eine geschätzte Heil- und Gemüsepflanze. Junge Stängel und Blattstiele werden, verschiedentlich zubereitet, als Delikatesse verspeist. Dadurch, dass die Wildpflanze häufig vorkommt, und sicher auch wegen der Lebensweise einiger nordischer Völker, welche nicht an einen Ort gebunden sind, wurde die Art zunächst nicht in Gärten kultiviert. Dies scheint erst ab dem 12. Jahrhundert der Fall zu sein, als dieses Heilkraut in Klostergärten, vor allem als Mittel gegen die Pest, angebaut wurde.

Zubereitung

Man kann die Angelikawurzel als Abkochung oder als Aufguss verwenden.
Als Abkochung: 1 Teelöffel der geschnittenen Wurzel mit ca. 150 ml kaltem Wasser ansetzen, 1 × kurz aufkochen lassen, abseihen und ½ Stunde vor dem Essen trinken.
Als Aufguss: 1 Teelöffel der geschnittenen Wurzel mit 1 Tasse kochendem Wasser überbrühen, zugedeckt ziehen lassen und ebenfalls ½ Stunde vor dem Essen trinken.

Bewährte und bekannte Teemischung

Bei Appetitlosigkeit z. B. älterer Menschen oder bei Erkrankungen des Magens:

25 g Angelikawurzel
25 g Enzianwurzel
25 g Fenchelsamen, zerstoßen
25 g Kümmel, zerstoßen

Zubereitung: 1–2 Teelöffel dieser Teemischung mit 1 Tasse kochendem Wasser übergießen, 5–10 Minuten ziehen lassen, abseihen und ½ Stunde vor dem Essen schluckweise trinken.

Vorsichtsmaßnahmen

Wegen des Gehalts an Furanocumarinen, welche in der Angelikawurzel enthalten sind, sollte man längere Sonnenbäder sowie intensive UV-Bestrahlung vermeiden, um eventuellen Hautallergien sowie Hautunverträglichkeiten vorzubeugen.

Brauchtum und Kuriosa

Der Benediktinerpater Schreger schreibt in der zweiten Hälfte des 18. Jahrhunderts in seinem »Hausbüchlein«: »Wider böse Lufft und Gestank: Wer einen Schnitt Angelika in dem Mund trägt, wird von dergleichen behütet.«

Arnikablüten *Arnica montana L.*

FAMILIE: KORBBLÜTLER

Geschichte

Eigenartigerweise kannten die antiken Autoren Arnika, den Bergwohlverleih, nicht, zumindest wurde sie nicht als Arzneipflanze angeführt. Für ihre Verwendung im Mittelalter finden sich nur wenige gesicherte Spuren. Erstmals in einem Kräuterbuch scheint Arnika im »Liber simplicis medicinae« aus dem »Liber subtilitatum diversarum naturarum creaturarum« der Hildegard von Bingen, besser bekannt unter »Physica«, dem Titel des ersten Druckes (Schott, Straßburg 1533), auf. Zur Zeit Goethes hatte die Pflanze eine gewisse Verbreitung erlangt und wurde bei Herzbeschwerden eingesetzt, später aber von weitaus besseren Präparaten vollständig verdrängt.

Herkunft und Vorkommen

Arnika ist eine einheimische Pflanze, welche auf sandigen, humusreichen und sonnigen Gebirgswiesen bis 2000 Meter vorkommt. Sie wächst in ganz Mittel-, Süd- und Osteuropa ab 800 Meter und kann unsere Almen während ihrer Blütezeit von Juni bis August in wahre duftende Prachtwiesen verwandeln. Sie besitzt neben ihrem herben, aromatischen Duft eine große Wirkung und wird darum als das Erste-Hilfe-Kraut bezeichnet.

Verwendete Teile

Verwendet werden die Wurzeln sowie die Blüten von Pflanzen, die angebaut werden, da der natürliche Bestand gefährdet ist.

Anwendungsbereiche

Nur zur äußerlichen Anwendung geeignet. Als Tinktur oder als Salbe wirkt diese Heilpflanze entzündungshemmend, schmerzstillend, keimtötend und gegen einige Pilzerkrankungen. Arnika erhöht die Blutzufuhr und reizt die Haut sowie die Schleimhäute. Deshalb wird Arnika des Öfteren bei Verletzungen, Prellungen, Quetschungen sowie Verstauchungen angewendet. Auch bei rheumatischen Muskel- und Gelenkbeschwerden sind Zubereitungen aus Arnikablüten wirksam. Ein anderer Anwendungsbereich sind oberflächliche Venenentzündungen.

Volkstümliche, wissenschaftlich nicht belegte Anwendung

Arnikablüten wurden früher als anregendes Mittel bei Herz- und Kreislaufbeschwerden, bei Erschöpfungszuständen und in Russland vor allem bei Uterusblutungen während der Geburt und im Klimakterium verwendet. Wegen der starken Nebenwirkungen gilt heute die innerliche Anwendung von Arnika als nicht mehr sinnvoll. Äußerlich bei Quetschungen, Frostbeulen und seelisch bedingtem Haarausfall.

Dosierung

Unverdünnt sollte die Arnikatinktur nur auf kleineren Flächen angewendet werden. Für größere Flächen nur 3–10fach in Wasser verdünnt als Umschläge, für Mundspülungen verwendet man die Arnikatinktur ca. 10fach verdunnt.

Vorsichtsmaßnahmen

Selbst angesetzter »Arnikaschnaps«, der sich bei Entzündungen jeglicher Art bewährt hat, sollte niemals getrunken werden. Es kann neben Übelkeit und Erbrechen zu Herz- und Atembeschwerden kommen, die bis zum Kreislaufkollaps führen.

Bemerkungen

Man sollte die Arnikablüten nicht selber sammeln, erstens, weil die Pflanze geschützt ist, zweitens, weil sie von unerfahrenen Sammlern leicht verwechselt werden kann.

Homöopathie

Arnika wird eingesetzt bei Entzündungen und Erkrankungen des Bewegungsapparates sowie bei Erkrankungen des arteriellen und venösen Systems. Gebräuchliche Potenzen: D4, D6, D12. Auch äußerlich.

Brauchtum und Kuriosa

Gegen den Hexenschuss, der in Tirol auch »Einschuss« genannt wird, kann man nach einer alten Überlieferung Folgendes machen: Die Stelle mit Schnaps einreiben, in dem Arnikawurzeln angesetzt wurden, und danach einen Purzelbaum schlagen.

Artischockenblätter *Cynara scolymus L.*

FAMILIE: KORBBLÜTLER

Geschichte

Bereits in der Antike kannten und verwendeten die Menschen die Artischocke als Verdauungshilfe und Diuretikum, gegen Achselschweiß und sogar als Aphrodisiakum. In manchen Gegenden wird sie wegen des überaus angenehmen Geschmacks als Gemüse hoch geschätzt. Jeder kennt wohl die distelartigen Blüten dieses Korbblütlers. In der Kräuterheilkunde werden jedoch nur die Grundblätter verwendet.

Herkunft und Vorkommen

Die vermutlich aus Äthiopien stammende Artischocke ist als Wildpflanze nicht bekannt.
Sie wird intensiv in Süd-, West- und Mitteleuropa angebaut und kommt in mehreren Kulturformen vor. In Südtirol hat die Artischocke in den Bauerngärten nur sehr selten einen Platz, da diese Pflanze in wärmeren Gegenden besser gedeihen und ausreifen kann.

Verwendete Teile

Verwendet werden die fleischigen Blätter. Eigentlich handelt es sich dabei um die äußeren und inneren Hüllenblätter der Blütenkörbchen der Pflanze.
Als Gemüse verwendet man den fleischigen Fruchtboden und die dicken, schuppenartigen Hüllenblätter.

Wirkstoffe

Cynarin, Bitterstoffe, Flavonoide, Inulin.

Anwendungsbereiche

Die Inhaltsstoffe der Artischocke sind gallenflussanregend, leberschützend, cholesterinsenkend, entzündungshemmend und wirken entkrampfend. Die Artischocke wirkt bei leichten Bauchschmerzen, welche auf Störungen des Leber-Galle-Systems zurückzuführen sind, und hilft, den Cholesterinspiegel zu senken. Die Blätter regen die Gallenblase an, indem sie den Gallenfluss und die Gallenproduktion vermehren. Sie wirken regenerierend auf die Leber und unterstützen sämtliche Leberfunktionen. Die Artischocke wird bei Appetitlosigkeit, erhöhtem Cholesterinspiegel und als Leberschutz angewendet.
Durch den hohen Gehalt an Inulin empfiehlt sich dieses Gemüse besonders den Diabetikern.

Sonstige Anwendungen

Als Artischockenwein veredelt, wird diese Heilpflanze nicht nur als Mittel gegen Verdauungsbeschwerden, sondern auch als stärkendes Mittel bei der Genesung von Krankheiten eingesetzt. Im Haushalt werden die Artischockenböden sowie die kurz vor dem Aufblühen geernteten Hüllenkelchblätter als wertvolles und überaus beliebtes Gemüse verwendet.

Dosierung

Artischocken werden fast ausschließlich als Trockenextrakt in Form von Kapseln verwendet, wobei eine längere Einnahme sinnvoll ist. Diese Kapseln sind in jeder Apotheke erhältlich.

Vorsichtsmaßnahmen

Bei Verschluss der Gallenwege, bei Gallensteinleiden sollten Artischockenpräparate nur nach Rücksprache mit dem Arzt angewendet werden.

Bemerkungen

Artischocken als Gemüse verzehrt haben nicht dieselbe Wirkung wie die pharmazeutischen Präparate, da beim Kochen ein großer Teil der Wirkstoffe, insbesondere die auf die Leberfunktion wirksamen Bitterstoffe, verloren geht.

Augentrostkraut *Euphrasia officinalis, Euphrasia Rostkoviana* HAYNE

FAMILIE: BRAUNWURZGEWÄCHSE

Geschichte

Der Augentrost als solcher war in der Antike nicht bekannt. Erst im Mittelalter wurde diese Pflanze ausführlich beschrieben und ihre Heilwirkung angegeben. Augentrost wurde in dieser Zeit auch rituell verräuchert, um zu einem besseren Sehvermögen zu gelangen. Der Name der Heilpflanze entstand in Zusammenhang mit ihrer Heilwirkung. Der Name »Euphrasia« stammt aus dem Griechischen und bedeutet so viel wie Wohlbefinden oder Frohsinn.

Herkunft und Vorkommen

Der gemeine Augentrost ist bei uns die am häufigsten vorkommende Art dieser Gattung. Diese in Europa heimische Pflanze wächst auf Wiesen und Heiden, längs von Feldwegen, in Mooren und lichten Wäldern von der Ebene bis in die Berge.
Der Augentrost ist als Pflanze interessant, denn er ist ein so genannter »Halbschmarotzer«, das heißt, er hat Saugwurzeln, welche die Nährstoffe nicht direkt von der Erde aufnehmen können, sondern die Eigenart besitzen, sich an die Wurzeln von Gräsern zu legen, um von diesen zu zehren.

Verwendete Teile

Verwendet wird das blühende Kraut, welches von Juli bis Oktober gesammelt wird.

Wirkstoffe

Aucubin, ätherische Öle, Bitterstoffe.

Volkstümliche, wissenschaftlich nicht belegte Anwendung

Die hier beschriebene Anwendung hat nur geschichtliche Bedeutung: äußerliche Anwendung bei Augenentzündungen, Bindehautentzündung, bei Gerstenkörnern, gegen Augenringe, Nasenspülungen bei Schnupfen. Als Gurgelmittel bei Halsentzündungen.

Dosierung

1–2 Teelöffel Kraut in 1/4 Liter Wasser zum Sieden bringen, dann 2 Minuten ziehen lassen.

Bemerkungen

Hygienische Gründe lassen die immer wieder beschriebene Anwendung am Auge nicht zu. Deshalb wird diese an sich wunderschöne Pflanze nur aus geschichtlichen Gründen hier erwähnt. Am Auge sollten nur sterile Produkte angewendet werden. An dieser Stelle sei auch erwähnt, dass die Kamille als solche ebenfalls nie am Auge angewendet werden sollte. In vielen Büchern wird im Zusammenhang mit Augenentzündungen eine Mischung aus Augentrost und Kamille angegeben.

Auch da gilt das Prinzip: Nur sterile Flüssigkeiten am Auge anwenden. Sollte man Augentrost trotzdem verwenden wollen, gibt es homöopathische Zubereitungen, welche den heutigen hygienischen Vorschriften entsprechen und problemlos angewendet werden können.

Homöopathie

Euphrasia wird eingesetzt bei Entzündungen der Augen und der oberen Luftwege. Gebräuchliche Potenzen: Urtinktur, D2, D3, D4; D3 auch als Augentropfen.

Brauchtum und Kuriosa

In manchen Gegenden richteten sich die Bauern bei der Winteraussaat nach dem Augentrost. Wenn die Blüten an der Spitze des Stängels zuerst erscheinen, so kommt der Winter zeitig und man muss früher anfangen zu säen.

Baldrianwurzel *Valeriana officinalis L.*

FAMILIE: BALDRIANGEWÄCHSE

Geschichte

Baldrian ist schon seit der Antike bekannt. Plinius und Dioskurides erwähnten ihn und schätzten seine Heilkraft. Im Mittelalter wurde Baldrian fast eine Modepflanze, auch wenn man dieses Heilkraut bei anderen Erkrankungen als heute verwendete, so als Aphrodisiakum, als probates Mittel gegen Pest und allerlei Seuchen, gegen Krämpfe und epileptische Anfälle, seines Geruches wegen auch als Zauber abwehrendes Mittel.

Herkunft und Vorkommen

Die Pflanze ist in fast allen gemäßigten Zonen der Erde eingebürgert. In Südtirol ist Baldrian weit verbreitet und an feuchten, humusreichen, sumpfigen Stellen, an Wassergräben, an schattigen Wiesen und Waldrändern anzutreffen.

Verwendete Teile

Die unterirdischen Organe, die sorgfältig, nicht über 40 Grad, getrocknet werden sollten.

Wirkstoffe

Ätherisches Öl mit Mono- und Sesquiterpenen, so genannte Valerensäuren, Valepotriate und Aminosäuren.

Anwendungsbereiche

Baldrian wirkt beruhigend und fördert die Bereitschaft einzuschlafen, er wird bei Unruhezuständen und bei Einschlafstörungen angewendet. Ebenfalls haben Teeauszüge und Produkte aus der Baldrianwurzel eine Wirkung bei nervös bedingten Zuständen wie Gastritis und Reizblase. Diese beliebte Heilpflanze ruft im Gegensatz zu den meisten Beruhigungsmitteln keine Abhängigkeit hervor, hat praktisch keine Nebenwirkungen und kann deshalb bedenkenlos für längere Zeit eingenommen werden.

Volkstümliche, wissenschaftlich nicht belegte Anwendung

Baldrian ist eine bekannte und viel verwendete Heilpflanze, welche in der Volksmedizin auch für andere Erkrankungen gebraucht wird. Außer bei Schlafstörungen wird Baldrian bei nervöser Erschöpfung, bei Konzentrationsschwäche, bei Reizbarkeit, in Stresssituationen, aber auch bei Kopfschmerzen sowie schmerzhaften Zuständen während der Regel, bei nervösen Herzleiden sowie Angstzuständen verwendet.

Dosierung

Als Tee 2–3 g Droge pro Tasse. Den Tee sollte man als Mazerat zubereiten, wobei man die Wurzel im kalten Wasser 12 Stunden stehen lässt und dann, nach leichter Erwärmung, trinkt. Überbrühen sollte man die Wurzel nicht, sollte diese als solche und nicht in Teemischungen verwendet werden, da die ätherischen Öle, welche den Wirkstoff enthalten, durch zu starkes Erhitzen verloren gehen würden. Sinnvoll ist es, den Baldrian als Tinktur (Tropfen) zu verwenden, wobei man ½–1 Teelöffel davon mehrmals täglich einnehmen kann. Baldrianpräparate sind auch in Form von Dragees erhältlich.

Bemerkungen

Meistens verwendet man die Baldriantinktur, die so genannten Baldriantropfen. Leider ist die oft angegebene Dosierung von 10–20 Tropfen ungenügend. Um eine optimale Wirkung zu erzielen, sollte man ½–1 Teelöffel davon verwenden.

Bewährte und bekannte Teemischung

Bei nervösen Zuständen und bei nervös bedingten Einschlafstörungen:

40 g Baldrianwurzel
30 g Hopfenzapfen
30 g Melissenblätter

Zubereitung: 1 Esslöffel dieser Mischung mit ca. 150 ml kochendem Wasser übergießen, 5–10 Minuten ziehen lassen und, nachdem abgeseiht wurde, 2–4 Tassen tagsüber trinken. Sinnvoll ist es, diesen Tee bei Einschlafstörungen wenigstens ½–1 Stunde vor dem Zubettgehen zu trinken.

Homöopathie

Valeriana wird verwendet bei nervösen Störungen und Schlaflosigkeit. Gebräuchliche Potenzen: Urtinktur, D2, D3, D4.

Brauchtum und Kuriosa

Als Aphrodisiakum wurde Baldrian im Mittelalter auch benützt. In einer Handschrift aus dem Schloss Wolfsthurn in Mareit bei Sterzing kann man über den Baldrian Folgendes lesen: »Wilter (willst du) gute freuntschaft machen under manne und under weibe, so nym valerianum und stosz die czu pulver und gib ins czu trinken in Wein«.

Bärentraubenblätter *Arctostaphylos Uva Ursi L.*

FAMILIE: HEIDEKRAUTGEWÄCHSE

Geschichte

Bärentraubenblätter zählen seit dem 18. Jahrhundert zu den wichtigsten Heilpflanzen für Erkrankungen des Nieren-Blasen-Bereiches. Es handelt sich dabei um eine in Südtirol bestens bekannte Pflanze, welche auch unter dem Namen »Rausch- oder Mehlgrante« bekannt ist. Dieses Heidekrautgewächs ist ein kriechender, weit verzweigter Zwergstrauch mit immergrünen Blättern, welcher in manchen Teilen des Landes häufig vorkommt.

Herkunft und Vorkommen

Die Bärentraube ist seit alters eine bekannte und typische Heilpflanze Nordeuropas. Sie steht mittlerweile unter Naturschutz.

Verwendete Teile

Als Heilkraut werden die Blätter verwendet, welche nicht welken und deshalb das ganze Jahr hindurch geerntet werden können. Da aber im Spätsommer sowie im Herbst die meisten Wirkstoffe enthalten sind, wird die Ernte auf diese Zeit beschränkt.

Wirkstoffe

Die Inhaltsstoffe Arbutin und Methylarbutin werden erst im menschlichen Körper, und zwar im Darmtrakt, zu Verbindungen umgewandelt, welche antibakteriell und desinfizierend wirken. Diese Wirkung tritt aber nur ein, wenn der Urin der betreffenden Person leicht alkalisch ist. Dies lässt sich erreichen, indem man auf saure Speisen wie z. B. säurehaltiges Obst verzichtet, sehr viel Gemüse isst, oder einfacher, wenn man in der Zeit der Behandlung eine Messerspitze Natron (Natriumhydrogencarbonat) zu sich nimmt.

Anwendungsbereiche

Bei unkomplizierten Blasenentzündungen und generell zur Desinfektion der Harnwege. Wichtig ist bei dieser Art der Erkrankung, viel und dauernd zu trinken, mindestens 2 Liter am Tag, da man dadurch eine gute Durchspülung der Harnwege erreicht. Infektionen der Harnwege und der Blase kommen besonders häufig bei Frauen vor. Bei Frauen ist die Harnröhre kurz und stellt für Bakterien, die von außen in die Harnröhrenmündung verschleppt werden können, keine ausreichende Barriere dar.

Volkstümliche, wissenschaftlich nicht belegte Anwendung

Der Tee aus Bärentraubenblättern findet in der Volksmedizin unterschiedliche Anwendungen. Alle beziehen sich auf Krankheiten des Urogenitalsystems und der Gallenwege. Sogar schwere eitrige Entzündungen wurden mit Bärentraubenblättertee behandelt, doch nach der Einführung gut wirksamer Medikamente, wie Antibiotika und Sulfonamide, hat diese Art der Behandlung an Bedeutung verloren. Sinnvoll ist es aber, bei bekannter Neigung zu Blasenentzündungen immer einen Vorrat an Bärentraubenblättertee in der Hausapotheke zu haben.

Dosierung

Einen Bärentraubentee kann man auf unterschiedliche Weise zubereiten:
Auf kaltem Wege: 1 Teelöffel Bärentraubenblätter werden in 1 Tasse kaltes Wasser gegeben, zugedeckt und 12–14 Stunden unter mehrmaligem Umrühren stehen gelassen, dann kurz aufgekocht. Nach dem Abseihen 2 bis maximal 4 × täglich 1 Tasse Tee leicht warm trinken.
Auf warmem Wege: Man kann die Blätter auch 15 Minuten kochen und dann abseihen; allerdings werden bei dieser Zubereitungsform viel mehr Gerbstoffe in den Tee übertragen, was den Magen belasten könnte.

Vorsichtsmaßnahmen

Die Bärentraube darf nicht über längere Zeiträume oder während der Schwangerschaft und der Stillzeit eingenommen werden. Auch ist dieses Heilkraut für Kinder unter 12 Jahren nicht geeignet.

Bemerkungen

Ohne ärztliche Rücksprache sollte dieses Heilkraut nicht länger als jeweils eine Woche und nicht mehr als 5 × pro Jahr verwendet werden. Durch unsachgemäße Behandlung, durch Selbstmedikation ohne eine sichere Diagnose, können in diesem Bereich leicht chronische Erkrankungen auftreten, welche dann sehr schwer zu behandeln sind. Diese pflanzlichen Harnwegsdesinfizienzien sind wertvoll, in der heutigen Zeit aber kein Ersatz für Antibiotika.

Bewährte und bekannte Teemischung

Als Blasen- und Nierentee, als Durchspülungstherapie bei Blasenentzündung:
10 g Pfefferminzblätter
20 g Birkenblätter
20 g Goldrutenkraut
20 g Orthosiphonblätter
30 g Bärentraubenblätter
Zubereitung: 2–3 Teelöffel mit ca. 150 ml kochendem Wasser übergießen, 10 Minuten ziehen lassen und 3–5 × täglich 1 Tasse davon lauwarm, schluckweise trinken.

Brauchtum und Kuriosa

Früher wurde das Bärentraubenblätterkraut auch zum Gerben des Ziegenleders und zum Grau- oder Schwarzfärben, unter anderem auch zum Färben von Wolle benützt.

Bärlappkraut/-pollen *Lycopodium clavatum L.*

FAMILIE: BÄRLAPPGEWÄCHSE

Geschichte

Der Bärlapp wird in der Antike nicht erwähnt und auch bei den Autoren des Mittelalters seine medizinische Anwendung nicht beschrieben. Erst im 17. Jahrhundert wurden die Sporen zum Bestreuen von Wunden eingesetzt. Der Bärlapp spielte aber im Aberglauben vieler Völker eine erhebliche Rolle, was sich in vielen merkwürdigen Gebräuchen widerspiegelt.

Herkunft und Vorkommen

Bärlapp ist in Mittel- und Nordeuropa und allgemein im gemäßigten bis kälteren Klima verbreitet. Er wächst in lichten Wäldern meist auf trockenem Boden, auch in Gesellschaft von Gräsern, und ist in Südtirol ziemlich oft anzutreffen. Der Bärlapp wächst nur sehr langsam, kriechend und erlangt erst nach 12–15 Jahren die Geschlechtsreife.

Verwendete Teile

Verwendet wird das getrocknete, von Mai bis Juni gesammelte Kraut sowie die Sporen.

Wirkstoffe

Alkaloide (vor allem Lycopodin), Flavone.

Anwendungsbereiche

Das Bärlappkraut wirkt harntreibend und fiebersenkend, es gibt aber in der Kräuterheilkunde weit besser wirkende Mittel, welche die Verwendung des Bärlapps als Heilkraut nicht mehr rechtfertigen. Auch hat der Bärlapp durch das Vorhandensein von toxischen Alkaloiden Nebenwirkungen, welche den Einsatz bedenklich machen.

Die Sporen galten als inert, also ohne Wirkung, und wurden in der Apotheke zum Bestreuen von Pillen benutzt, um zu verhindern, dass diese zusammenkleben.

Die Sporen des *Lycopodium* werden vorwiegend in der Pyrotechnik verwendet, um Feuerbälle, Flammensäulen, Stichflammen und Explosionen hervorzubringen, denn das Bärlapppulver, mit Feuer in Kontakt gebracht, ergibt eine starke, explosionsähnliche Flamme und viel Rauch. Davon wird auch der volkstümliche Name Hexenmehl stammen, denn bereits im Mittelalter war dieses Phänomen bekannt.

Bemerkungen

Der Sinn eines Kräuterbuches ist es unter anderem, immer wieder darauf hinzuweisen, dass es in der Kräuterheilkunde Grenzen gibt, welche nicht überschritten werden sollten. Ein solches Buch hat auch die Aufgabe, sich immer wieder mit dem Stand der Wissenschaft zu messen und zu ermitteln, ob gewisse Anwendungen in der heutigen Zeit noch gerechtfertigt sind. Es ist sicherlich verkaufsfördernd, bei nicht näher bekannten und untersuchten Kräutern Hoffnungen zu wecken und von nicht immer nachprüfbaren Heilerfolgen zu berichten. Solche Hoffnungen zerschlagen sich aber bald und somit verlieren viele auch den Glauben an die Heilkraft vieler guter und sicher wirksamer Heilkräuter. Am Beispiel des Bärlappkrautes zeichne ich einen solchen Versuch unseriöser Machenschaften auf. Es gibt Autoren, welche unkontrolliert alle geschichtlichen Anwendungen eines Krautes unkritisch wiedergeben und somit Verwirrung und Unsicherheit schaffen. So kann man beim Bärlapp folgende Anwendungsbereiche lesen, welche absolut unseriös und ungerechtfertigt sind:

- Gicht, Rheuma (auch wenn sich bereits Veränderungen der Gelenkform zeigen).
- Chronische Verstopfung – Bärlapp wirkt abführend.
- Hämorrhoidenleiden.
- Hodenschmerzen, Hodenverhärtungen.
- Erkrankungen der Harn- und Geschlechtsorgane.
- Nierengrießbildung, Nierenkoliken.
- Leberentzündungen.
- Leberverhärtung, Leberzirrhose (daraus entstehende nächtliche Atemnot).
- Leberkrebs (krankhafte Wucherungen des Leber-Bindegewebes).
- Krämpfe, Wadenkrämpfe, Fußkrämpfe (hier helfen Bärlapp-Auflagen).
- Blasenkrämpfe – Bärlapp wirkt harntreibend.
- Hoher Blutdruck (Säckchen gefüllt mit Bärlapp auf die Nierengegend legen).
- Schmerzende Narben (Auflagen und Bäder).
- Offene Wunden.

Der aufgeklärte Leser wird selbst wissen, was er von solchen Versprechungen zu halten hat.

Homöopathie

Lycopodium verwendet man in der Homöopathie bei Stoffwechselkrankheiten, Entzündungen der Atemorgane, Erkrankungen der Verdauungsorgane, der Gefäße, Frauenleiden sowie Altersbeschwerden.
Gebräuchliche Potenzen: D4, D6, D12.

Brauchtum und Kuriosa

Um den Ausgang eines Prozesses positiv zu beeinflussen, war es nach einem verbreiteten Aberglauben förderlich, während der Verhandlung ein Stückchen Bärlapp bei sich zu tragen.

Bärlauch *Allium ursinum L.*

FAMILIE: LILIENGEWÄCHSE

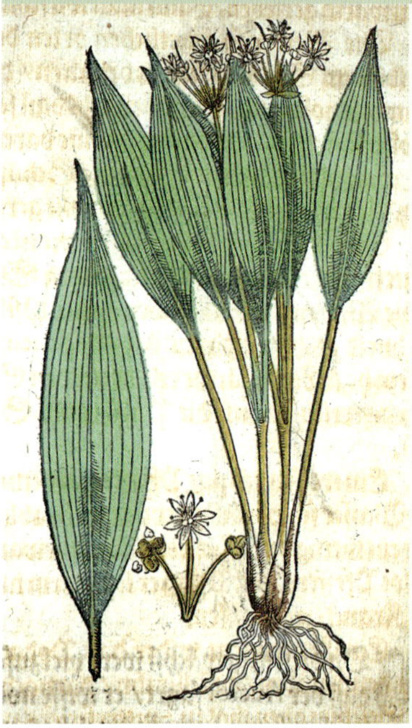

Geschichte

Die Römer schätzten den Bärlauch als Mittel gegen Magenbeschwerden und als blutreinigendes Mittel. Zum Namen gibt es verschiedene Erklärungen: Die einen sagen er heiße Bärlauch, weil dieser nach dem Winterschlaf den Bären als einzige Nahrung zur Verfügung stand, die anderen, weil diese Pflanze Bärenstärke verleihe. Nördlich der Alpen wurde er als Knoblauchersatz verwendet, was auch die häufigen Funde von Überresten des Bärlauchs in den Pfahlbauten der Jungsteinzeit des Alpenraumes beweisen.

Herkunft und Vorkommen

Bärlauch bevorzugt schattige, feuchte Laub-, Mischwälder und insbesondere Auwälder. Er bildet oft große, dichte Bestände, deren »Knoblauchduft« man schon aus einiger Entfernung wahrnimmt. In unserer Region ist er in den Auwäldern der Etsch, auf Almwiesen und in einigen Tälern der Dolomiten in reichen Beständen anzutreffen.

Verwendete Teile

Gesammelt werden die oberirdisch wachsenden Teile. Der Bärlauch verliert durch Trocknung seine Wirksamkeit und sollte deshalb nur frisch verwendet werden.

Wirkstoffe

Die Wirkstoffe Allicin, Vitamin C, Fructosane sind in etwa die gleichen wie beim Knoblauch und am wirksamsten in der Zubereitung als frischer Salat oder als Presssaft.

Anwendungsbereiche

Der Bärlauch ähnelt in seiner Wirkung jener des echten Knoblauchs, ist aber schwächer und nur im frischen Zustand gegeben. Als Heilkraut hat der Bärlauch wegen seiner etwas geringeren Heilkraft und wegen seiner eingeschränkten Verwendungsmöglichkeit keine große Bedeutung. Wie der Knoblauch, verbessert der Bärlauch die Durchblutung, senkt den Cholesterinspiegel, bekämpft die Frühjahrsmüdigkeit und kann für eine entschlackende Kur verwendet werden, weil er Magen und Darm reinigt.

Dosierung

Der Bärlauch wird meist frisch verwendet und hat heutzutage nur mehr als Küchengewürz Bedeutung. Als willkommene Abwechslung ist er ab und zu auf den Speisekarten einiger kreativer, naturnaher Restaurants anzutreffen.

Vorsichtsmaßnahmen

Die Blätter des Bärlauchs ähneln denjenigen des Maiglöckchens *(Convallaria majalis)* und der Herbstzeitlose *(Colchicum autumnale)*, welche ebentalls in feuchten Wäldern wachsen. Diese beiden Pflanzen sind aber giftig und so können Verwechslungen zu erheblichen Vergiftungen führen. Der Unterschied ist, dass beiden Pflanzen jeder Knoblauchgeruch fehlt, womit sie sich gut unterscheiden lassen.

Brauchtum und Kuriosa

Die Milch von Kühen, welche Bärlauchkraut gefressen haben, wird ungenießbar.

Beifußkraut *Artemisia vulgaris L.*

FAMILIE: KORBBLÜTLER

Geschichte

In der Antike wurde der Beifuß nicht nur als Gewürz, sondern auch als Heilkraut, hauptsächlich bei Frauenleiden, verwendet. So schreiben die Autoren der alten Griechen und Römer von der Artemisia als einem gynäkologischen Mittel. Im Mittelalter wurde der Beifuß unter anderem als Mittel gegen Epilepsie und später der Presssaft auch zur Behandlung von Schusswunden und gegen Hysterie verschrieben. Diese unterschiedliche und teilweise phantasievolle Anwendung dieses Krautes zeigt uns, dass es sich dabei um eine Pflanze handelt, welche keine wirklich hervorragende heilende Eigenschaft besitzt.

Herkunft und Vorkommen

Der gemeine Beifuß kommt wild überall in den gemäßigten nördlichen Zonen der Erde vor, er wächst wie der Wermut, mit dem er verwandt ist, auf Schuttplätzen, an Bahndämmen und auf brachliegenden Flächen.

Verwendete Teile

Gesammelt werden die während der Blütezeit von Juli bis September sorgfältig getrockneten Sprossspitzen. Der Geruch ist aromatisch, der Geschmack schwach bitter.

Wirkstoffe

Ätherisches Öl, Tannin, Bitterstoffe.

Anwendungsbereiche

Der Beifuß wird heute nur noch selten als Bitterstoffdroge bei Verdauungsstörungen, Blähungen, Appetitlosigkeit und als Wurmmittel verwendet. Seine Anwendung in der Frauenheilkunde ist durch die nicht zu unterschätzenden Nebenwirkungen nicht mehr gerechtfertigt und seine medizinische Verwendung wird nicht mehr empfohlen.

Heute hat der Beifuß auch als Gewürz an Bedeutung verloren, denn fette und schwer verdauliche Speisen, deren Bekömmlichkeit er verbessern soll, sind nicht mehr gefragt.

Seit fast 1500 Jahren wird im chinesischen Kulturkreis das vom Beifuß gewonnene Nagi-Yan-Öl verwendet, das gegen Erkältungen und Rheuma eingesetzt wird. Vor ungefähr dreißig Jahren hat man bei einem der Inhaltsstoffe einer Verwandten der Beifußpflanze, der *Artemisia annua L.*, eine gute Wirksamkeit gegen den Malaria-Erreger entdeckt. Es handelt sich um das Artemisinin, das in den Mittelpunkt der modernen Malaria forschung gelangt ist und gute Hoffnungen auf ein wirksames Mittel gegen diese Plage der Menschheit erweckt hat.

Vorsichtsmaßnahmen

Nicht während Schwangerschaft und Stillzeit anwenden. Beifuß kann allergische Reaktionen hervorrufen und ist deshalb bei Personen, welche zu Allergien neigen, nur mit Vorsicht anzuwenden.

Brauchtum und Kuriosa

Der lateinische Schriftsteller und Naturkundler Plinius der Ältere behauptete, Wanderer würden nicht ermüden, wenn sie sich die Pflanze ans Bein bänden, eine Vermutung, die sich auch in dem deutschen Namen »Beifuß« widerspiegelt. Es wird erzählt, dass ein aus Wurzeln des Beifußes geflochtener Gürtel, zu Johanni, bei der Sonnenwende, von einem Kranken ins Feuer geworfen, alle seine Leiden ans Feuer übertragen würde.

Beinwellwurzel *Symphytum officinale L.*

FAMILIE: RAUBLATTGEWÄCHSE

Geschichte

Der griechische Name symphytum bedeutet verbinden, zusammenwachsen lassen, was schon einen Hinweis auf die Anwendung des Heilkrautes gibt. Die Römer verwendeten ebenfalls die Beinwellwurzel. Sie legten den Aufguss auf Knochenbrüche und beschleunigten damit die Heilung. Der altdeutsch-englische Name Beinwell verrät schon die gute Wirkung dieser Heilpflanze.

Herkunft und Vorkommen

Beinwell gehört zur Familie der Raublattgewächse und ist in Europa, Asien und Amerika heimisch. Die Pflanze wächst auf feuchten Wiesen, an Ufern und Wassergräben, sie kommt auch in Sümpfen vor.

Verwendete Teile

Verwendet wird hauptsächlich die etwa daumendicke Wurzel, welche im Frühjahr oder Herbst geerntet, zerschnitten und bei milder Hitze getrocknet wird. Das Kraut sammelt man zur Blütezeit und dörrt es hängend an einem luftigen, schattigen Ort.

Wirkstoffe

Die Droge enthält Schleimstoffe, Gerbstoffe, Allantoin, Alkaloide. Allantoin beschleunigt die Regeneration der Zellen.

Anwendungsbereiche

Beinwell wirkt entzündungshemmend, abschwellend, fördert die Kallusbildung bei Brüchen sowie im Allgemeinen die Wundheilung. Deshalb wird dieses Heilkraut bei Prellungen, Zerrungen und äußerlich bei Verstauchungen angewendet.
Auch bei Muskelkater, Sehnenscheiden- und Schleimbeutelentzündung sowie bei leichten Venenentzündungen, Nagelbettentzündungen und Furunkeln wird Beinwell mit Erfolg angewendet. Als astringierendes Mittel in Mund- und Gurgelwässern, bei Entzündungen des Mund- und Rachenraumes, bei Halsschmerzen und Mandelentzündungen.

Volkstümliche, wissenschaftlich nicht belegte Anwendung

In der Volksheilkunde wird die Beinwellwurzel auch bei Rheuma, Lungenentzündung, Bronchitis und als Mittel gegen Durchfall empfohlen.

Dosierung

Als Salben oder in Form von Gel zur äußerlichen Anwendung mit 5–20 % getrockneter Droge. Alkoholauszüge, wie Tinkturen, und Frischpresssäfte werden äußerlich zu Umschlägen verwendet.

Vorsichtsmaßnahmen

Beinwell enthält Spuren von Pyrrolizidin-Alkaloid, deshalb sollte er vornehmlich äußerlich und nur auf intakter Haut angewendet werden. In der Schwangerschaft, Stillzeit und bei Kindern unter 2 Jahren sollte Beinwell nicht angewendet werden.

Bemerkungen

Da die im Heilkraut enthaltenen Schleimstoffe die Wärme gut speichern, eignet sich Beinwell besonders für Packungen und Umschläge.

Homöopathie

Symphytum wird eingesetzt bei Knochenverletzungen, Quetschungen, Verstauchungen und Wunden aller Art. Gebräuchliche Potenzen: Urtinktur, D2, D3, D4. Auch äußerlich.

Brauchtum und Kuriosa

Man glaubte, die Beinwellpflanze im Viehfutter steigere den Ertrag an Milch bei Kühen, auch Pferde sollten dadurch ein schönes, glattes Fell bekommen.
Ältere Blätter benutzte man zur wunderbaren Vermehrung von Tabak.

Bibernellwurzel *Pimpinella saxifraga L.*

FAMILIE: DOLDENGEWÄCHSE

Geschichte

Die Bibernelle scheint in der Antike nicht bekannt gewesen zu sein. Über ihre Verwendung wurde erstmals im Mittelalter berichtet. Die Wurzel wurde zu dieser Zeit sogar zeitweise als Pestmittel verwendet. Hildegard von Bingen erwähnt diese Pflanze nicht als Heilmittel, sondern nur als Amulett gegen Dämonen.

Herkunft und Vorkommen

Europa, West- und Mittelasien. Die Bibernelle wächst auf trockenen Stellen wie Böschungen, Waldrändern und in Wiesen. Sie gilt als Anzeigepflanze für Magerwiesen.

Verwendete Teile

Verwendet wird ausschließlich die Wurzel, welche im Herbst oder im Frühjahr geerntet wird.

Wirkstoffe

Ätherisches Öl, Saponine, Inhaltsstoffe, welche auswurffördernd und schleimlösend wirken.

Anwendungsbereiche

Die Droge ist ein mildes Expektorans, d.h. auswurfförderndes Mittel, und wird bei Katarrhen der oberen Luftwege eingesetzt.

Dosierung

1 Teelöffel zerkleinerte Droge mit 1 Tasse kochendem Wasser überbrühen, 10 Minuten ziehen lassen, abseihen und 3–4 × am Tag 1 Tasse warm, schluckweise, trinken.

Bewährte und bekannte Teemischung

Als Teeaufguss bei Verschleimung der Atmungsorgane oder auch des Magens und des Darms:

20 g Bibernellwurzel
20 g Thymiankraut
20 g Johanniskraut
20 g Brennnesselblätter
20 g Spitzwegerichblätter

Zubereitung: 2 Teelöffel der geschnittenen Teemischung mit 1 Tasse Wasser überbrühen, 5 Minuten ziehen lassen, abseihen und davon mehrmals täglich, eventuell mit Honig gesüßt, 1 Tasse schluckweise, warm trinken.

Brauchtum und Kuriosa

Im Mittelalter war man von der Bibernellwurzel begeistert. Matthiolus schreibt im Jahre 1626 in seinem New-Kräuterbuch: »Hie haben wir ein herrlich kraut, zu vilerley Gebresten«, bei pestilenzischem Fieber, Fall, Stoß und lokal bei Sehschwäche und Milchmangel anzuwenden.

Birkenblätter *Betula pendula* ROTH

FAMILIE: BIRKENGEWÄCHSE

Geschichte

Die in der Pflanzenheilkunde Verwendung findenden Birkenblätter waren in der klassischen Antike nicht bekannt, vielleicht weil die Birken eher im Norden vorkommen und im Mittelmeerraum nicht oder nur spärlich vorhanden sind. Umso mehr bekannt ist die Birke nördlich der Alpen, bei den Germanen und slawischen Völkern, wo der Baum als Frühlingsbote mit allerlei Gebräuchen und Sitten verbunden ist. Als Heilkraut wurden die Blätter gegen die unterschiedlichsten Krankheiten verwendet und hochgeschätzt.

Herkunft und Vorkommen

Die Birke ist ein auch in Südtirol weit verbreiteter, bis zu 25 Meter hoher Laubbaum mit weißer Rinde. Sein eigentliches Verbreitungsgebiet ist der Norden, die skandinavischen Länder, Russland usw., wo die Birke an trockenen Stellen, in Laub- und Nadelwäldern, in Mooren und Wiesen massenhaft vorkommt.

Verwendete Teile

Verwendet werden die Blätter, welche im Mai/Juni geerntet und im Dunkeln getrocknet werden. Das Holz der Birke eignet sich hervorragend als Werkstoff und wird heute noch in Südtirol für Gebrauchsgegenstände, Gerätestiele und Wagenteile viel verwendet. Vor den Werkstätten der so genannten Radmacher waren immer Birkenstangen zum Trocknen aufgestellt, und diese sind charakteristisch für den Beruf. Birkenzweige werden zu Besen gebunden. Birkenwasser wird im Frühjahr gewonnen, indem man den unteren Teil des Stammes anbohrt und den ausfließenden Saft sammelt.

Wirkstoffe

Birkenblätter enthalten ein Gemisch aus Flavonoiden, Bitterstoffen, ätherischen Ölen, Gerbstoffen und Saponinen.

Anwendungsbereiche

Die Blätter haben eine gute, anerkannte diuretische Wirkung, welche den Saponinen zuzuschreiben ist. Frische, im Frühling gesammelte Blätter haben eine noch bessere Wirkung, deshalb glaubt man, dass ebenfalls die ätherischen Öle an der wassertreibenden Wirkung beteiligt sind. Sinnvoll ist es, Birkenblätter bei entzündlichen und bakteriellen Erkrankungen der Harnwege sowie bei Nierengrieß anzuwenden. Ebenfalls werden Birkenblätter als Zusatz vieler Tees gegen rheumatische Beschwerden verwendet.

Dosierung

1–2 Esslöffel mittelfein geschnittene Blätter mit 150 ml kochendem Wasser übergießen, ca. 10 Minuten ziehen lassen, abseihen und warm trinken. Um eine bessere diuretische Wirkung zu erzielen, ist es wichtig, eine ausreichende Menge Flüssigkeit, wenigstens 2 Liter täglich, zu sich zu nehmen.

Vorsichtsmaßnahmen

Birkenblätter nur bei Entzündungen und Infektionen der Harnwege anwenden, nicht bei Schwellungen und Wasseransammlungen, welche durch Herz- oder Niereninsuffiziens (Herz- oder Nierenversagen) verursacht werden.

Bewährte und bekannte Teemischung

60 g Schachtelhalmkraut
20 g Brennnesselkraut
20 g Birkenblätter

Zubereitung: 1 Teelöffel der Teemischung mit 150 ml kochendem Wasser übergießen, 10 Minuten ziehen lassen, abseihen und warm trinken. Diese Teemischung ist auch für eine längere Therapie geeignet.

Brauchtum und Kuriosa

In manchen Gegenden wird der im Mai gewonnene Saft der Birke nicht nur als Haarwuchsmittel, sondern auch als Mittel gegen Sommersprossen und allerlei Gesichtsflecken verwendet.

Bitterkleeblätter, Fieberkleeblätter *Menyanthes trifoliata L.*

FAMILIE: ENZIANGEWÄCHSE

Geschichte

Der Bitterklee wurde in der Antike nicht verwendet, er wird erst seit dem Mittelalter in den großen Kräuterbüchern erwähnt. In der Neuzeit wurde der Fieberklee, wie er auch genannt wird, vom Pfarrer Kneipp als wirksames Mittel gegen Magenbeschwerden, Blähungen und Leberleiden, aber hauptsächlich als Blutreinigungsmittel beschrieben.

Herkunft und Vorkommen

Der Bitterklee ist eine mehrjährige Pflanze, welche in Mooren, Gräben und nassen Wiesen und in der Sumpfzone von Gewässern einen fingerdicken, kriechenden Wurzelstock bildet. Wie alle in Feuchtgebieten wachsenden Pflanzen, ist er sehr selten geworden und steht unter Naturschutz. Wer einen Gartenteich sein Eigen nennen kann, sollte den Bitterklee im Uferbereich einpflanzen, er lässt sich leicht halten.

Verwendete Teile

Gesammelt werden die Blätter während der Blütezeit der Pflanze von Mai bis Juni, in höher gelegenen Gegenden bis August. Als Heilkraut im Handel wird die Droge vor allem aus Osteuropa bezogen.

Wirkstoffe

Die Droge enthält Bitterstoffe, Gerbstoffe, ätherisches Öl und Flavonoide. Die getrockneten Blätter sind fast geruchlos und haben einen stark bitteren Geschmack.

Anwendungsbereiche

Der Bitterklee ist, wie schon der Name sagt, eine Bitterdroge, welche die Magensaftausschüttung fördert und die Speichelsekretion anregt. Deshalb wird der Bitterklee bei Verdauungsbeschwerden, verminderter Magensäure und Appetitlosigkeit verschrieben.

Volkstümliche, wissenschaftlich nicht belegte Anwendung

In der Volksheilkunde fand er auch bei Rheuma, Arthritis und Gicht Verwendung. Ferner wurde er bei Fieber, daher stammt der heute noch in einigen Gegenden gebräuchliche Name, und auch bei Skorbut empfohlen.

Zubereitung

1 Teelöffel der geschnittenen Droge mit 1 Tasse kochendem Wasser überbrühen, nach 10 Minuten abseihen und den Teeaufguss jeweils 30 Minuten vor den Mahlzeiten schluckweise trinken.
Zum Kaltauszug benötigt man 1 Teelöffel auf 1 Tasse Wasser und lässt ihn einige Stunden stehen, kocht dann kurz auf, seiht nach 10 Minuten ab und trinkt 30 Minuten vor den Mahlzeiten schluckweise 1 Tasse.

Bemerkungen

In der Likörindustrie wird der Bitterklee bei der Herstellung von Bitterschnäpsen und Magenbittern verwendet.

Bittersüßstängel *Solanum dulcamara L.*

FAMILIE: NACHTSCHATTENGEWÄCHSE

Geschichte

Der Bittersüße Nachtschatten war bereits Dioskurides bekannt. Die Germanen nutzten die Pflanze gemeinsam mit andern, ähnlich wirkenden Kräutern zur Behandlung des »Nachtschadens«, einer Krankheit, welche durch nächtliche Alpträume ausgelöst wurde. Im Mittelalter und später wurden die Wirkstoffe des Bittersüßen Nachtschattens gegen Hautleiden und rheumatische Beschwerden verwendet. Da es sich um eine giftige Pflanze handelt, war ihr Gebrauch jedoch ziemlich beschränkt.

Herkunft und Vorkommen

Die Pflanze ist in Europa, Indien, Nordafrika sowie in Ost- und Westasien beheimatet und wächst in feuchten Gebüschen, an Bachufern und Erlenbrüchen, in Hecken und Waldschlägen.

Verwendete Teile

Als Heilkraut verwendet werden die im Frühjahr vor dem Austreiben der Blätter oder im Herbst nach Abfallen der Blätter gesammelten, getrockneten mehrjährigen Stängelstücke.

Wirkstoffe

Der Bittersüße Nachtschatten enthält Steroidalkaloidglykoside und Gerbstoffe, die adstringierend, antimikrobiell, juckreizstillend und cortisonähnlich wirken. Der Gehalt an Wirkstoffen ist je nach Herkunft der Pflanze und verwendeten Teile unterschiedlich.

Anwendungsbereiche

Die Zubereitungen aus Bittersüß werden in Form von Umschlägen und Waschungen zur unterstützenden Therapie akuter oder chronischer Hautleiden, wie juckende Ekzeme, verwendet. Zur Wirksamkeit bei innerlicher Anwendung gibt es bislang nur unzureichende Untersuchungen.

Volkstümliche, wissenschaftlich nicht belegte Anwendung

In der Volksheilkunde wird Bittersüß ebenfalls zur Behandlung von Hauterkrankungen verwendet, aber zusätzlich auch innerlich bei chronischer Bronchitis oder Asthma. Hauptsächlich findet diese Pflanze als Teil von Blutreinigungstees Anwendung, denn man geht von der Überzeugung aus, dass viele Erkrankungen, wie zum Beispiel Rheuma, Gicht und Drüsenschwellungen, durch Ansammlung von Giftstoffen im Körper entstehen und diese durch eine Frühjahrskur oder durch »Blutreinigung« positiv beeinflusst werden können.

Zubereitung

1 Teelöffel zerkleinerte Stängel des Bittersüßen Nachtschattens wird mit ca. 150 ml kochendem Wasser übergossen, 5 Minuten stehen gelassen, dann abgeseiht. Nicht mehr als 3 × täglich 1 Tasse trinken.
Äußerlich: 1–2 g Droge werden mit 250 ml Wasser aufgekocht und nach 5–10 Minuten abgeseiht. Den abgekühlten Auszug für Umschläge oder Waschungen verwenden.

Vorsichtsmaßnahmen

Der Bittersüße Nachtschatten ist, wie der Name schon sagt, ein Nachtschattengewächs, somit verwandt mit der Tollkirsche, der Tomate und den Kartoffeln und deshalb giftig. Die grünen, unreifen Beeren können tödlich giftig sein, die reifen roten Beeren enthalten keine giftigen Stoffe mehr und sind daher unschädlich. Innerlich sollte man nur im Handel erworbene Heilkräuter verwenden, denn bei Verwendung von arzneibuchgeprüfter Ware, wie sie in der Apotheke erhältlich ist, und bei Beachtung der Anwendungsempfehlungen sind keine Risiken oder Nebenwirkungen zu erwarten.
Vergiftungen kommen bei Einnahme der Blätter oder der unreifen Früchte vor. Sie äußern sich in Übelkeit, Erbrechen, schmerzhaften Durchfällen, Erhöhung der Körpertemperatur und Sehstörungen. Die Symptome können der Vergiftung durch die Tollkirsche ähnlich sein.

In Verdachtsfällen muss man sich sofort an das Krankenhaus wenden.

Bemerkungen

Nicht während Schwangerschaft, Stillzeit und bei Kindern unter 12 Jahren anwenden.

Bewährte und bekannte Teemischung

Als Rheuma- und Blutreinigungstee:
20 g Brennnesselkraut
20 g Bittersüßstängel
20 g Queckenwurzelstock
20 g Sennesblätter
20 g Faulbaumrinde
Zubereitung: 1–2 Teelöffel der Kräutermischung mit 1 Tasse kochendem Wasser überbrühen, 5–10 Minuten zugedeckt ziehen lassen, abseihen und davon mehrmals am Tag 1 Tasse trinken.

Homöopathie

Dulcamara wird eingesetzt bei Entzündungen der Gelenke, bei Entzündungen der Harnwege, Inkontinenz, Bettnässen und Prostataentzündungen.
Gebräuchliche Potenzen: D4, D6, D12.

Brauchtum und Kuriosa

Im Mittelalter wurden die Beeren des Bittersüßen Nachtschattens als Amulett oder Talisman gegen üble Nachrede um den Hals getragen.

Bohnenhülsen *Phaseolus vulgaris L., Phaseolus coccineus L.*

FAMILIE: SCHMETTERLINGSBLÜTLER

Geschichte

Diese überall bekannte und geschätzte Pflanze konnte im Altertum nicht als Heilkraut beschrieben werden, denn sie kam erst nach der Entdeckung Amerikas nach Europa. Die Bohne verbreitete sich anfangs nur zögerlich und erst im 16. und 17. Jahrhundert begann sie in den Kräuterbüchern erwähnt zu werden.

Herkunft und Vorkommen

Die Bohne oder Gartenbohne stammt aus dem tropischen und subtropischen Amerika. Sie ist jetzt fast über die ganze Erde verbreitet und kommt in über 500 Formen vor.

Verwendete Teile

Medizinisch verwendet werden die von den Samen befreiten, getrockneten und geschnittenen Hülsen.

Wirkstoffe

Bohnenhülsen enthalten Flavonoide, Phaseolin, Kieselsäure, Hemicellulosen und andere Substanzen.

Anwendungsbereiche

Die Inhaltsstoffe der Bohnenhülsen sind schwach wassertreibend. Deshalb werden die Bohnenhülsen in harntreibenden Kräutermischungen bei Nieren- und Herzkrankheiten oder bei Rheuma angewendet.

Volkstümliche, wissenschaftlich nicht belegte Anwendung

Die Bohnenhülsen werden immer wieder in so genannten Diabetikertees verwendet. Eine blutzuckersenkende Wirkung wird ihnen hartnäckig nachgesagt, auch wenn keine diesbezüglichen Untersuchungen vorliegen und der eventuelle Wirkstoff unbekannt ist. Man hat viele Versuche unternommen, diese Wirkung zu erklären, leider bislang ohne Erfolg.

Grundsätzlich ist nichts einzuwenden, wenn ein Diabetiker regelmäßig einen Diabetikertee trinkt. Er muss sich aber bewusst sein, dass ein Tee alleine nicht genügt und völlig unzureichend ist, eine Zuckererkrankung zu heilen. Ein solcher Tee kann höchstens als unterstützende Maßnahme genommen werden, denn er kann, wenn schon, nur irgendwie ausgleichend wirken. Nach der Absprache mit dem Arzt und der Einstellung auf blutzuckersenkende Medikamente oder, wenn dies nicht genügt, auf regelmäßige Gaben von Insulin, kann man immer, unter Berücksichtigung der Zuckerwerte, einen solche Tee zu sich nehmen.

Zubereitung

1 Esslöffel getrocknete, samenfreie Bohnenhülsen werden mit ca. 150 ml Wasser kurz aufgekocht und nach 10 Minuten abgeseiht. 2–3 × täglich 1 Tasse frisch bereiteten Tee zwischen den Mahlzeiten trinken.

Vorsichtsmaßnahmen

Die Bohnensamen sowie die Schoten enthalten eine giftige Eiweißverbindung (Phasin), die durch Kochen zerstört wird. Daher sollten Bohnen niemals roh gegessen werden.

Bewährte und bekannte Teemischung

Blasen- und Nierentee:
20 g Goldrutenkraut
20 g Bärentraubenblätter
20 g Bohnenhülsen
20 g Schachtelhalmkraut
20 g Birkenblätter
Zubereitung: 2 Teelöffel mit 1 Tasse kochendem Wasser übergießen, 10 Minuten ziehen lassen und 3–4 × täglich 1 Tasse davon trinken.

Brauchtum und Kuriosa

Früher wurden die Bohnen in einigen Gegenden in Apotheken als kleine Gewichte verwendet.

Brennnesselkraut/-wurzel *Urtica dioica L./Urtica urens L.*

FAMILIE: BRENNNESSELGEWÄCHSE

Geschichte

Die Brennnessel zu beschreiben erübrigt sich, denn es gibt wenige Pflanzen, die so bekannt sind wie diese. Sie wächst fast überall und gilt im Allgemeinen als Unkraut. Dies ist wohl der Grund, warum diese Pflanze von der Antike zum Mittelalter und bis in die heutige Zeit gepriesen und empfohlen wird. Die moderne Küche schätzt die Brennnessel als Delikatesse. Die jungen Blattspitzen werden an Stelle von Spinat, als Salat oder als Suppe gekocht und veredelt. In Südtirols Küche kommen sie in »Schlutzern« und »Tirtlen« als Füllung vor.

Herkunft und Vorkommen

Die Brennnessel kann als kosmopolitische Ruderalpflanze bezeichnet werden. Sie wächst fast überall als Begleiter von Siedlungen, auf Schutt und aufgelassenen Plätzen, an Wegrändern und Gärten, in Äckern und an Zäunen, bei Kuhställen und Almen.

Verwendete Teile

Verwendet werden die getrockneten, während der Blütezeit gesammelten oberirdischen Teile, hauptsächlich die Blätter. Auch die Wurzeln finden in der Heilkunde Anwendung.

Wirkstoffe

Die Brennnessel enthält ungesättigte Fettsäuren, Mineralsalze wie Kalzium und Kalium, Kieselsäure.

Anwendungsbereiche

Brennnesselblätter werden in so genannten »Blutreinigungstees« verwendet, denn das Kraut wirkt harntreibend und entzündungshemmend. Aus diesem Grunde werden die Blätter gerne bei Stoffwechselerkrankungen angewendet wie Rheumatismus im Allgemeinen, Gelenks-Rheumatismus und bei Erkrankungen der Harnwege, welche auf Entzündungen zurückzuführen sind.
Die Einnahme von Brennnesselwurzelpräparaten lindert die Schwierigkeiten beim Wasserlassen. Durch den Gehalt unter anderem an beta-Sitosterin werden Beschwerden einer vergrößerten Prostata, einer gutartigen Veränderung der Vorsteherdrüse, gelindert. Die Größe der Prostata bleibt jedoch unbeeinflusst.

Vorsichtsmaßnahmen

Bei Veränderungen der Vorsteherdrüse muss immer zuerst der Arzt aufgesucht werden, um durch eine eingehende Untersuchung ausschließen zu können, dass es sich dabei um eine bösartige Erkrankung handelt, und um den Verlauf der Erkrankung zu verfolgen.

Dosierung

Brennnesselblätter: 2 Teelöffel fein geschnittenes Kraut mit 1 Tasse kochendem Wasser übergießen, nach ungefähr 10 Minuten abseihen und mehrmals täglich 1 Tasse davon trinken. Wenn ein harntreibender Effekt erzielt werden soll, vergesse man nicht, genügend zu trinken (wenigstens 2 Liter täglich).

Bemerkungen

Die Brennnessel wächst fast überall; sollte man das Heilkraut selber ernten wollen, achte man auf den Standort. Nicht an einer Straße oder an intensiv landwirtschaftlich genutzten Orten sammeln. Diese Pflanzen könnten verschmutzt oder mit Schadstoffen belastet sein.

Bewährte und bekannte Teemischungen

Als wassertreibender Tee:
70 g Brennnesselblätter
30 g Birkenblätter
Als Frühjahrskur:
20 g Brennnesselblätter
20 g Holunderblüten
20 g Schlehenblüten
40 g Birkenblätter
Als Ergänzung bei rheumatischen Beschwerden:
25 g Brennnesselblätter
25 g Birkenblätter
25 g Lindenblüten
25 g Holunderblüten
Zubereitung: Von allen diesen Mischungen übergießt man jeweils 1 Esslöffel mit ca. 150 ml kochendem Wasser, lässt 10 Minuten ziehen, seiht ab und trinkt davon mehrmals täglich 1 Tasse.

Homöopathie

Urtica verwendet man in der Homöopathie bei allergischen Hauterkrankungen und Nierenleiden. Gebräuchliche Potenzen: D2, D3, D4.

Brauchtum und Kuriosa

So alt wie die Menschheit ist der Kampf gegen den Haarausfall: Man nimmt 100 g geschnittene Brennnesselblätter, lässt sie ½ Stunde in einem Gemisch von ½ Liter Wasser mit ½ Liter Essig kochen und wäscht sich den Kopf damit vor dem Schlafengehen.

Brombeerblätter *Rubus fruticosus L.*

FAMILIE: ROSENGEWÄCHSE

Geschichte

Der Brombeerstrauch ist eine seit der Antike her bekannte und beliebte Heilpflanze. Dioskurides empfiehlt den Tee bei Durchfallerkrankungen und sogar bei starken Monatsblutungen. Im Mittelalter wird die Pflanze unter anderem von der hl. Hildegard von Bingen erwähnt. Sie wurde als Blutreinigungsmittel und gegen Durchfall verwendet. Brauchtum und Aberglaube sind mit dieser bekannten Pflanze verbunden. So soll man mit Hilfe des Strauches Verborgenes sehen und Hexen erkennen können.

Herkunft und Vorkommen

Der Brombeerstrauch kommt verwildert in Wäldern, in Gebüschen und in trockenen Gegenden vor. In unseren Gärten wird dieser Strauch wegen der schmackhaften, vitaminreichen Beeren angepflanzt. Die Brombeere stammt aus Europa und ist ebenso in Nordamerika heimisch.

Verwendete Teile

Verwendet werden die Blätter, welche während der Blütezeit von Mai bis Juli gesammelt und getrocknet werden. Die Früchte werden frisch als Obst, als Säfte, Marmeladen und, wo üblich, als Obstwein verwendet.

Wirkstoffe

Brombeerblätter enthalten Gerbstoffe, organische Säuren (z. B. Zitronensäure) und Flavonoide.

Anwendungsbereiche

Die Droge wirkt durch ihren Gehalt an Gerbstoffen adstringierend (zusammenziehend). Sie wird bei plötzlich auftretenden Durchfallerkrankungen oder bei leichten Entzündungen des Mundes und der Rachenschleimhaut verwendet.

Dosierung

Als Teeaufguss: 1 Teelöffel mit 150 ml kochendem Wasser überbrühen, 10–15 Minuten ziehen lassen, abseihen und mehrmals täglich 1 Tasse zwischen den Mahlzeiten trinken.

Vorsichtsmaßnahmen

Sollten die Durchfälle länger als 3–4 Tage anhalten, sollte unbedingt ein Arzt aufgesucht werden, da plötzlich auftretende Durchfälle auch ein Zeichen schwerer Erkrankungen sein können.

Bemerkungen

Fermentierte, vergorene Brombeerblätter haben einen guten Geschmack und können als teinfreier Tee-Ersatz verwendet werden; sie haben keine anregende Wirkung.

Bewährte und bekannte Teemischungen

Bei Durchfallerkrankungen:
33 g Brombeerblätter
33 g Frauenmantelkraut
33 g Odermennig
Als Haustee:
10 g Bitterorangenschalen
15 g Hagebutten
15 g Hibiskusblüten
30 g Brombeerblätter
30 g Himbeerblätter
Zubereitung: 1 Teelöffel der Mischung mit 150 ml kochendem Wasser überbrühen, 10–15 Minuten ziehen lassen, abseihen und mehrmals täglich 1 Tasse zwischen den Mahlzeiten trinken.

Brauchtum und Kuriosa

Das Durchkriechen von Brombeersträuchern gilt in manchen Gegenden als Mittel gegen verschiedene Krankheiten. Zum Beispiel lässt man in England Kinder, die an einem Hautausschlag leiden, bei Sonnenaufgang 9 Mal an 9 aufeinander folgenden Tagen einen Brombeerstrauch durchkriechen, um geheilt zu werden.

Bruchkraut *Herniaria glabra L.*

FAMILIE: NELKENGEWÄCHSE

Geschichte

Geschichtlich ist vom Bruchkraut nicht viel zu berichten. Im Altertum scheint es in keinem der gelehrten Kräuterbücher auf. Erst im 16. Jahrhundert wird diese Pflanze bei Bruchleiden benutzt und als Diureticum beschrieben, erfuhr aber nie eine große Verbreitung und ist wieder in Vergessenheit geraten. Dieses unscheinbare Kräutlein hat um die Jahrhundertwende eine Neubelebung erfahren und wurde bei verschiedenen Blasenleiden verschrieben. In der Volksheilkunde ist das Bruchkraut nicht sehr bekannt und wird auch nur mehr selten verwendet.

Herkunft und Vorkommen

Das Bruchkraut aus der Familie der Nelkengewächse ist eine am Boden anliegende, kriechende, fast kahle Pflanze mit zahlreichen reich verzweigten, brüchigen, bis 30 Zentimeter langen Stängeln, welche auf trockenen Äckern, Ödland, Schuttplätzen und Wegen verhältnismäßig selten vorkommt.

Verwendete Teile

Gesammelt werden die ganzen oberirdischen Teile des blühenden Krautes. Das Kraut riecht angenehm nach Heu und schmeckt leicht kratzend.

Wirkstoffe

Ätherisches Öl, Flavonoide, Gerbstoffe, Saponine.

Anwendungsbereiche

Das Bruchkraut hat eine leicht entkrampfende, zusammenziehende und desinfizierende Wirkung. Obwohl es als wassertreibend, als diuretisch gilt, ist diese Eigenschaft nicht wissenschaftlich belegt. Das Bruchkraut wird zusammen mit anderen nierenwirksamen Kräutern auch zur Vorbeugung gegen Grießbildung in den Harnwegen und gegen Beschwerden im Bereich der Nieren und der Atemwege angewendet.

Zubereitung

2 Teelöffel Kraut mit ¼ Liter kochendem Wasser übergießen, 10 Minuten ziehen lassen, anschließend abseihen und davon 3 × täglich 1 Tasse trinken.

Bemerkungen

Das Kraut sollte, wenn möglich, nur in frischem Zustand zu einem Auszug oder Kaltauszug verwendet werden, sonst können durch unsachgemäße Aufbewahrung die ohnehin schon schwach wirksamen Wirkstoffe verloren gehen. Diese in der Natur nur selten anzutreffende Pflanze sollte man nicht sammeln. Beim Zerreiben der Pflanze entsteht aufgrund des relativ hohen Anteils des enthaltenen Saponins kräftiger Schaum.

Bewährte und bekannte Teemischung

Nieren- und Blasentee:
- 30 g Birkenblätter
- 35 g Bärentraubenblätter
- 35 g Bruchkraut

Zubereitung: 1 Esslöffel Teemischung mit ca. 150 ml kochendem Wasser übergießen, 10 Minuten ziehen lassen, abseihen und mehrmals am Tag davon 1 Tasse trinken.

Früher waren in den Apotheken Behälter vorhanden, in denen eine Kräutermischung aus Bärentraubenblättern und Bruchkraut zu gleichen Teilen als fixe Kombination enthalten war – so viel und so oft wurde diese verschrieben.

Brauchtum und Kuriosa

Die Wurzeln des Bruchkrautes sind sehr stark im Boden verankert, daher der Aberglaube, dass selbst Hexen aus einem Haus, in dem Bruchkraut aufbewahrt wird, nichts stehlen können.

Brunnenkressenkraut *Nasturtium officinale R.Br.*

FAMILIE: KREUZBLÜTENGEWÄCHSE

Geschichte

Die Brunnenkresse ist eine Heil- und Genusspflanze, welche schon im Altertum und später im Mittelalter geschätzt und gerühmt wurde. Sie galt als wurmtötendes, blutreinigendes, harntreibendes und erweichendes Mittel. Die Brunnenkresse wurde als Heilmittel gegen Skorbut, eine Erkrankung, welche auf Vitamin-C-Mangel zurückzuführen ist, mit großem Erfolg angewendet.

Herkunft und Vorkommen

Die Brunnenkresse ist eine weit verbreitete Pflanze, welche an sauberen fließenden Gewässern wie Quellen, Bächen, Flüssen und Wassergräben anzutreffen ist. An stehenden Gewässern kommt sie selten vor.

Verwendete Teile

Verwendet wird die getrocknete, während der Blütezeit gesammelte Pflanze. Das frische Kraut, das ebenfalls gebraucht wird, riecht und schmeckt scharf, etwas bitter. Diese Eigenschaften gehen durch das Trocknen verloren.

Wirkstoffe

Neben vielen Mineralien wie Kalium, Eisen und Jod und den Vitaminen A, C und D enthält die Brunnenkresse ein Senfölglykosid. Das kann bei übermäßigem Gebrauch eine leichte Reizung der Nieren hervorrufen.

Anwendungsbereiche

Medizinisch verwendet wird die Brunnenkresse als Mittel gegen Katarrhe der Luftwege, wie Husten oder Bronchitis, gegen Entzündungen der Harnwege und gilt, wegen des hohen Vitamin-C-Gehalts, als sehr gesundes Gemüse.

Zubereitung

Als Tee: 1–2 Teelöffel getrocknetes Brunnenkressenkraut werden mit ca. 150 ml siedendem Wasser übergossen, zugedeckt und nach 10 Minuten abgeseiht.
Als Frischpflanze: als Salat oder zum Würzen 20–30 g frisches Kraut pro Tag.
Als Frischpresssaft: 60–150 g pro Tag.

Vorsichtsmaßnahmen

Die in der Brunnenkresse enthaltenen Senfölglykoside werden im Körper zu Senfölen umgewandelt, welche die Schleimhaut reizen können. Deshalb sollte man das Heilkraut nicht mehr als 6 Wochen lang und nicht bei Kindern unter 4 Jahren anwenden. Aus demselben Grund nicht bei Magen- oder Darmgeschwüren oder entzündlichen Erkrankungen der ableitenden Harnwege oder Nieren gebrauchen.

Bewährte und bekannte Teemischung

Als Heiltee bei Entzündungen der Harnwege:
20 g Brunnenkressenkraut
25 g Goldrutenkraut
25 g Brennnesselblätter
30 g Hauhechelwurzel
Zubereitung: 1–2 Teelöffel der zerkleinerten Teemischung werden mit ca. 150 ml siedendem Wasser übergossen, zugedeckt und nach 10 Minuten abgeseiht, davon trinkt man täglich 3 × 1 Tasse.

Brauchtum und Kuriosa

In Frankreich heißt das Kraut »Herbe aux chantres«, das bedeutet Sängerkraut, weil es die Stimme rein machen soll.

Dillfrüchte *Anethum graveolens L.*

FAMILIE: DOLDENGEWÄCHSE

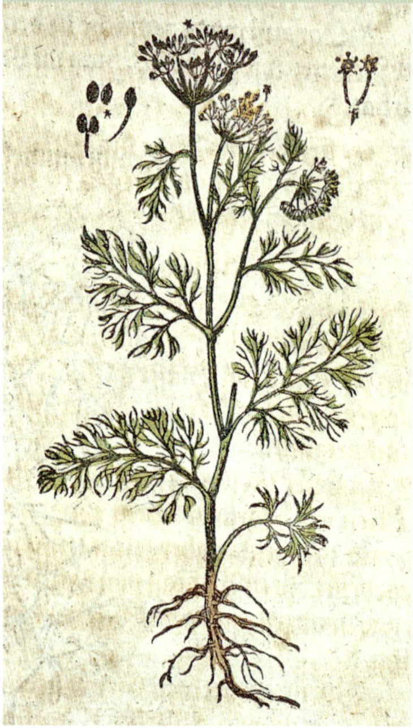

Geschichte

Der Dill ist eine bekannte, uralte Gewürz- und Arzneipflanze, welche schon im Altertum beschrieben und bei Kopfschmerzen und Erweichung der Blutgefäße empfohlen wurde. Die Römer brachten diese Pflanze nach Mitteleuropa. Im Mittelalter wurden die Dillfrüchte ebenfalls bei Leibschmerzen, Blutungen und Erbrechen empfohlen.

Herkunft und Vorkommen

Diese einjährige Pflanze stammt vermutlich aus dem Orient und den Mittelmeerländern, wo sie anfänglich als Heilkraut angewendet wurde. Inzwischen wird sie überall angebaut. Sie wächst teilweise auch verwildert.

Verwendete Teile

Verwendet werden die fenchelähnlich riechenden und schmeckenden Früchte, welche vor der Vollreife geerntet werden, da sie sonst leicht ausfallen. In der Küche benützt man das gesamte Kraut, das als Dillkraut oder Gurkenkraut bestens bekannt ist. Dill im Garten anzupflanzen ist arbeitsintensiv, denn die Pflanze stellt hohe Ansprüche an den Boden. Das Saatbeet sollte feinkrümelig und gut bearbeitet sein.

Wirkstoffe

Ein carvonreiches ätherisches Öl, Derivate des Cumarins.

Anwendungsbereiche

Die Dillsamen wirken entkrampfend und bakteriostatisch, deshalb werden sie hauptsächlich bei Verdauungsbeschwerden, wie Blähungen, Koliken, verwendet.

Volkstümliche, wissenschaftlich nicht belegte Anwendung

In der Volksheilkunde wird Dill als wassertreibendes Heilkraut, als die Milchsekretion förderndes Mittel und bei Schlaflosigkeit angewendet. Als Gewürz für saure Gurken werden die Früchte frisch und unreif samt dem Kraut verwendet.

Zubereitung

1 Teelöffel frisch gequetschte Droge mit 1 Tasse heißem Wasser übergießen, 5 Minuten zugedeckt ziehen lassen, abseihen und mehrmals täglich 1 Tasse trinken.

Bewährte und bekannte Teemischung

Zur Förderung der Milchmenge:
30 g Brennnesselblätter
30 g Fenchelfrüchte
15 g Dillfrüchte
15 g Anisfrüchte
10 g Kümmelfrüchte
Zubereitung: 1 Esslöffel Teemischung, deren Früchte vorher zerquetscht wurden, mit ca. 150 ml heißem Wasser übergießen, 5 Minuten zugedeckt ziehen lassen, abseihen und mehrmals davon 1 Tasse trinken.

Brauchtum und Kuriosa

Wie alle aromatischen Kräuter, galt auch der Dill als dämonenvertreibend. Nach einem alten Brauch bewaffnet sich die Braut mit Senf und Dill, um sich in der zukünftigen Ehe Respekt zu verschaffen. Sie sagt laut in der Kirche: »Ich habe Senf und Dille, Mann, wenn ich rede, schweigst du stille.«

Efeublätter *Hedera helix L.*

FAMILIE: EFEUGEWÄCHSE

Geschichte

Der Efeu war schon im Altertum eine volkstümliche, vielfach gepriesene Kult- und Heilpflanze. Im alten Ägypten war sie dem Sonnengott Osiris und in Griechenland dem Dionysos geweiht, dessen Dienerinnen, die Mänaden, mit Efeu bekränzt waren. Auch die Dichter trugen bei festlichen Gelegenheiten Efeukränze. Efeu galt als Sinnbild der Freundschaft und der Liebe. Im Mittelalter, vielleicht auch wegen seiner Giftigkeit, in Vergessenheit geraten, wird Efeu in jüngster Zeit wieder des Öfteren angewendet.

Herkunft und Vorkommen

Efeu ist ein auffallendes, mittels Haftwurzeln kletterndes Holzgewächs, das beachtliche Größen erreichen kann. Die allgemein bekannte Pflanze wächst in steinigen Wäldern, an alten Bäumen, an Mauern und Ruinen. In Südtirol ist diese von den Bienen gern besuchte und im Herbst und Winter den Vögeln als Nahrung dienende Pflanze sehr verbreitet.

Verwendete Teile

Verwendet werden die getrockneten Blätter, welche einen eigenartigen Geruch sowie einen leicht bitteren, schwach kratzenden Geschmack haben.

Wirkstoffe

Enthalten sind Saponine und Flavonoide.

Anwendungsbereiche

Efeu wirkt bei Katarrhen der Luftwege expektorierend, das heißt, die Pflanze wirkt auswurffördernd, was auf die enthaltenen Saponine zurückzuführen ist, und spasmolytisch, also krampfstillend, was auf das alfa Hederin und die Flavonoide zurückzuführen ist. Efeu wird bei Entzündungen der Luftwege sowie der Bronchien, bei Reiz- und krampfartigem Husten verwendet.

Vorsichtsmaßnahmen

Efeublättertee kann nur begrenzt und im Bereich von Milligrammen verwendet werden. Die Droge ist leicht giftig und es kann bei falscher Anwendung zu Schleimhautreizungen, Übelkeit, Erbrechen und Durchfall kommen. Deshalb ist es sinnvoll, nur Fertigarzneimittel mit einem standardisierten Inhalt an Wirkstoffen zu verwenden.

Homöopathie

Hedera helix wird eingesetzt bei Entzündungen der Atemwege und bei Schilddrüsenproblemen. Gebräuchliche Potenzen: D3, D4, D6, D12.

Brauchtum und Kuriosa

Aus dem brüchigen, porösen Holz wurden Becher zum Filtrieren des Weines gemacht. Aus demselben Holz geschnitzte Löffel sollten vor Halsweh schützen.
Ziegen die Efeublätter fressen, sollen besonders viel Milch geben.

Ehrenpreiskraut *Veronica officinalis L.*

FAMILIE: RACHENBLÜTLER

Geschichte

In den Schriften des Altertums wird der Ehrenpreis nicht erwähnt. Erst im Mittelalter gelangte diese Pflanze, welche als officinalis, also als »arzneilich«, eingestuft wurde, zu einer gewissen Bekanntheit. Sie wird von Hieronymus Bock, einem der besten Pflanzenkenner des Mittelalters, in seinem Kräuterbuch beschrieben.
In der heutigen Zeit ist die Bedeutung der Pflanze stark zurückgegangen.

Herkunft und Vorkommen

Der Echte Ehrenpreis kommt in ganz Europa, von der Ebene bis ins Alpengebiet, in lichten, trockenen Wäldern, an Wegrändern und in Wiesen vor.

Verwendete Teile

Das getrocknete, während der Blütezeit von Juni bis September gesammelte Kraut.

Wirkstoffe

Glykosid, Bitterstoffe, Gerbstoffe.

Anwendungsbereiche

Ehrenpreis wird hauptsächlich bei Infektionen der oberen Luftwege eingesetzt, wenn eine expektorierende, auswurffördernde Wirkung erzielt werden soll. Ferner wird Ehrenpreis als Mischung bei Durchfallerkrankungen verwendet.

Volkstümliche, wissenschaftlich nicht belegte Anwendung

In der Volksmedizin wird der Ehrenpreis bei unterschiedlichsten Erkrankungen angewendet. So als beliebter Zusatz in Blutreinigungstees, bei chronischen Ekzemen, als gutes Magenmittel von milder Wirkung, gegen Nervosität, bei Gelbsucht, Leber- und Milzleiden und bei hohem Cholesteringehalt. Leider ist die Heilpflanze Ehrenpreis noch nicht eingehend untersucht worden. Es wäre sinnvoll, dieses an sich wertvolle und geschätzte sowie beliebte Heilkraut besser zu erforschen, um den Anwendungsbereich zu sichern, damit es angemessener eingesetzt werden kann. Nur so wäre es möglich, das in der Erfahrungsheilkunde und in der Volksmedizin

bekannte Anwendungsgebiet durch eingehende naturwissenschaftliche Untersuchungen zu bestätigen.

Dosierung

1 Teelöffel geschnittenes Kraut mit 1 Tasse kochendem Wasser übergießen, 10 Minuten ziehen lassen, abseihen und mehrmals am Tag trinken.

Bewährte und bekannte Teemischung

Als Brust- und Lungentee:
30 g Ehrenpreiskraut
30 g Königskerzenblumen
30 g Isländisch Moos
Zubereitung: 2 Teelöffel von dieser Mischung mit 1 Tasse kochendem Wasser überbrühen, 10 Minuten ziehen lassen, abseihen und davon mehrmals am Tag 1 Tasse trinken.

Brauchtum und Kuriosa

Als es noch keine brauchbaren Medikamente gab, wurden Wunden zwischen den Fingern und Zehen mit einer der vielen verschiedenen Veronika-Arten, der Veronica longifolia, behandelt.

Eibischblätter/-wurzel *Althaea officinalis L.*

FAMILIE: MALVENGEWÄCHSE

Geschichte

Eibisch ist eines der ältesten Heilkräuter überhaupt. Schon Funde aus prähistorischer Zeit bekunden, dass Eibisch bekannt war und als Heilkraut verwendet wurde.
Auch der griechische Philosoph Theophrast (372–287 v. Chr.) berichtet über die Verwendung dieses Heilkrautes als Hustenmittel. Eibisch wurde mit süßem Wein gemischt getrunken. Auch Dioskurides empfiehlt im 1. Jahrhundert n. Chr. Eibisch gegen Nieren- und Magenleiden und sogar als Schutzmittel gegen den Biss gefährlicher Tiere.
Aufgrund dieser langen Tradition und der Erwähnung bei verschiedenen Ärzten des Altertums, war Eibisch im Mittelalter sehr bekannt.

Herkunft und Vorkommen

Der Eibisch gehört zur Familie der Malvengewächse. In Europa beheimatet, reicht sein Verbreitungsgebiet von Südskandinavien über die Gebiete am östlichen Mittelmeer bis nach Sibirien. Er liebt kalkhaltige, feuchte bis leicht feuchte Böden und ist deshalb in Gräben und in feuchten Wiesen, an Bächen, Flüssen und Meeresküsten zu finden. Der Eibisch ist eine beliebte und schöne Gartenpflanze, welche in allen Bauerngärten unseres Landes anzutreffen ist.

Verwendete Teile

Verwendet werden die getrockneten Blätter, welche vor der Blüte von Mai bis Juni gesammelt und getrocknet werden. Die Wurzeln werden im Herbst gesammelt, geteilt und möglichst schnell bei langsam steigender Temperatur bis 35 Grad schonend getrocknet; dadurch kann man vermeiden, dass sie verderben.

Wirkstoffe

In den Wurzeln sind hauptsächlich Schleimstoffe enthalten, in den Blättern auch ein ätherisches Öl sowie Flavonoide.

Anwendungsbereiche

Der Eibisch ist eine bewährte und wichtige Schleimdroge, welche besonders bei Erkrankungen der Atem- und Harnwege sowie bei Magen- und Darmproblemen verwendet wird. Der Schleim kommt in allen Pflanzenteilen vor, besonders reich daran ist die Wurzel. Der Schleim der Droge legt sich auf die Schleimhäute der Atemwege und stillt dadurch den Hustenreiz. Ebenso schützt der Schleim vor Entzündungen des Mund- und Rachenraumes sowie der Verdauungsorgane, so z. B. bei zu hoher Magensäure. Die Blätter, die etwas weniger Schleim enthalten, sind ein fester Bestandteil unserer Brusttees. Eibisch ist ein sehr mild wirken-

des Heilkraut, welches gerne bei Kindern eingesetzt wird.

Dosierung

Als Einzeldroge 1 Esslöffel geschnittene Blätter oder, vorteilhafter, 1 Teelöffel geschnittene Eibischwurzeln mit 1 Tasse (ca. 250 ml) kaltem Wasser ansetzen und unter mehrmaligem Umrühren 1 Stunde stehen lassen. Abseihen und dann leicht erwärmt mehrmals täglich 1 Tasse trinken.

Bemerkungen

Da die Schleimstoffe im Wasser ohne Erwärmung gut löslich sind, sollte man Eibischzubereitungen niemals überbrühen oder abkochen. Durch starkes Erhitzen entsteht eine zähflüssige Masse, welche als Heiltee nicht geeignet ist. Das hatte schon Pfarrer Kneipp erfahren, der den Tee aufkochen ließ und damit eine »schlütterige Masse erhielt, welche nach verhältnismäßig kurzer Zeit schleimig wird und so – was in der Tat auch vorkommt – den Appetit nehmen und verderben muss. Derlei Medizinen empfehle ich nie.«

Bewährte und bekannte Teemischungen

Als schleimlösender, hustenstillender Teeaufguss:

15 g Anisfrüchte
25 g Süßholzwurzel
25 g Eibischwurzel
35 g Eibischblätter

Zubereitung: 2 Teelöffel dieser Teemischung mit ca. 150 ml kochendem Wasser übergießen, 10–15 Minuten ziehen lassen, abseihen und mehrmals am Tag 1 Tasse warm, mit Honig gesüßt, trinken.

Als Gurgelmittel bei Hals- und Rachenentzundungen:

25 g Eibischblätter
25 g Salbeiblätter
25 g Tormentillwurzel
25 g Kamillenblüten

Zubereitung: 1 Teelöffel dieser Teemischung mit ca. 150 ml kochendem Wasser übergießen, 10 Minuten ziehen lassen, abseihen und mehrmals am Tag damit gurgeln.

Eichenrinde *Quercus robur L.*

FAMILIE: BUCHENGEWÄCHSE

Geschichte

Die Eiche ist mit den ältesten Mythen der europäischen Völker eng verbunden. Bei den Römern war die Eiche als »arbor Jovis« dem Jupiter gewidmet und die Germanen hielten den Baum für heilig. Die Eichenwälder waren den Göttern geweiht und Opfer wurden unter den höchsten und ältesten Exemplaren dargebracht. Als Heilpflanze hatte die Eiche bis in die Neuzeit keine Bedeutung, selbst Hildegard von Bingen sprach ihr keinerlei Heilkraft zu.

Herkunft und Vorkommen

Die zu den Buchengewächsen zählende Eiche gibt es in verschiedenen Arten. Der Baum bevorzugt einen nährstoffreichen, etwas sandigen Boden, kommt in ganz Europa vor und ist Bestandteil unserer Mischwälder.

Verwendete Teile

Verwendet wird die Rinde, welche reich an Gerbstoffen ist, bevor sich die Borke bildet. Zu diesem Zweck wird nur die Rinde junger Bäume verwendet, die vor der Entwicklung der Blätter im Frühjahr gesammelt und getrocknet wird.

Wirkstoffe

Bis zu 20 % Catechingerbstoffe, Flavonoide.

Anwendungsbereiche

Die Wirkstoffe der Eiche sind astringierend, zusammenziehend, wirken virustatisch, hemmen die Durchlässigkeit der Kleingefäße, der Kapillaren, und sind juckreizlindernd. Deshalb wird die Eichenrinde äußerlich bei Hauterkrankungen, welche durch Entzündungen entstehen, bei Entzündungen im Genital- und Analbereich, wie Hämorrhoiden, angewendet sowie bei leichten Entzündungen im Mund- und Rachenbereich. Innerlich bei Durchfallerkrankungen.

Dosierung

Innerlich bei Durchfallerkrankungen: 1 Teelöffel geschnittene Eichenrinde in 1 Tasse kaltem Wasser ansetzen, kurz aufkochen, 5 Minuten ziehen lassen, abseihen und vor den Mahlzeiten trinken.
Äußerlich bei Hauterkrankungen für Umschläge: 1 Esslöffel geschnittene Eichenrinde in 1 Liter Wasser aufkochen, 10 Minuten ziehen lassen, abseihen und dann damit Umschläge machen.
Für Sitzbäder: 2 Teelöffel zerkleinerte Rinde in 1 Liter kaltem Wasser ansetzen, 15 Minuten auf kleiner Flamme kochen, von der Feuerstelle nehmen, erst dann 2–3 Esslöffel Kamillenblüten dazugeben und 10 Minuten ziehen lassen. Abseihen und dem

Sitzbad oder Fußbad zugeben; 1–2 × täglich.
Bei Hämorrhoidalbeschwerden mit Eichenrinde und Kamille: Für Sitzbäder 2–3 Esslöffel geschnittene Eichenrinde mit ungefähr 1/4 Liter Wasser ansetzen, 15 Minuten auf kleiner Flamme kochen, dann 2–3 Esslöffel Kamillenblüten dazugeben, 10 Minuten ziehen lassen, abseihen und dem Sitzbad hinzufügen, das kalt sein und mindestens 10 Minuten dauern sollte.

Bei Hämorrhoiden sollte man noch zusätzliche Maßnahmen treffen, und zwar:

- Dafür sorgen, dass der Stuhlgang weich ist. Das erreicht man durch ballaststoffreiche Kost, Obst und Gemüse, dadurch, dass man genügend Flüssigkeit zu sich nimmt, und wenn es nicht anders geht, durch milde Abführmittel.
- Die Hygiene im Intimbereich sollte durch Waschen oder feuchte Reinigungstücher statt Toilettenpapier erfolgen.
- Scharfe Gerichte vermeiden, den Alkoholkonsum so weit wie möglich einstellen.
- Keine enge Kleidung tragen.

Vorsichtsmaßnahmen

Bei großflächigen Hautschäden oder bei Verletzungen und verbreiteten Ekzemen sollten Vollbäder mit Eichenrindenzubereitungen nicht angewendet werden.

Bemerkungen

In der Bachblütentherapie wird die Eiche unermüdlichen, erschöpften und äußerst pflichtbewussten Menschen empfohlen, welche nie aufgeben können. Die Pflanze soll nämlich Ausdauer und Standhaftigkeit hervorrufen, aber auch die eigenen Grenzen erkennen lassen.

Blauer Eisenhut *Aconitum napellus L.*

FAMILIE: HAHNENFUSSGEWÄCHSE

Geschichte

Eisenhut ist seit ältesten Zeiten als Giftpflanze bekannt und wurde sogar als Pfeilgift eingesetzt, er ist eine der giftigsten Pflanzen überhaupt. Plinius bezeichnete ihn als »vegetabilisches Arsen«. Die Pflanze hatte als Mordgift einen zweifelhaften Ruhm und im Mittelalter war sie Bestandteil von geheimnisvollen Hexensalben. In der Volksheilkunde wurde der Eisenhut gegen Zahnschmerzen verwendet. Nach der hl. Apollonia, der Beschützerin der Zahnkranken und der Schutzpatronin der Zahnärzte, wurde er auch Apolloniakraut genannt.

Herkunft und Vorkommen

Aconitum napellus wächst verstreut bis häufig auf gedüngtem Boden, an feuchten, humusreichen Stellen, an Wasserläufen, Wegen, Zäunen, um Berghütten, auf Almen und auf Viehweiden an Stellen, wo Viehdung reichlich vorhanden ist.

Verwendete Teile

Verwendet werden die im Herbst von wild wachsenden Pflanzen gesammelten Knollen, welche rasch, jedoch schonend getrocknet werden sollten.

Wirkstoffe

Hauptsächlich Aconitin, auf welches die giftige Wirkung zurückzuführen ist.

Anwendungsbereiche

Eisenhut wurde vor Einführung moderner Mittel selten bei der Trigeminus-Neuralgie (schwere, schmerzhafte Entzündung des Gesichtsnervs) eingesetzt.

Vergiftungserscheinungen

Die Empfindlichkeit der Sinnesorgane stumpft ab, es kann bis zur Unempfindlichkeit des gesamten Körpers kommen. Überdies treten Übelkeit, Erbrechen, Durchfall, Atemnot, langsamer Puls, Schwindel, Zittern, Atemnot und Kältegefühl auf, bis hin zum Tod durch Atemlähmung. Bei Verdacht auf Vergiftung sofort Arzt oder Krankenhaus aufsuchen.

Vorsichtsmaßnamen

An dieser Stelle möchte ich darauf hinweisen, dass eine Verwendung der Wurzel zu medizinischen Zwecken für den Laien nicht in Frage kommt, da eine Dosierung ohne chemische Analyse der Inhalte nicht möglich ist. Die Pflanze wird medizinisch verwendet, aber dies ist nur pharmakologischen Instituten vorbehalten. In der Pflanzenheilkunde als solcher, im normalen Hausgebrauch, hat diese Pflanze keine Bedeutung. Deshalb sollte man die äußerst gefährliche Pflanze auch nicht sammeln. Der Eisenhut wird von den Tieren im Allgemeinen gemieden, man sieht ihn meist isoliert stehend auf den Almen.

Homöopathie

Aconitum wird verwendet bei akuten entzündlichen Erkrankungen, akuten Fieberzuständen, Beginn von Erkältungskrankheiten, Ohrenschmerzen, Trigeminusneuralgie, Angstzuständen und Unruhe. Gebräuchliche Potenzen: D4, D6, D12, Hochpotenzen.

Brauchtum und Kuriosa

Matthiolus berichtet in seinem New-Kräuterbuch vom Jahre 1626, das beste Gegengift bei Akonitvergiftung sei eine Feldmaus, welche an einer Aconitwurzel genagt und diese gefressen hatte, oder eine Latwerge, das ist ein Brotaufstrich, aus Fliegen und Hornissen, die ihre Nahrung von Aconitblüten geholt hatten.

Enzianwurzel *Gentiana lutea L.*

FAMILIE: ENZIANGEWÄCHSE

Geschichte

Diese seit dem Altertum bekannte und geschätzte Pflanze wurde ihres Bitterstoffes wegen als Heilpflanze verwendet, damals auch gegen den Biss giftiger Tiere, Seitenschmerzen und dergleichen, aber auch schon als Magen- und Lebermittel. Dioskurides berichtet, seinen Namen verdanke der Enzian dem illyrischen König Gentis, der die Pflanze als Mittel gegen die Pest empfohlen haben soll. Lutea heißt gelb und bezieht sich auf die Farbe der Blüte.

Herkunft und Vorkommen

Enzian ist eine kalkliebende, ausdauernde Pflanze, welche hauptsächlich in den Pyrenäen und in den Alpen, auch bei uns in Südtirol, weit verbreitet auf Weiden, nicht gedüngten Mähwiesen, an Felsen und in Auen vorkommt. Auf Almen wächst er auf Höhen von bis zu 2500 Metern.

Verwendete Teile

Verwendet werden die im Frühling gut und schnell getrockneten Rhizome und Wurzeln.

Wirkstoffe

2–3 % Bitterstoffe, darunter Amarogentin, eines der stärksten Bitterstoffe, die in der Natur vorkommen. 5–8 % bitter schmeckende Gentiobiose.

Anwendungsbereiche

Die in der Enzianwurzel enthaltenen Bitterstoffe wirken durch die Reizung der Geschmacksnerven, als Reflex, anregend auf die Magensaftsekretion: Sie fördern die Verdauung und werden bei Völlegefühl, Blähungen und bei Appetitlosigkeit eingesetzt. Im Allgemeinen kann man sagen, dass sämtliche Funktionen des Magen-Darm-Traktes angeregt und verbessert werden. Besonders geeignet ist die Anwendung von Enzianpräparaten bei Patienten, die nach längeren chronischen Erkrankungen, z. B. Infektionen, körperlich und seelisch geschwächt sind. Auch bei Langzeitkranken, welche eine Verdauungsschwäche vorweisen, kann Enzian sinnvoll angewendet werden.

Dosierung

Bei Magenschwäche und Appetitlosigkeit ½ Teelöffel der getrockneten, geschnittenen Wurzel mit 2 Glas Wasser kalt ansetzen, 8 Stunden ziehen lassen, abseihen, leicht erwärmen und tagsüber vor den Mahlzeiten trinken. Kann auch als Tee zubereitet werden. Von der Tinktur nimmt man 2–3 × täglich 10 Tropfen vor den Mahlzeiten.

Bewährte und bekannte Teemischung

Bei Appetitlosigkeit:
40 g Enzianwurzel
20 g Angelikawurzel
20 g Andornkraut
20 g Kümmelfrüchte

Zubereitung: 1 gehäuften Teelöffel von dieser Mischung mit 1 Tasse kochendem Wasser

überbrühen, bedeckt 10 Minuten ziehen lassen, abseihen und davon mehrmals am Tag, vor oder nach den Mahlzeiten, 1 Tasse frisch zubereiteten Tee langsam, schluckweise trinken.

Vorsichtsmaßnahmen

Dadurch, dass das Heilkraut die Magensaftsekretion erhöht, ist die Einnahme von Enzianwurzel-Zubereitungen bei Magen- und Zwölffingerdarmgeschwüren nicht geeignet.

Bemerkungen

Verwendet wird nur die getrocknete Wurzel, da die frische Übelkeit und rauschähnliche Zustände hervorrufen kann. Man sollte das geschützte Heilkraut nicht selbst ernten. Oft kommt es zu Verwechslungen mit ähnlich aussehenden Pflanzen, z. B. dem Weißen Germer *(Veratrum album)*, welche zu ernsthaften Vergiftungen führen können.

Brauchtum und Kuriosa

Eine beliebte, bekannte und aus keiner ländlichen Hausapotheke wegzudenkende Zubereitung ist in Südtirol der Enzianschnaps, welcher bei Magen- und Darmbeschwerden, Fieber und Gicht als Universalmittel gerne verwendet wird – oft über seinen Anwendungsbereich hinaus.

Erdrauchkraut *Fumaria officinalis L.*

FAMILIE: MOHNGEWÄCHSE

Geschichte

Der Name Fumaria (aus dem Lateinischen fumus = Rauch) wahrscheinlich deshalb, weil der Saft der Pflanze zu Tränen reizt und die Pflanze beim Verbrennen einen stark reizenden Rauch verbreitet. Im Altertum bekannt, wurde die Pflanze im Mittelalter bei vielen mehr oder weniger schweren Erkrankungen verwendet: von der Melancholie bis zu den Hautausschlägen.

Herkunft und Vorkommen

Der Erdrauch ist in fast allen gemäßigten Zonen der Erde anzutreffen, diese anspruchslose Pflanze wächst auf Schutt, Äckern und an Wegrändern.

Verwendete Teile

Verwendet wird das von Juni bis August blühende Kraut.

Wirkstoffe

Alkaloide, Fumarsäure, Kaffeesäurederivate, Flavonoide.

Anwendungsbereiche

Diese Heilpflanze wirkt leicht entkrampfend, entzündungshemmend und wird deshalb bei krampfartigen Beschwerden der Gallenwege sowie des Magen-Darm-Traktes angewendet.

Volkstümliche, wissenschaftlich nicht belegte Anwendung

In der Volksheilkunde werden Zubereitungen mit Erdrauch öfters bei Hautproblemen angewendet.

Zubereitung

Man kann den Kräutertee als Kaltwasserauszug oder als Teeaufguss zubereiten. Man nimmt davon immer 2 Teelöffel geschnittene Droge, welche man beim Kaltwasserauszug über Nacht stehen lässt und beim Teeaufguss 10 Minuten. Den Tee mehrmals täglich zu den Mahlzeiten trinken.

Bemerkungen

Das Heilkraut wirkt regulierend auf die Funktion der Gallenblase. Bei verminderter Funktion der Gallenblase wird diese angeregt. Sollte eine erhöhte Funktion vorhanden sein, wird diese gehemmt.

Bewährte und bekannte Teemischung

Bei den oben erwähnten Beschwerden hat sich folgende Teemischung bestens bewährt:

25 g Erdrauchkraut
25 g Schöllkraut
25 g Löwenzahnwurzel
25 g Löwenzahnblätter

Zubereitung: 1–2 Teelöffel der zerkleinerten Teemischung werden mit ca. 150 ml siedendem Wasser übergossen, zugedeckt und nach 10 Minuten abgeseiht; davon trinkt man täglich 3 × 1 Tasse.

Brauchtum und Kuriosa

Dioskurides schreibt: »Der Saft ist beißend, er schärft das Gesicht und reizt zu Tränen, wodurch er den Namen erhalten hat. Er hat die Kraft, das Wiederwachsen der aus den Augenlidern ausgezogenen Haare zu verhindern, wenn er mit Gummi aufgestrichen wird. Genossen, treibt das Kraut den galligen Harn.«

Faulbaumrinde *Rhamnus frangula L.*

FAMILIE: KREUZDORNGEWÄCHSE

Geschichte

Im Altertum war der Faulbaum und dessen Gebrauch in der Heilkunde so gut wie unbekannt. Auch im Mittelalter wurde diese Pflanze selten genannt. Erst im 17. und 18. Jahrhundert wurde der Faulbaum und dessen Verwendung ausführlich beschrieben, war als volkstümliches Abführmittel sehr beliebt und gelangte von dieser Zeit an zu hohem Ansehen.

Herkunft und Vorkommen

Der Faulbaum ist ein hoher Strauch oder ein kleiner Baum, der bis zu 6 Meter hoch werden kann. Er trägt im Gegensatz zum Kreuzdorn keine Dornen und wächst in lichten Wäldern, an Wasserläufen und Mooren. In den Alpen gedeiht er in Höhen bis 1000 Meter.

Verwendete Teile

Die Rinde muss, bevor sie verwendet wird, unbedingt 1 Jahr gelagert werden.

Wirkstoffe

Glukofranguline A und B.

Anwendungsbereiche

Faulbaumrinde ist oft in Tees für Frühjahrskuren enthalten und wird zusammen mit anderen Pflanzen als mildes, aber gut wirkendes Abführmittel verwendet. Ihre Wirkung ist milder als bei Aloe und Sennesblättern.
Die Droge ist ein zuverlässig wirkendes Abführmittel; der Stuhlgang tritt nach ungefähr 6–10 Stunden ein. Man verwendet die Faulbaumrinde meistens zusammen mit anderen Kräutern, wenn ein leichter Stuhlgang erwünscht ist, wie zum Beispiel bei Hämorrhoiden.

Zubereitung

Abführender Tee: Als Kaltwasserauszug: 1 Teelöffel geschnittene Faulbaumrinde mit 1 Tasse kaltem Wasser ansetzen, 6–10 Stunden bei gelegentlichem Umrühren stehen lassen, abseihen und abends vor dem Schlafengehen 1 Tasse trinken.
Als Teeaufguss: 1 Teelöffel mit 1 Tasse kochendem Wasser überbrühen, 10 Minuten ziehen lassen, abseihen und abends vor dem Schlafengehen 1 Tasse trinken.

Vorsichtsmaßnahmen

Die Faulbaumrinde ist ein Abführmittel, welches die Darmschleimhaut reizt und deshalb für eine dauernde Anwendung nicht geeignet ist. Faulbaumrinde sollte man nur einsetzen,

wenn eine Diätumstellung oder andere Abführmittel, wie z. B. Quellmittel, keinen Erfolg erzielen.
Eine übermäßige Einnahme von unreifen Beeren, Blättern oder der frischen Rinde führt zu Magen- und Darmbeschwerden mit Durchfällen, welche auch blutig sein können. Nicht in der Schwangerschaft anwenden.
Die unreifen, roten Beeren stellen für Kinder eine besondere Gefahr dar.
Die Einnahme der frischen Rinde führt zu Übelkeit und Erbrechen, auch zu Krämpfen.

Bemerkungen

Bei chronischer Verstopfung sollte man folgende Maßnahmen ergreifen:

- Viel Bewegung.
- Morgens sich Zeit für den Stuhlgang nehmen.
- Nach dem Aufstehen ein Glas Wasser oder sonstiges nicht süßes Getränk trinken.
- Niemals den Stuhlgang unterdrücken.
- Die Ernährung umstellen, das heißt, Nährmittel wählen, welche Ballaststoffe enthalten.
- Rohkost bevorzugen.
- Zucker vermeiden und generell Süßigkeiten stark eingrenzen, mehrmals täglich kleine Mahlzeiten zu sich nehmen.
- Viel trinken, wenigstens 2–3 Liter am Tag.

Bewährte und bekannte Teemischung

Abführender Tee:
20 g Sennesblätter
20 g Fenchelfrüchte, zerstoßen
20 g Süßholzwurzel
20 g Queckenwurzelstock
20 g Faulbaumrinde
Zubereitung: 1 Teelöffel der Mischung mit 1 Tasse kochendem Wasser überbrühen, 10 Minuten ziehen lassen, abseihen und abends vor dem Schlafengehen 1 Tasse trinken.

Brauchtum und Kuriosa

In manchen Gegenden glaubte man, wenn die Rinde nach oben geschabt wird, sei sie ein Brechmittel, wenn nach unten, ein Abführmittel.

Fenchelfrüchte *Foeniculum vulgare Mill.*

FAMILIE: DOLDENGEWÄCHSE

Geschichte

Der Fenchel war schon im Altertum als Gewürz- und Heilpflanze bekannt und geschätzt, besonders bei den Römern und Griechen. Plinius bezeichnet ihn als foeniculum, was wohl darauf zurückzuführen ist, dass das getrocknete Kraut wie Heu (lat. foenum) aussieht. Die Römer verwendeten Fenchel als Gewürz zu fast allen Gerichten. Hildegard von Bingen empfiehlt den Fenchel ohne Einschränkung bei Magen-, Verdauungsproblemen und für klares Sehen. Im frühen Mittelalter galt der Fenchel allgemein als ein Mittel gegen Hexerei.

Herkunft und Vorkommen

Die aus dem Mittelmeerraum stammende Pflanze wird weltweit angebaut und kommt gelegentlich auch verwildert vor. Sie bevorzugt einen tief gearbeiteten, kalkhaltigen Boden und eine feuchte, sonnige Lage. Sie wird in unseren Gärten häufig angebaut und ist als Gemüse sehr geschätzt.

Verwendete Teile

Die wegen des guten Geschmacks verwendeten Knollen sind besonders im Winter ein wertvolles Gemüse, das in der Küche in vielen Varianten verwendet wird. Als Heilpflanze kommen ausschließlich die Früchte in Frage.

Wirkstoffe

Fenchel enthält hauptsächlich ätherisches Öl, das Anethol, sowie Fenchon, Proteine und Flavonoide.

Anwendungsbereiche

Die Inhaltsstoffe der Früchte bzw. Samen regen die Magen- und Darmtätigkeit an, wirken entkrampfend und schleimlösend. Deshalb wird Fenchel gerne bei leichten krampfartigen Beschwerden des Magen-Darm-Traktes angewendet, auch bei Völlegefühl, Blähungen und anderen Erkrankungen der Verdauungsorgane wie Appetitlosigkeit usw. Als schleimlösendes Mittel verwendet man Fenchel bei Husten und Katarrhen der oberen Luftwege. Wegen des angenehmen Geschmacks und der guten Wirkung wird der Fencheltee in der Kinderheilkunde bei so genannten Dyspepsien, das heißt bei Verdauungsbeschwerden wie Blähungen oder leichten Durchfällen verwendet.

Dosierung

1 Teelöffel frisch gequetschte Droge mit 1 Tasse heißem Wasser übergießen, 5 Minuten zugedeckt ziehen lassen, abseihen und mehrmals täglich 1 Tasse trinken.

Vorsichtsmaßnahmen

Der Fenchel sollte im Allgemeinen als Tee verwendet werden. Wegen der noch nicht vollständig geklärten Nebenwirkungen sollte man das Fenchelöl ohne ärztliche Kontrolle nicht mehr als 2 Wochen anwenden. Schwangere und Kleinkinder sollten nur Teezubereitungen zu sich nehmen.

Bemerkungen

Fencheltee immer frisch zubereiten, wobei die Früchte zerstoßen (gequetscht) werden, da sich das ätherische Öl innerhalb der Frucht befindet. Bei Augenentzündungen wird manchmal das so genannte Fenchelwasser empfohlen. Neue Erkenntnisse und dadurch abgeleitete hygienische Vorschriften lassen eine solche Anwendung nicht mehr zu.

Bewährte und bekannte Teemischungen

Gegen Husten und Katarrhe der oberen Luftwege:
- 25 g Fenchelfrüchte, zerstoßen
- 25 g Anisfrüchte, zerstoßen
- 25 g Thymiankraut
- 25 g Spitzwegerichkraut

Blähungstee:
- 25 g Kümmel, zerstoßen
- 25 g Fenchel, zerstoßen
- 25 g Anis, zerstoßen

Zubereitung: 1 Esslöffel Teemischung mit ca. 150 ml heißem Wasser übergießen, 5 Minuten zugedeckt ziehen lassen, abseihen und mehrmals davon 1 Tasse trinken.

Brauchtum und Kuriosa

Ein gewisser Marcellus Empiricus aus Bordeaux empfiehlt im 5. Jahrhundert nach Christus gegen starken Husten, saubere grüne Fenchelwurzel zu zerstoßen und den Saft nüchtern mit altem Wein 9 Tage hintereinander auf der Türschwelle zu trinken.
Äußerlich wurde das ätherische Öl vielfach als Mittel gegen Läuse und Flöhe, gegen Krätzmilben und Hühnerläuse angewendet.

Fingerhutblätter *Digitalis purpurea L.*

FAMILIE: BRAUNWURZGEWÄCHSE

Geschichte

Im Altertum wurde diese Heilpflanze nicht erwähnt. Das mag einerseits an der Tatsache liegen, dass diese Pflanze im Mittelmeerraum nur selten vorkommt, andererseits daran, dass sie wohl wegen ihrer extremen Giftigkeit nicht als solche erkannt und in Erwägung gezogen wurde. Erst nach dem 18. Jahrhundert beginnt man, sich mit dem Fingerhut eingehend zu beschäftigen, ihn zu erforschen und der Pflanze jenen Stellenwert zuzuteilen, welchen sie auch in der modernen Medizin innehat.

Herkunft und Vorkommen

Der Fingerhut, oder *Digitalis*, kommt in verschiedenen Arten vor und ist in Europa, Asien und Nordafrika heimisch. Die Gattung *Purpurea*, rot blühend, wächst gesellig auf halbschattigen Kahlschlägen und Waldlichtungen; die Gattung *Lutea*, gelb blühend, wächst eher auf sonnigen, warmen Trockenrasen, in aufgelassenen Weinbergen, auf Brachfeldern, auf kalkhaltigen Böden.

Verwendete Teile

Die Wirkstoffe sind in den Samen und den Blättern enthalten, sie können nicht als Teeaufguss verwendet werden, da sie extrem giftig sind. Sie werden nur zur industriellen Weiterverarbeitung verwendet.

Wirkstoffe

Die Wirkstoffe sind in den Samen und den Blättern enthalten, eine konventionelle Anwendung der sehr giftigen Pflanze ist nicht üblich. Man bedenke, das Digoxin ist in einer Konzentration von einem zehntausendstel Gramm therapeutisch wirksam!

Anwendungsbereiche

Die Entdeckung der Digitalis-Derivate, der Glykoside der Fingerhutblätter, ist eine wichtige Errungenschaft der modernen Medizin. Diese so genannten Cardenolidglykoside haben eine positive Wirkung auf das Herz und werden bei Herzinsuffizienz, Wassersucht und allgemein gegen Herzschwäche, welche unter anderem durch einen unbehandelten Bluthochdruck oder auch durch Arteriosklerose entstehen kann, eingesetzt. Die Behandlung dieser Erkrankungen bleibt aber dem Arzt vorbehalten; sämtliche Digitalis-Präparate sind rezeptpflichtig.

Volkstümliche, wissenschaftlich nicht belegte Anwendung

Die Verwendung dieser Pflanze ist nur pharmakologischen Instituten vorbehalten. In der Pflanzenheilkunde als solcher und im normalen Hausgebrauch hat diese Pflanze keine Bedeutung.

Vorsichtsmaßnahmen

Da die Bandbreite von der medizinischen Wirkung zu derjenigen zum Gift sehr gering ist, kann es leicht zu Überdosierungen kommen. Auch die Ausscheidung dieser Glykoside ist nicht immer konstant. Dies kann zu Anhäufungen dieser Wirkstoffe im Blut führen, und auch dadurch können Vergiftungen auftreten. Diese Vergiftungen offenbaren sich durch Übelkeit, Erbrechen, Herzrhythmusstörungen, Abgeschlagenheit, Kopfschmerzen, Schwindel, Sehstörungen, Durchfall, weiter können diese zu ungeordneter Herztätigkeit führen und am Ende zum Tod durch Herzstillstand.

Zur Geschichte des Roten Fingerhutes

Eines Tages kam eine Kräuterfrau zu Mr. William Withering, einem Arzt in Birmingham, und brachte ihm eine Kräutermischung, von der sie behauptete, sie habe eine hervorragende Wirkung gegen die Wassersucht. Withering probierte diese Heilkräuter an einigen Patienten aus und konnte tatsächlich eine überraschende Verbesserung der Beschwerden feststellen. Es handelte sich um den Roten Fingerhut. Daraufhin begann er eingehende Nachforschungen über diese Heilpflanze und veröffentlichte im Jahre 1776 seine Erfahrungen in der inzwischen berühmt gewordenen Abhandlung »An Account of the Foxglove and of its Medical Uses«, in der er die Wirkung von Digitalis auf die Herztätigkeit darlegte. Die Wirkstoffe dieser Heilpflanze, welche auch in der modernen Medizin mit Erfolg eingesetzt werden, haben vielen Menschen das Leben erleichtert, ja erst wieder möglich gemacht. Diese kurze Geschichte will die Bedeutung der Kräuterheilkunde unterstreichen und den Beweis erbringen, warum es sinnvoll ist, sich mit Kräutern und deren Wirkungen auseinander zu setzen.

Frauenmantelkraut *Alchemilla vulgaris L.*

FAMILIE: ROSENGEWÄCHSE

Geschichte

Bei den Germanen war der Frauenmantel der Göttin der Natur und Fruchtbarkeit geweiht und eine sehr geschätzte Heilpflanze. Im Mittelalter wurde sie als Mittel bei Geschwüren, als Astringens bei Frauenleiden genutzt, auch als Mundwasser, in Bädern und Umschlägen verwendet. Matthiolus (1564) schreibt in seinem »Kreutterbuch«, dass der Alchemillasaft, in Leintüchern auf die Brust gelegt, diese nicht größer wachsen lasse. In der europäischen Volksmedizin wird diese Pflanze bei Frauenleiden viel verwendet.

Herkunft und Vorkommen

Frauenmantel gedeiht auf feuchten, humusreichen Wiesen und an Waldrändern fast ganz Europas. Aus der in der Volksmedizin gebräuchlichen Anwendung zur Behandlung von Frauenleiden hat sich wahrscheinlich der Name entwickelt. Charakteristisch ist die Ansammlung von Tau- und Regentropfen im Blattbecher, welche auf die Oberflächenbeschaffenheit der behaarten Blätter, ähnlich wie bei der Lotusblume, zurückzuführen ist.

Verwendete Teile

Verwendet wird das Kraut, welches getrocknet geruchlos ist und einen schwach bitteren Geschmack hat.

Wirkstoffe

Die Pflanze enthält Gerbstoffe und Flavonoide.

Anwendungsbereiche

Die Gerbstoffe wirken astringierend, deshalb wird Frauenmantel bei leichten Durchfallerkrankungen angewendet.

Volkstümliche, wissenschaftlich nicht belegte Anwendung

Die traditionelle Kräutermedizin und die Volksmedizin verwenden Frauenmantel auch gegen Regelschmerzen, bei starken Menstruationsblutungen und bei Beschwerden in den Wechseljahren.
Die *Alchemilla vulgaris*, das Frauenmantelkraut, hat eine Verwandte, die *Alchemilla alpina*, bei uns als Silbermantelkraut bekannt; dieses wird auf den Almen von den Sennern als Fieber- und Wundmittel verwendet.

Dosierung

1–2 Teelöffel getrocknete und geschnittene Blätter mit 1 Tasse kochendem Wasser übergießen und zugedeckt 10 Minuten ziehen lassen. 3 × täglich trinken.

Für eine Mundspülung, Gurgellösung oder zum Einreiben sollte man die Kräutermenge vergrößern und das Kraut für einige Minuten aufkochen, denn damit bewirkt man eine bessere Nutzung der im Kraut enthaltenen Gerbsäure.

Bemerkungen

Es sind keine Gegenindikationen und Nebenwirkungen bekannt. Frauenmantelkraut wird vor allem in Teemischungen verwendet, da es alleine angewendet eine etwas schwache Wirkung hat.

Bewährte und bekannte Teemischungen

Bei Durchfällen:
50 g Frauenmantelkraut
50 g Gänsefingerkraut
Zubereitung: 2 Teelöffel dieser Mischung mit 1 Tasse kochendem Wasser überbrühen, 10 Minuten ziehen lassen, abseihen und davon mehrmals am Tag 1 Tasse trinken.

Als Frauentee:
30 g Kamillenblüten
30 g Frauenmantelkraut
20 g Johanniskraut
10 g Taubennesselblüten
10 g Walnussblätter
Zubereitung: 1 gehäuften Teelöffel dieser Mischung mit 1 Tasse kochendem Wasser überbrühen, bedeckt 10 Minuten ziehen lassen, abseihen und davon mehrmals am Tag 1 Tasse frisch zubereiteten Tee trinken.

Als krampflösende Teemischung bei Menstruationsbeschwerden:
35 g Kamillenblüten
25 g Frauenmantelkraut
25 g Lavendelblüten
15 g Fenchelfrüchte
Zubereitung: 1 Teelöffel dieser Mischung mit 1 Tasse kochendem Wasser überbrühen, 10–15 Minuten ziehen lassen, abseihen und davon mehrmals am Tag 1 Tasse trinken. Diesen Tee immer frisch zubereiten.

Brauchtum und Kuriosa

Die Tautropfen, welche sich am Morgen im Blattbecher sammeln, wurden von den Alchimisten als himmlisches Wasser zur Bereitung des Steines der Weisen gebraucht. Deshalb heißt der Frauenmantel lateinisch Alchemilla.

Gänsefingerkraut *Potentilla anserina L.*

FAMILIE: ROSENGEWÄCHSE

Geschichte

Das Gänsefingerkraut wird erst in den Büchern des Mittelalters ausführlich behandelt. Zu dieser Zeit begann man dieses Heilkraut wegen seiner stopfenden, zusammenziehenden Eigenschaften bei verschiedenen Erkrankungen anzuwenden.

Herkunft und Vorkommen

Die fast überall häufig vorkommende Pflanze bevorzugt nährstoffreiche Böden, gedeiht aber in sämtlichen Gebieten von feucht bis trocken.

Verwendete Teile

Das Gänsefingerkraut wird kurz vor oder während der Blütezeit gesammelt und an einem luftigen und schattigen Ort getrocknet. Die Droge ist geruchlos und hat einen herben, zusammenziehenden Geschmack.

Wirkstoffe

Die Pflanze enthält vor allem Gerbstoffe, weiterhin Flavonoide und Schleim.

Anwendungsbereiche

Wegen ihres Gerbstoffgehaltes wird diese Heilpflanze hauptsächlich bei Darmkatarrhen und als krampflösendes Mittel bei Darmkoliken und Menstruationsbeschwerden gebraucht. Äußerlich dient sie als Gurgelmittel bei leichten Entzündungen des Mund- und Rachenraumes, bei Wunden und Ausschlägen.

Dosierung

1 Teelöffel geschnittenes Heilkraut mit 1 Tasse kochendem Wasser übergießen, 10 Minuten ziehen lassen, abseihen und mehrmals am Tag 1 Tasse trinken.

Vorsichtsmaßnahmen

Wie immer bei diesen Beschwerden ist es wichtig, bei Durchfällen, die länger als 3 Tage anhalten, bei Veränderungen oder stärkeren Beschwerden einen Arzt aufzusuchen. Nur der Kinderarzt sollte Durchfallerkrankungen bei Säuglingen oder Kleinkindern behandeln.

Bewährte und bekannte Teemischungen

Bei Erkrankungen des Magen-Darm-Traktes und allgemein der Verdauungsorgane:
30 g Gänsefingerkraut
30 g Brombeerblätter
40 g Kamillenblüten
Zubereitung: 2 Teelöffel von dieser Mischung mit 1 Tasse kochendem Wasser überbrühen, 10 Minuten ziehen lassen, abseihen und davon mehrmals am Tag 1 Tasse trinken.

Bei schmerzhaften Menstruationsbeschwerden:
30 g Kamillenblüten
20 g Melissenblätter
20 g Schafgarbenblüten
20 g Gänsefingerkraut
10 g Fenchelfrüchte
Zubereitung: 1 Teelöffel dieser Mischung mit 1 Tasse kochendem Wasser überbrühen, 10–15 Minuten ziehen lassen, abseihen und davon mehrmals am Tag 1 Tasse trinken. Diesen Tee immer frisch zubereiten. Mit diesem Tee kann man in derselben Weise auch ein Sitzbad bereiten, nur nimmt man dazu 2 Esslöffel auf 1/2 Liter Wasser.

Brauchtum und Kuriosa

Der Name anserina stammt vom lateinischen anser = Gans und bezieht sich auf die Tatsache, dass das Gänsefingerkraut als Gänsefutter benützt wurde.

Geißrautenkraut *Galega officinalis L.*

FAMILIE: SCHMETTERLINGSBLÜTLER

Geschichte

Die Geißraute war in der Antike nicht bekannt und wurde auch im Mittelalter nicht erwähnt. Sie taucht erst um 1600 in den Kräuterbüchern auf und wurde da als Heilpflanze, als harn- und schweißtreibendes Mittel, bei Verdauungsstörungen, Hautkrankheiten und Vergiftungen angepriesen. Gegen Ende des 18. Jahrhunderts wurde das Geißrautenkraut in Deutschland als Futterpflanze angebaut. Da die Pflanze aber ziemlich frostempfindlich ist und sich für das raue deutsche Klima als nicht sehr geeignet erwies, wurde der Anbau wieder aufgegeben.

Herkunft und Vorkommen

Das Geißrautenkraut wächst auf feuchten Wiesen, an Flussufern und in Auengebüschen und ist in Mittel-, Süd- und Osteuropa bis Vorderasien heimisch. In den Balkanländern und in Italien wird die Geißraute als Futterpflanze kultiviert.

Verwendete Teile

Verwendet werden die getrockneten, während der Blütezeit von Juli bis August gesammelten oberirdischen Teile der Pflanze.

Wirkstoffe

Guanidin-Derivate (hauptsächlich Galegin), Alkaloide, Steroide, Flavonoide, etwas Allantoin.

Anwendungsbereiche

Da in diesem Heilkraut eine den blutzuckersenkenden chemischen Mitteln ähnliche Substanz, das Galegin, enthalten ist, wird es des Öfteren in blutzuckersenkenden Tees verwendet. Eine Wirkung in diesem Sinne ist aber nicht sicher nachgewiesen. Bei der Zuckerkrankheit, dem Diabetes mellitus, handelt es sich um eine schwerwiegende Erkrankung, die einer eingehenden Untersuchung, diätetischer Maßnahmen, einer gewissenhaften täglichen Kontrolle sowie ärztlicher Behandlung bedarf. Es ist deshalb nicht sinnvoll, sich in diesem Bereich eines nicht gleichmäßig und sicher wirkenden Mittels zu bedienen, wenn es medizinisch einwandfrei wirkende Alternativen gibt.

Volkstümliche, wissenschaftlich nicht belegte Anwendung

In der Volksheilkunde zur unterstützenden Behandlung von Diabetes, als sehr zweifelhaftes Antidiabeticum, bei Harnwegsinfektionen und bei ungenügender Milchbildung in der Stillperiode.

Zubereitung

Zur Teezubereitung verwendet man 1 Teelöffel fein geschnittene Droge, überbrüht diese mit 1/4 Liter kochendem Wasser, lässt 10 Minuten ziehen, seiht ab und trinkt davon 3 × täglich 1 Tasse. Dieses Heilkraut wird fast ausschließlich in Kräutermischungen verwendet.

Bemerkungen

In der Landwirtschaft wird die Geißraute als Futterpflanze angebaut. Da in der Blütezeit in den Blättern und Stängeln viel Galegin enthalten ist, wurde über Vergiftungserscheinungen bei Weidetieren durch das Fressen größerer Mengen an Frischpflanzen berichtet.

Bewährte und bekannte Teemischung

Als Still- und Milchbildungstee:
10 g Brennnesselkraut
10 g Hopfenzapfen
10 g Anisfrüchte
10 g Fenchelfrüchte
10 g Kümmelfrüchte
50 g Geißrautenkraut
Zubereitung: 1 Esslöffel Teemischung mit ca. 150 ml heißem Wasser übergießen, 5 Minuten zugedeckt ziehen lassen, abseihen und mehrmals am Tag davon 1 Tasse trinken.
Die Früchte sollten vor dem Gebrauch aufgebrochen werden.

Brauchtum und Kuriosa

Nach Joachim Camerarius, einem Universalgelehrten des 16. Jahrhunderts, sollen Hühner, die mit Geißrautenkraut gefüttert werden, zu vermehrtem Eierlegen veranlasst werden.

Ginkgoblätter *Ginkgo biloba L.*

FAMILIE: GINKGOBAUMGEWÄCHSE

Geschichte und Vorkommen

Der Ginkgobaum ist ein weit verbreiteter, stattlicher Baum, welcher in Gärten, Alleen und Parkanlagen anzutreffen ist. Die Botaniker hatten lange geglaubt, dass der Ginkgobaum ausgestorben sei. Diese Bäume hatten aber in China überlebt und wuchsen dort hauptsächlich in Bergklöstern und Palast- und Tempelgärten, wo sie seit 1100 v. Chr. von buddhistischen Mönchen als heilige Pflanze kultiviert wurden. Der Ginkgobaum ist der einzige noch lebende Vertreter der Ordnung Ginkgoales, welche zur Zeit der Dinosaurier, also vor ca. 200 Millionen Jahren, ebenfalls vorhanden waren.

Verwendete Teile

Verwendet werden die in den Blättern enthaltenen Wirkstoffe, welche meistens als Trockenextrakt verarbeitet werden.

Wirkstoffe

Die Blätter enthalten eine Reihe von Wirkstoffen, welche allesamt eine wichtige Rolle in der heutigen Medizin spielen und deren Wert experimentell oder klinisch nachgewiesen wurde. Unter anderem Terpenlaktone, Flavonglykoside, Proanticyanidine, Bioflavone, Ginkgolsäuren.

Anwendungsbereiche

Dadurch, dass die Wirkstoffe eine Verbesserung der peripheren Durchblutung im Allgemeinen erwirken, wird Ginkgo in Zusammenhang mit den degenerativen Erkrankungen, welche das gesamte Blutkreislaufsystem betreffen, angewendet: bei Gedächtnisschwäche im Alter, in der Alzheimertherapie, bei Verschlusskrankheiten der Venen an den Beinen, bei Schwindel und Tinnitus, das sind im Innenohr auftretende, nicht beeinflussbare Gehörgeräusche.

Dosierung

120–160 g Trockenextrakt 2–3 × täglich. Ist auch als Tinktur erhältlich. Bei längerer Anwendung ist es sinnvoll, Standardpräparate mit genormten Extrakten anzuwenden.

Vorsichtsmaßnahmen

Da die Wirkstoffe auf den Blutkreislauf wirken, müssen bei Einnahme von Ginkgopräparaten vorher die Gerinnungswerte des Blutes ermittelt werden. Patienten, die Medikamente gegen Blutgerinnung einnehmen, müssen vor Anwendung von Ginkgomitteln mit dem Arzt Absprache halten. Man sollte Ginkgopräparate vorsorglich vor Operationen absetzen.

Bemerkungen

Stichwort Tinnitus. Es handelt sich dabei um rauschende, pfeifende oder klingende Ohrgeräusche, die in ihrer Stärke sehr unterschiedlich sein können. Ursachen können Durchblutungsstörungen, Innenohrschädigungen (Lärmtrauma), Hirntumore, Medikamente oder psychische Störungen sein. Diese äußerst unangenehme und nur schwer vermittelbare Störung wird in unserer lauten Umwelt immer häufiger festgestellt und verbreitet sich immer mehr. Zusätzlich zur Ginkgotherapie, welche allein oder zusammen mit einer medikamentösen Therapie über längere Zeitabschnitte gemacht werden muss, kann man sich auch durch allgemeine Maßnahmen helfen, und zwar durch:

- › Entspannung wie autogenes Training.
- › Psychologische Beihilfe, damit der Patient verstehen und annehmen kann, dass oft nur teilweise geholfen werden kann.
- › Begleitung des täglichen Lebens mit Musik.
- › Kontakt zu Selbsthilfegruppen.
- › Behandlung mit leichten Antidepressiva.
- › Tragen eines dem Hörgerät ähnlichen Apparates, welcher ein Gegengeräusch erzeugt, damit man das eigene nicht mehr wahrnimmt.

Zubereitung

Verwendet werden fast ausschließlich industriell gefertigte, standardisierte Präparate. Die Wirkstoffe des Ginkgobaumes sind erprobt und gut wirksam, in den Teezubereitungen ist eine konstante Wirkung nicht immer gegeben, deshalb ist Präparaten mit konstanter Wirksamkeit der Vorzug zu geben.

Goldrutenkraut *Solidago virgaurea L.*

FAMILIE: KORBBLÜTLER

Geschichte

Bei den alten Germanen soll die Goldrute hauptsächlich als Wundkraut benützt worden sein. Aber erst vom Mittelalter an finden wir Schriften und Angaben, welche über die Verwendung dieser Arzneipflanze berichten und deren Heilkraft bestätigen. Der Name kommt vom lateinischen solidare = befestigen, festmachen, heilen, weil die Pflanze als Wundheilmittel galt. Virga aurea nach der stabähnlichen Form der Pflanze und der Farbe der Blüten.

Herkunft und Vorkommen

Die bis zu 1 Meter hohe Goldrute, die in fast ganz Europa heimisch ist, wächst auch bei uns in trockenen Bergwäldern, an sonnigen Standorten, auf Waldlichtungen und an Abhängen.

Verwendete Teile

Man verwendet die im Schatten getrockneten, während der Blütezeit (August bis Oktober) gesammelten oberirdischen Teile, welche aus Stängeln, Blättern und Blüten bestehen. Da sich der Wirkstoff des Heilkrautes hauptsächlich in den Blättern und in den Blüten befindet, sollte der Anteil an Stängeln nicht überwiegen.

Wirkstoffe

Flavonoide, Saponine, Gerbstoffe, ätherisches Öl.

Anwendungsbereiche

Da dieses Heilkraut eine gute harntreibende sowie schwach entkrampfende und entzündungshemmende Wirkung hat, wird es bei entzündlichen Erkrankungen der Harnwege, vorbeugend bei Nierengrieß und Harnsteinen und bei Reizblase eingesetzt. Die Goldrute ist auch Bestandteil vieler Tees, welche bei rheumatischen Beschwerden eingenommen werden. Außerdem wird die Goldrute bei krankhaften Wasseransammlungen, zur Durchspülung bei bakteriellen Infektionen von Blase und Nieren und zur Blutreinigung verwendet.

Dosierung

2 Teelöffel fein geschnittenes Kraut mit 1 Tasse kochendem Wasser übergießen, nach ungefähr 10 Minuten abseihen und mehrmals täglich 1 Tasse davon trinken.

Volkstümliche, wissenschaftlich nicht belegte Anwendung

Die Goldrute ist eine bekannte und beliebte Heilpflanze, deren Gebrauch in der volkstümlichen Medizin weit verbreitet ist. Neben den oben erwähnten Anwendungen wird der Goldrutentee auch bei Rheuma, Stoffwechselerkrankungen wie Gicht, Hämorrhoiden, gutmütigen Entzündungen der Prostata und äußerlich bei Entzündungen der Mund- und Rachenhöhle sowie bei eiternden Wunden verwendet.

Bemerkungen

Eine sinnvolle Durchspülungstherapie sollte immer mit der Einnahme von genügend Flüssigkeit (wenigstens 2 Liter täglich) verbunden sein.

Bewährte und bekannte Teemischungen

Bei Erkrankungen der unteren Harnwege:
20 g Goldrutenkraut
20 g Hauhechelwurzel
20 g Orthosiphonblätter
20 g Birkenblätter
20 g Schachtelhalmkraut
Zubereitung: 2 Teelöffel dieser Mischung mit ca. 150 ml kochendem Wasser übergießen, 10 Minuten ziehen lassen und 3–5 × täglich 1 Tasse davon lauwarm trinken.

Bei entzündlich-rheumatischen Gelenkserkrankungen:
20 g Goldrutenkraut
20 g Brennnesselkraut
20 g Birkenblätter
20 g Schafgarbenkraut
20 g Holunderblüten
Zubereitung: 2 Teelöffel mit 1 Tasse kochendem Wasser übergießen, 10 Minuten ziehen lassen und 3–5 × täglich 1 Tasse davon trinken.

Homöopathie

Solidago virgaurea wird eingesetzt bei Entzündungen der harnableitenden Wege sowie bei Leberstörungen. Gebräuchliche Potenzen: Urtinktur, D2.

Brauchtum und Kuriosa

Ein gewisser Anraud de Villeneuve, ein mittelalterlicher Gelehrter, erzählt von einem Mann, der einen Blasenstein hatte. Nachdem er 9 Tage lang dieses Kraut mit Eiern gegessen hatte, gab er eine ganze Handvoll Harngrieß von sich.

Habichtskraut *Hieracium pilosella L.*

FAMILIE: KREUZBLÜTLER

Geschichte

Im Altertum scheint dieses Kraut nicht bekannt gewesen zu sein. Erst zur Zeit Hildegards von Bingen wurde diese Pflanze erwähnt mit dem Hinweis, dass die Sehkraft verbessert werden kann, wenn mit dem frischen Saft Augenkompressen gemacht werden. Der Name Hieracium kommt von hierax, das heißt Habicht, Falke. Der Sage nach stärkt der Habicht mit dem Milchsaft des Habichtskrauts seine Sehkraft.

Herkunft und Vorkommen

Das auch in Südtirol stark verbreitete Habichtskraut ist in Europa und Kleinasien beheimatet. Es wächst auf trockenen, mageren Weiden, auf Waldlichtungen, steinigen Hängen und sogar auf Fels.

Verwendete Teile

Verwendet werden die getrockneten überirdischen Teile des Krautes, die während der Blütezeit gesammelt werden. Die Blüten, welche gelb bis orange sein können, ähneln jenen des Löwenzahnkrautes.

Wirkstoffe

Das Habichtskraut enthält Cumarine, Schleim- und Gerbstoffe und Flavonoide.

Anwendungsbereiche

Dieses Heilkraut wird mehr in der Volksheilkunde verwendet. Es wird gelegentlich als wassertreibendes Mittel und in Kräutertees gegen Grippe gebraucht.

Volkstümliche, wissenschaftlich nicht belegte Anwendung

In der Volksheilkunde wird das Habichtskraut seit Jahrhunderten bei Entzündungen der oberen Luftwege, Wechselfieber, Durchfall und Wurmbefall verwendet.
Äußerlich zur Wundbehandlung.

Zubereitung

2 Teelöffel fein geschnittenes Kraut mit 1 Tasse kochendem Wasser übergießen, nach ungefähr 10 Minuten abseihen und mehrmals täglich 1 Tasse davon trinken.

Brauchtum und Kuriosa

Nicht zur Nachahmung empfohlen ist die von Dioskurides beschriebene Anwendung: »Geläutert Habichkrautsafft mit Weibermilch temperiert / jedes gleich viel / Ist eine heilsame Artzeney wider die Entzündung der Augen / jederweilen ein paar Tröpfflein darein gethan / auch zarte leinine Tüchlein darinn genetzet und darüber gelegt / dienet auch wider die hitzige Flüß der Augen.«

Gegen Muskelschwund bindet man im Allgäu das Habichtskraut in einem Säckchen auf die erkrankte Stelle. Es muss aber eine ungerade Anzahl von Blättern enthalten, sonst wirkt es nicht.

Haferstroh *Avena sativa L.*

FAMILIE: SÜSSGRÄSER

Geschichte

Im alten Griechenland und in der klassischen Antike scheint der Hafer wenig bekannt gewesen zu sein. Bei den alten Germanen jedoch war der Hafer ein Hauptnahrungsmittel. Bis zum 16. Jahrhundert wurde Hafer zur Bierbereitung gebraucht. Auch heute noch ist der Hafer ein beliebtes und geschätztes Heil- und Nahrungsmittel.

Herkunft und Vorkommen

Der Hafer, eine einjährige Pflanze, wird angebaut und kommt in der Natur nur verwildert vor. Er dient als Nahrungsmittel und hauptsächlich als Pferdefutter. Er kommt in allen gemäßigten Zonen vor. Die Körner (Früchte) stehen nicht in Ähren wie bei anderen Getreidearten, sondern hängen in Rispen.

Verwendete Teile

Verwendet werden die Samen (Früchte) und das Stroh, welche von August bis September geerntet werden. Aus den kurz vor der Vollblüte geernteten und rasch getrockneten oberirdischen Pflanzenteilen wird das in der Volksheilkunde verwendete grüne Haferkraut gewonnen. Das Haferstroh besteht aus den getrockneten, gedroschenen Laubblättern und Stängeln des Hafers.

Wirkstoffe

Im Haferstroh sind Kieselsäure, Flavonoide und Triterpensaponine enthalten, in den Körnern Lipide, Stärke, Mineralien, Vitamine der B-Gruppe und Antioxidantien.

Anwendungsbereiche

Der Hafer hat als Nahrungsmittel eine große Bedeutung. Die Samen (Früchte) werden als Diäteticum und als stärkendes Nahrungsmittel verwendet. Der Haferschleim ist in Südtirol und allgemein in der Alpenregion sehr bekannt und geschätzt und wird bei Magenverstimmung, Durchfällen und grundsätzlich als Schonkost verwendet.
Das Haferstroh wirkt gegen Entzündungen und Schwellungen. Deshalb findet es Anwendung bei juckenden Hautentzündungen, bei nässenden Hauterkrankungen und als zusätzliches Mittel bei Neurodermitis. Es gibt im Handel mehrere Produkte mit Hafer als Wirkstoff, die bei krankhaften Veränderungen der Haut angewendet werden.

Volkstümliche, wissenschaftlich nicht belegte Anwendung

In der Volksheilkunde werden als grüner Hafer auch die kurz vor der Blüte geernteten oberirdischen Pflanzenteile und das Haferstroh verwendet. Mit dem Haferstroh werden Haferstrohbäder gemacht, die bei Gicht, Rheuma und Hautleiden ange-

wendet werden. Die beliebte Haferschleimsuppe wird bei vielen Unpässlichkeiten wie Magenverstimmung, Durchfall und als diätetisches Aufbaumittel bei Genesung nach schwächenden Erkrankungen verwendet. Teezubereitungen sollen bei nervöser Erschöpfung und Schlaflosigkeit, bei Rheuma und Gicht und bei Stein- und Nierenleiden helfen. Die Wirksamkeit ist jedoch nicht belegt.

Zubereitung

1 Esslöffel grüner Hafer wird mit 250 ml kochendem Wasser übergossen. Nach dem Abkühlen auf Zimmertemperatur seiht man ab. Mehrmals täglich oder kurz vor dem Schlafengehen 1 Tasse Tee, nicht oder nur schwach gesüßt, trinken.
Als Vollbad:
Man kocht 100 g zerkleinertes Haferstroh mit 3 Liter Wasser 20 Minuten lang, seiht ab und setzt die Abkochung einem Vollbad zu.

Vorsichtsmaßnahmen

Hafer enthält wie die meisten Getreidearten Gluten und ist deshalb als Nahrungsmittel für Personen, welche an Zöliakie leiden, nicht geeignet. Glutenfrei sind Kartoffeln, Reis und Mais.

Homöopathie

Avena sativa wird eingesetzt bei nervösen Erschöpfungszuständen als Folge schwerer Erkrankungen und bei Schlaflosigkeit. Als Raucherentwöhnung. Gebräuchliche Potenzen: Urtinktur, D1, D2, D3, D4.

Brauchtum und Kuriosa

Plinius berichtet, dass die Germanen den Hafer säten und keinen anderen als Haferbrei äßen, und dass Hafermehl mit Essig gegen Muttermale örtlich verwendet wurde.

Hamamelisblätter/-rinde *Hamamelis virginiana L.*

FAMILIE: HAMAMELISGEWÄCHSE

Geschichte

Die virginische Zaubernuss, wie sie ebenfalls genannt wird, ist eine Pflanze Nordamerikas und war deshalb im Altertum sowie im Mittelalter unbekannt. Es handelt sich dabei um einen Strauch, der wegen seiner bizarren Blüten, die schon am Ende des Winters und im zeitigen Frühjahr zum Vorschein kommen, in unseren Gärten gerne angepflanzt wird.

Herkunft und Vorkommen

Der Strauch mit seinen haselnussähnlichen Blättern kommt als Unterholz in den Laubmischwäldern im östlichen Nordamerika häufig vor.

Verwendete Teile

Es werden die im Herbst gesammelten, möglichst schnell getrockneten Blätter sowie die getrocknete Rinde der Stämme und der Zweige verwendet.

Wirkstoffe

Gerbstoffe (Hamamelistannine), Flavonoide, Kaffeesäurederivate, ätherisches Öl.

Anwendungsbereiche

Die Wirkstoffe des Hamamelisstrauches wirken astringierend, entzündungshemmend, lokal blutstillend und, da eine leichte Oberflächenanästhesie bewirkt wird, auch juckreizstillend und wundheilungsfördernd. Aus diesem Grunde wird Hamamelis bei leichten Hautverletzungen, bei ekzematösen Hauterkrankungen wie Neurodermitis, Windeldermatitis, bei Ekzemen im Intimbereich, aber auch zur Dammschnittpflege verwendet. Bei Venenerkrankungen wird die Blutzirkulation wesentlich verbessert. Der Hamamelis-Extrakt ist Wirkstoff vieler verschiedener Heil- und Pflegecremes.

Dosierung

Man verwendet das Wasserdampfdestillat, das so genannte Hamameliswasser, unverdünnt oder 1 : 3 verdünnt zu Umschlägen. Der Flüssigextrakt wird mit einem Anteil von 5–10 % in Cremes eingearbeitet. Man bereitet Abkochungen zu Umschlägen und Spülungen, wobei man 5–10 g des Heilkrautes in ca. 250 ml Wasser verwendet.
Für Bäder werden 20 g der Droge in 250 ml Wasser aufgekocht, 15 Minuten ziehen gelassen und nach dem Abseihen dem Bad zugegeben.

Bewährte und bekannte Teemischung

Als Sitzbad zur Dammpflege:
- 50 g Eichenrinde
- 30 g Hamamelisstrauchrinde
- 10 g Ringelblumen ohne Kelchblätter
- 10 g Stiefmütterchenkraut

Zubereitung: 2 Esslöffel der Teemischung mit 1/2 Liter Wasser langsam 15 Minuten kochen, abseihen und dem Sitzbad hinzufügen. 2 × täglich.

Homöopathie

Hamamelis wird eingesetzt bei Venenproblemen, Wunden, Verbrennungen und Hämorrhoiden. Gebräuchliche Potenzen: D2, D3, D4, D6.

Brauchtum und Kuriosa

Die Eingeborenen Nordamerikas verwendeten die Abkochung der Rinde und der Blätter gegen viele Krankheiten. Die Zweige wurden als Wünschelruten zum Auffinden verborgener Schätze und von Wasser benützt.

Hauhechelwurzel *Ononis spinosa L.*

FAMILIE: SCHMETTERLINGSBLÜTLER

Geschichte

Die Hauhechel war ein schon im Altertum bekanntes Heilkraut. Dioskurides beschrieb sie schon als harntreibende Pflanze und auch Plinius erwähnt sie, wenn auch nur als Nahrungsmittel. Im Mittelalter kennt man eine Zubereitung von Hauhechel gegen Zahnschmerzen, mit Honig gegen Blasensteine und auch gegen geschwollene Beine. Junge Triebe wurden als Salat gegessen, um »stinkenden Atem zu vertreiben«.

Herkunft und Vorkommen

Die Hauhechel ist ein dorniger Halbstrauch, der in Europa, Nordafrika und Westasien auf Trockenrasen, neben Wegrainen und bei Schafweiden wächst.

Verwendete Teile

Die von März bis April oder von September bis Oktober gesammelten, getrockneten Wurzeln und Wurzelstöcke.

Wirkstoffe

Die Droge enthält Isoflavonoide wie Ononin, Flavonoide und geringe Mengen ätherisches Öl.

Anwendungsbereiche

Die Droge wirkt diuretisch, harntreibend, und als solche wirkt Hauhechel bei Erkrankungen der ableitenden Harnwege, hauptsächlich bei Entzündungen, welche auf Bakterien zurückzuführen sind. Als Durchspülung zur Vorbeugung und Behandlung von Nierengrieß.

Dosierung

1 Teelöffel geschnittene Wurzel mit ca. 150 ml kochendem Wasser überbrühen, 10–20 Minuten zugedeckt ziehen lassen, abseihen und davon mehrmals am Tag 1 Tasse trinken.

Vorsichtsmaßnahmen

Bei Schwellungen, die durch eine Einschränkung der Herztätigkeit oder durch schlechtes Funktionieren der Nieren entstehen, sollte dieses Heilkraut nicht angewendet werden. Bei einer Durchspülungstherapie, die mit der Hauhechelwurzel durchgeführt werden kann, sollte man immer an eine ausreichende Flüssigkeitszufuhr denken. Wenigstens 2 Liter am Tag sollte man trinken.

Bewährte und bekannte Teemischung

Als Nieren- und Blasentee:
25 g Liebstöckelwurzel
25 g Bärentraubenblätter
25 g Hauhechelwurzel
25 g Schachtelhalmkraut
Zubereitung: 1 Esslöffel Teemischung mit ca. 150 ml kochendem Wasser übergießen, 10 Minuten ziehen lassen, abseihen und mehrmals am Tag davon 1 Tasse trinken.

Brauchtum und Kuriosa

Jacobus Theodorus »Tabernaemontanus« glaubte in seinem Kräuterbuch, anno 1625, zu wissen, dass es Kräuter gebe, die den Aufbau des Silbers begünstigen, wie er sagte: »unedle Erze in Silber verwandeln könnten«. Diese Kräuter nannte er Mondkräuter oder Lunaria. Zu ihnen gehörten die Hauhechel, der Hufeisenklee und der kleine Vogelfuß.

Heckenrose, Hundsrose, Hagebutte *Rosa canina L.*

FAMILIE: ROSENGEWÄCHSE

Geschichte

Die Rose mit ihrer Vielfalt und Pracht symbolisiert die Schönheit, Anmut, Vollkommenheit, Lebensfreude, die göttliche sowie die irdische Liebe, aber auch das Blut, den Tod und die Vergänglichkeit. Sie ist Sinnbild für die ewige Weisheit und das Geheimnis. Schon die Ärzte des klassischen Altertums hatten die Heckenrose, auch Hagebutte genannt, in den Arzneischatz aufgenommen. Auch in den Pfahlbauten primitiver Völker wurden die Früchte der Heckenrose gefunden. In Südtirol wird die Hagebutte, welche sich einer großen Beliebtheit erfreut, auch »Hetschepetsch« genannt.

Herkunft und Vorkommen

Dieser bekannte, ein bis mehrere Meter hohe Strauch ist in Eurasien und Nordafrika beheimatet. In Südtirol wächst er überall an Waldrändern, in Hecken und auf mageren Weiden bis ungefähr 1300 Meter Höhe. Der Strauch hat unterirdisch kriechende Achsen und ist deshalb gegen Beweidung und Feuer sehr widerstandsfähig.

Verwendete Teile

Verwendet wird die getrocknete rote Scheinfrucht, welche die kleinen Nussfrüchte enthält, die innen von dem behaarten Kelchbecher umschlossen werden.

Wirkstoffe

Pektine, Gerbstoffe und hauptsächlich Vitamin C. Der Gehalt an Vitamin C hängt vom Standort, dem Klima, der Erntezeit und einer sachgemäßen Trocknung ab. Zu Beginn der Vollreife ist der Vitamin-C-Gehalt am höchsten und nimmt mit der Zeit ab.

Anwendungsbereiche

Durch den Vitamin-C-Gehalt wird der Hagebuttentee oft bei fiebrigen, grippalen Erkrankungen angewendet. Sie wird aber auch wegen ihrer vorbeugenden Wirkung gegen Erkältungskrankheiten geschätzt. Der säuerliche Geschmack wirkt durstlöschend. Durch den Pektingehalt hat die Hagebutte eine leichte abführende Wirkung sowie einen leichten wassertreibenden Effekt. Frische Hagebutten werden oft zu Marmelade verarbeitet.

Dosierung

Hagebutten, allein oder in Teemischungen. 1 Teelöffel der Heilpflanze wird mit 1 Tasse kochendem Wasser überbrüht, 10 Minuten ziehen gelassen und mehrmals am Tag warm getrunken.

Bewährte und bekannte Teemischung

Als Haustee beliebt ist folgende Zusammensetzung:

25 g Himbeerblätter
25 g Brombeerblätter
25 g Hagebutten
10 g Hibiskusblüten
10 g Ringelblumenblüten
5 g Bitterorangenschalen

Zubereitung: 1 Esslöffel Teemischung mit ca. 150 ml kochendem Wasser übergießen, 10 Minuten ziehen lassen, abseihen und mehrmals am Tag davon 1 Tasse trinken.

Bemerkungen

In der Bachblütentherapie wird die Heckenrose energielosen und apathischen Menschen empfohlen, die klaglos ihr Schicksal ertragen. Die Heckenrose soll Vitalität, Lebensenergie und Freude am Leben wiederherstellen.

Brauchtum und Kuriosa

In den Apotheken bewahrte man Blütenblätter in eingezuckerter oder eingesalzener Form auf und machte daraus nach Bedarf alle möglichen Zubereitungen, wie Rosenwasser, Rosensaft, Rosenzucker oder Rosencreme.

Heidelbeerfrüchte/-blätter, Schwarzbeere *Vaccinium myrtillus L.*

FAMILIE: HEIDEKRAUTGEWÄCHSE

Geschichte

Die Heidelbeere, Blau- oder Schwarzbeere stellt in der heutigen Heilkunde eine überaus bekannte und beliebte Heilpflanze dar, wird in der Antike aber nicht erwähnt. Erst im 12. Jahrhundert wird die Heidelbeere von der hl. Hildegard von Bingen beschrieben, ansonsten berichten die mittelalterlichen Schriften nur sehr wenig über sie.

Herkunft und Vorkommen

Wälder, Heiden, Torfmoore, Berghänge. In höher gelegenen Gebieten und hauptsächlich auf unseren Almen wächst eine Verwandte der Heidelbeere, die Rauschbeere, *Vaccinium uliginosum,* welche etwas fader schmeckt und deren Heilkraft, wenn vorhanden, nicht erforscht ist.

Verwendete Teile

Es werden die getrockneten Laubblätter verwendet, welche von Juni bis August gesammelt werden. Die reifen Früchte werden ebenfalls gesammelt und bei künstlicher Wärme getrocknet.

Wirkstoffe

Die wichtigsten Inhaltsstoffe der Heidelbeere sind hauptsächlich Gerbstoffe sowie Mineralstoffe, Fruchtsäuren und Vitamine. Verwendung findet auch der blaue Farbstoff, der ähnlich wie die Rote Beete das Bakterienwachstum hemmen soll.

Anwendungsbereiche

Die getrockneten Früchte wirken aufgrund des Gerbstoffgehaltes zusammenziehend und sind dadurch ein mildes und leicht verträgliches Mittel gegen Durchfall. Die frischen Früchte können für diese Anwendung nicht verwendet werden, denn aufgrund ihres Gehaltes an Fruchtsäuren und des Saftes wirken sie verdauungsanregend.

Die Heidelbeerblätter wirken bei äußerlicher Anwendung ebenfalls als Adstringens, darüber hinaus sind sie in der Volksmedizin Bestandteil so genannter Diabetikertees, obwohl diesbezüglich weder über die Droge noch über die Inhaltsstoffe gesicherte Untersuchungsergebnisse vorliegen.

Dosierung

Mehrmals täglich 5–10 g der getrockneten Beeren kauen.
1 Esslöffel getrocknete Früchte in ca. 250 ml kaltem Wasser ansetzen, dann 10 Minuten auf kleiner Flamme kochen, heiß abseihen und täglich mehrmals davon 1 Tasse trinken.

Diese Art der Zubereitung, davon aber 2 Esslöffel auf 1/2 Liter Wasser und 30 Minuten auf kleiner Flamme kochen, ist als Gurgelmittel oder zu Spülungen gut geeignet.

Bemerkungen

Wie immer bei dieser Art von Erkrankungen, sollte bei Durchfällen, welche länger als 3–4 Tage andauern, unbedingt ein Arzt aufgesucht werden, um ausschließen zu können, dass es sich dabei um eine schwerwiegendere Erkrankung handeln könnte.

Bewährte Anwendung

Wenn man 100 ml der oben genannten verstärkten Abkochung 10 ml Tormentilltinktur hinzufügt, erhält man eine gut wirksame Mundspülung, welche bei allerlei Beschwerden des Mund- und Rachenraumes angewendet werden kann.

Bewährte und bekannte Teemischung

Bei der Zuckerkrankheit, dem Diabetes mellitus, handelt es sich um eine schwerwiegende Erkrankung, welche einer eingehenden Untersuchung, diätetischer Maßnahmen, einer gewissenhaften täglichen Kontrolle sowie ärztlicher Behandlung bedarf. Trotzdem wird beim Altersdiabetes in der Volksheilkunde folgender Tee, zusätzlich zu den verschriebenen Medikamenten, gerne genommen:

25 g Heidelbeerblätter
25 g Bohnenhülsen
25 g Geißrautenkraut
25 g Pfefferminzblätter

Zubereitung: 2 Esslöffel der Teemischung mit 1/2 Liter kochendem Wasser überbrühen, 20 Minuten ziehen lassen, abseihen und tagsüber 3–4 × 1 Tasse ungesüßt trinken.

Brauchtum und Kuriosa

In einigen Gebieten Böhmens ging der Volksglaube um, dass eine schwangere Frau keine Heidelbeeren pflücken solle, da sonst das Kind schwarze Muttermale bekommt.

Herzgespannkraut *Leonurus cardiaca L.*

FAMILIE: LIPPENBLÜTLER

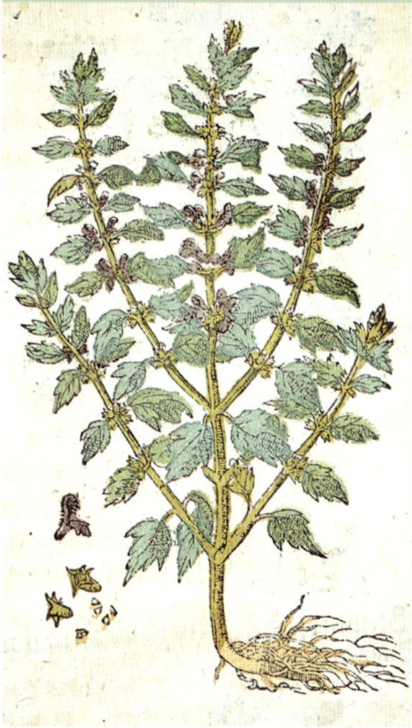

Geschichte

Der deutsche Name Herzgespann bezieht sich auf die früher übliche Bezeichnung für Magenkrampf, gegen den die Pflanze angewendet wurde. Der lateinische Name leonurus, italienisch coda di leone, bezieht sich auf das einem Löwenschweif ähnelnde Aussehen der Scheinähren. Im »Hortus sanitatis«, dem ersten in deutscher Sprache erschienenen Kräuterbuch aus dem Jahre 1485, wird dieses Heilkraut als Mittel gegen Magendrücken, Herzkrämpfe und Engbrüstigkeit empfohlen.

Herkunft und Vorkommen

Das Herzgespann stammt eigentlich aus Mittel- und Ostasien, hat sich aber in fast allen Ländern Europas eingebürgert. Es wächst auf Schutthalden, bei Zäunen, in Hecken, in Weinbergen und auf kargen Böden.

Verwendete Teile

Gesammelt werden im Juli während der Blütezeit die oberirdischen Teile.

Wirkstoffe

Die Droge enthält Alkaloide, Bitterstoffglykoside und herzwirksame Glykoside.

Anwendungsbereiche

Die Droge wirkt schwach blutdrucksenkend und leicht beruhigend und wird deshalb bei nervösen Herzbeschwerden angewendet. Heutzutage wird dieses Heilkraut nicht mehr alleine angewendet, sondern fast immer in Kombination mit anderen herzwirksamen Heilkräutern.

Dosierung

Soweit nicht anders verordnet: Als Teezubereitung 1 Teelöffel fein geschnittene Droge mit 1 Tasse kochendem Wasser übergießen, 5 Minuten ziehen lassen, abseihen und davon 2 × täglich 1 Tasse trinken.

Bewährte und bekannte Teemischung

Bei nervösen Herzbeschwerden:
- 35 g Herzgespann
- 35 g Weißdorn
- 20 g Mate
- 10 g Rosmarinblätter

Zubereitung: 2 Teelöffel dieser Mischung mit 1 Tasse kochendem Wasser übergießen, 5 Minuten ziehen lassen, abseihen und davon 2 × täglich 1 Tasse trinken.

Brauchtum und Kuriosa

Nicholas Culpeper, ein bedeutender englischer Gelehrter, meint im 17. Jahrhundert: »Es gibt kein besseres Kraut, wenn es gilt, die Schleier der Melancholie vom Herzen zu heben, es zu stärken und das Gemüt fröhlich und munter zu stimmen.«

Himbeerblätter *Rubus idaeus L.*

FAMILIE: ROSENGEWÄCHSE

Geschichte

Die Himbeere wurde wahrscheinlich schon seit der Jungsteinzeit von Menschen gesammelt. Sie war im Altertum als Heilpflanze bekannt und wurde in den Schriften der römischen Gelehrten erwähnt. Im Mittelalter wurden die Himbeersträucher wegen der Früchte und der Blätter in den Klostergärten kultiviert. Die Himbeere ist auch in unseren Zeiten eine bekannte, beliebte und viel verwendete Pflanze.

Herkunft und Vorkommen

Die Himbeere ist in Europa heimisch und kommt in Wäldern, Kahlschlägen und Trockengebieten vor. Sie wird der Früchte wegen angebaut.

Verwendete Teile

Verwendet werden die getrockneten, im Frühjahr oder Sommer gesammelten Blätter. Die Früchte werden frisch als Obst, als Säfte und Marmeladen verwendet.

Wirkstoffe

Ähnlich wie die Brombeere enthält die Himbeere Gerbstoff als wichtigsten Inhaltsstoff, außerdem Vitamin C und Flavonoide. Die Früchte enthalten neben gesunden Fruchtsäuren Vitamine und eine Menge Mineralstoffe.

Anwendungsbereiche

Die Blätter finden zusammen mit anderen ähnlich wirkenden Heilkräutern Anwendung bei Durchfall oder als Gurgelmittel bei Halsschmerzen. Sie sind Bestandteil vieler »Blutreinigungstees«, Haus- und Frühstückstee-Mischungen. Die Früchte werden roh gegessen oder zur Bereitung von Himbeersaft verwendet, welcher verdünnt nicht nur als Genussmittel, sondern auch als Fiebergetränk Verwendung findet.

Volkstümliche, wissenschaftlich nicht belegte Anwendung

In der Volksheilkunde werden die Himbeerblätter ebenfalls bei Durchfall, bei chronischen Hauterkrankungen und bei Geschwüren verwendet. Da die Blätter entspannend auf die Muskulatur des Uterus und die Eingeweide wirken, werden sie auch bei Regelbeschwerden, zur Geburtserleichterung und als zusammenziehendes Gurgelmittel eingesetzt.

Zubereitung

Als Teeaufguss: 1 Teelöffel mit 150 ml kochendem Wasser überbrühen, ca. 10 Minuten ziehen lassen, abseihen und mehrmals täglich 1 Tasse zwischen den Mahlzeiten trinken.

Bemerkungen

Unter »Blutreinigung« verstanden die alten Ärzte die Anwendung von Heilpflanzen oder Gemischen von Kräutern, die auf die Tätigkeiten der inneren Organe wie Darm, Niere, Haut und Leber belebend wirken und deren Ausscheidungen anregen. Eine Pflanze, die diesen Anforderungen gerecht wurde, war ein echtes »Blutreinigungsmittel«.

Bewährte und bekannte Teemischung

Zur Geburtserleichterung:
25 g Frauenmantelkraut
25 g Melissenblätter
25 g Himbeerblätter
12,5 g Dillfrüchte
12,5 g Fenchelfrüchte

Zubereitung: 1 gehäufter Teelöffel der Kräutermischung wird mit 1 Tasse kochendem Wasser überbrüht, bedeckt 10–15 Minuten ziehen gelassen und abgeseiht; mehrmals täglich 1 Tasse des frisch zubereiteten Tees trinken.

Brauchtum und Kuriosa

Es wird überliefert, dass der Name Himbeere »Him«, abgewandelt von »Hinde«, der Hirschkuh, hergeleitet wird, denn die Beere wächst dort, wo die Hinde sich aufhält – und das sind lichte Wälder und Waldränder.

Hirtentäschelkraut *Capsella bursa-pastoris L.*

FAMILIE: KREUZBLÜTLER

Geschichte

Dieses Heilkraut war schon im Altertum bekannt, aber nicht sehr verbreitet. Erst im Mittelalter wurde das Hirtentäschelkraut wegen seiner blutstillenden Wirkung sehr geschätzt. Danach geriet diese Heilpflanze wieder in Vergessenheit, doch während des Ersten Weltkrieges, als dessen blutstillenden Eigenschaften gefragt waren, wurde sie wieder verwendet.

Herkunft und Vorkommen

Das Hirtentäschel findet man überall auf Wiesen, Feldern, in Gärten und an Wegen, es bleibt immer an die Nähe des Menschen gebunden. Die Pflanze blüht und fruchtet das ganze Jahr hindurch.

Verwendete Teile

Gesammelt wird das ganze blühende Kraut ohne Wurzeln vom Hochsommer bis zum Herbst.

Wirkstoffe

Flavonoide, Phenylcarbonsäuren, biogene Amine.

Anwendungsbereiche

Innere Anwendung: symptomatische Behandlung bei länger anhaltenden Monatsblutungen, zur lokalen Anwendung bei Nasenbluten.
Äußere Anwendung: Die Droge wirkt blutstillend bei oberflächlich blutenden Hautverletzungen.

Volkstümliche, wissenschaftlich nicht belegte Anwendung

Früher galt das Hirtentäschel in der gesamten europäischen Volksmedizin als Mutterkornersatz bei Gebärmutterblutungen, doch ist diese Wirkung unzuverlässig und es wird deshalb nicht mehr verwendet.

Dosierung

Der Teeaufguss, aber auch die Tinktur müssen stets frisch zubereitet werden, da die heilenden Wirkstoffe durch längeres Stehen in unwirksame Substanzen verwandelt werden.
Für Umschläge überbrüht man 1 Esslöffel geschnittenes Heilkraut mit 150 ml siedendem Wasser, lasst 15 Minuten ziehen und macht damit mehrmals am Tag, nach Abkühlung, feuchtwarme Umschläge.

Brauchtum und Kuriosa

Ein seltsames, irgendwo in Tirol früher gebräuchliches Mittel gegen Fieber: Hirtentäschelkraut auf die Pulsadern binden, Spinnweben auf ein Butterbrot legen und essen.

Holunderblüten/-beeren *Sambucus nigra L.*

FAMILIE: GEISSBLATTGEWÄCHSE

Geschichte

Der Holunder ist eine allgemein verbreitete Heilpflanze, die, seit es Aufzeichnungen gibt, immer wieder erwähnt wird. Das schon seit dem 5. Jahrhundert v. Chr. Im Altertum wurde seine abführende und wassertreibende Wirkung geschätzt. Im Mittelalter wurde der Holunder ausführlich behandelt und beschrieben. An der Anwendungsart der Alten hat sich in der Volksheilkunde bis in unsere Zeit nichts geändert.

Herkunft und Vorkommen

Der Holunder ist ein in Europa und somit in Südtirol weit verbreiteter Busch oder kleiner Baum, der auf fruchtbarem, etwas feuchtem Boden in ländlichen Gegenden und in Nähe von Häusern und Schuppen bestens gedeiht. Er hat von Mai bis Juni große, doldenartige Blüten mit charakteristischem Geruch und entwickelt im Herbst schwarzviolette Beeren.

Verwendete Teile

Verwendet werden die getrockneten Blüten sowie der Saft oder die Sülze der Beeren.

Wirkstoffe

Der Holunder ist reich an Flavonoiden, Isoquercitrin und Rutin, Anthocyane, Poliphenole, Koffeinsäuren, Vitamine, Mineralien wie Kalium und Kalzium.

Anwendungsbereiche

Die Blüten wirken schweißtreibend und als Tee eingenommen steigern sie die Bronchialsekretion. Die Blüten verwendet man alleine oder mit Lindenblüten bei Erkältungskrankheiten, bei fiebrigen Infekten und allgemein bei Grippe und anderen im Winter auftretenden Unpässlichkeiten. Aus den Beeren, welche reich an Flavonoiden sind, werden standardisierte Extrakte oder Tabletten hergestellt, die eine erhebliche Wirkung als Schutz des Kreislaufes und der Kapillargefäße haben und zur Verbesserung der Nachtsicht und als entzündungshemmendes Mittel eingesetzt werden.

Volkstümliche, wissenschaftlich nicht belegte Anwendung

Da der Holunderstrauch sehr bekannt und beliebt ist, sind seine im Volk verankerten Anwendungen sehr unterschiedlich. Immer schon wurde den Holunderbeeren eine heilende Wirkung zugesprochen, und zwar als frischer Saft bei Schmerzen, z. B. Trigeminusneuralgien, bei Gicht an den Füßen und bei Erkältungskrankheiten zur Anregung der Transpiration. Die abgekochten Beeren wurden zur Vermehrung der Harnausscheidung bei Wassersucht angewendet.
Der Blütentee als Gurgelwasser bei Entzündung des Hals- und Rachenbereiches, bei Husten, Schnupfen und Kehlkopfentzündung. Äußerlich finden die Blüten Anwendung als Kräuterkissen bei Entzündungen und Schwellungen.

Dosierung

Für den Holundertee sollte man 2 Teelöffel getrocknete oder frische Blüten mit 1 Tasse kochendem Wasser übergießen und 10 Minuten ziehen lassen. 3 × täglich trinken. Um einen Saft selbst zu machen, muss man frische Beeren 2–3 Minuten in Wasser kochen und anschließend auspressen.

Bemerkungen

Früher verwendete man auch die Rinde, Blätter und Wurzeln gegen eine ganze Reihe von Krankheiten, z. B. Rheuma, oder zur Anregung des Milchflusses, doch inzwischen ist man davon abgekommen, da diese Teile des Holunders zu Brechdurchfall, Erbrechen und krankhafter Vermehrung der Harnausscheidung führen können. In höheren Lagen wächst der Rote Holunder oder Bergholunder, *Sambucus racemosa*, so benannt nach der Farbe seiner Beeren, welche als giftig gelten. Sie rufen Erbrechen und Durchfall hervor.

Bewährte und bekannte Teemischung

Bei Atemwegserkrankungen sowie Grippe und Erkältungskrankheiten:

25 g Holunderblüten
25 g Lindenblüten
25 g Thymiankraut
25 g Malvenblätter

Zubereitung: 1–2 Teelöffel dieser Teemischung mit 1 Tasse heißem Wasser aufgießen, 10 Minuten ziehen lassen, abseihen und mehrmals am Tag heiß trinken.

Zusätzliche Maßnahmen bei Erkältungskrankheiten im Allgemeinen:

- Bettruhe (gleichmäßige Temperatur), wenn möglich viel schlafen, Zimmer immer wieder lüften.
- Schwitzkur mit Lindenblüten- und Holunderblütentee.
- Verdampfung im Raum von ätherischen Ölen.
- Viel trinken, mindestens 2 Liter täglich (heißen Tee, Limonaden, heiße Fruchtsäfte).
- Bei Fieber Wadenwickel.
- Auf warme Füße achten, wenn notwendig, Fußbäder mit ansteigender Temperatur.
- Leichte Kost.

Homöopathie

Sambucus nigra wird eingesetzt bei Entzündungen der Atemwege, stockendem Schnupfen und zu viel Schweißabsonderung. Gebräuchliche Potenzen: D2, D3, D4.

Brauchtum und Kuriosa

Maulwürfe sollen vertrieben werden, wenn man Blätter in die unterirdischen Gänge steckt.

Hopfenzapfen *Humulus lupulus L.*

FAMILIE: HANFGEWÄCHSE

Geschichte

Obwohl der Hopfen seit dem Altertum bekannt war, wurde er weder medizinisch noch bei der Bierherstellung verwendet. Erst das Mittelalter entdeckt den Hopfen als harntreibendes, blutreinigendes und menstruationsförderndes Mittel.
Von dieser Zeit an wird der Hopfen hoch geschätzt und findet sich in vielen Rezepten wieder. Er ist ein unverzichtbarer Bestandteil bei der Bierherstellung.

Herkunft und Vorkommen

Der Hopfen ist ein 3–7 Meter langes Schlinggewächs mit starker, weit verzweigter Wurzel. Der Hopfen wächst an feuchten Standorten. Man findet ihn an Hecken und Zäunen, Waldrändern und in Auwäldern. Die Wirkstoffe dienen als aromatisierender und konservierender Zusatz zum Bier. In Gegenden, wo Bier gebraut wird, wie in Bayern, wird Hopfen großflächig angebaut und prägt ganze Landschaften.

Verwendete Teile

Verwendete werden die weiblichen Fruchtstände, die bei Reifebeginn Ende August bis September gesammelt und, wenn sie noch nicht braun sind, bei 40–50 Grad getrocknet werden. Dabei entfalten sich die Blütenstände, und die Hopfendrüsen *(glandulae lupuli)*, welche das gelbe, klebrige Hopfenmehl ergeben, fallen heraus. Die Droge riecht aromatisch und schmeckt würzig, schwach bitter.

Wirkstoffe

Hopfenfrüchte enthalten 15–30 % Harz und etwa 0,14 % ätherisches Öl, die Drüsen etwa 80 % Harz und 1–3 % ätherisches Öl. Hauptbestandteil der Harzfraktion sind mit 50 % die instabilen Bitterstoffe Humulon, Lupulon und die daraus entstehenden Bittersäuren, außerdem sind Flavonoide und Xanthohumol enthalten.

Anwendungsbereiche

Hopfen wirkt schlaffördernd, beruhigend, antibakteriell, durch seine Bitterstoffe appetitanregend und die Speichelsekretion fördernd. Deshalb wird Hopfen bei Unruhe und Angstzuständen sowie bei Schlafstörungen angewendet. Hopfen verwendet man ebenso bei Appetitlosigkeit, bei Verdauungsstörungen und bei Reizblase.

Volkstümliche, wissenschaftlich nicht belegte Anwendung

Als menstruationsförderndes Heilkraut soll der Hopfen Stoffe enthalten, die den körpereigenen Östrogenen des Menschen ähnlich sind, jedoch viel schwächer wirken.
Die Droge wird auch in der Volksheilkunde als mildes Ein-

schlaf- und Beruhigungsmittel und bei nervösen Magenbeschwerden angewendet.
Auch bei *enuresis nocturna,* dem Bettnässen bei Kindern, wird der Hopfentee angewendet.
Ferner in Form von Aufgüssen äußerlich bei Wunden und Geschwüren, innerlich auch bei Blasen- und Harnröhrenschleimhautentzündungen.

Dosierung

Als Aufguss: 1 Teelöffel geschnittene Fruchtzapfen mit 1 Tasse kochendem Wasser überbrühen, abdecken und etwa 10 Minuten ziehen lassen, abseihen und mittags und abends 1 Tasse davon trinken.
Als beruhigendes Hopfenbad: Dazu übergießt man 100 g Hopfenzapfen mit 2 Litern heißem Wasser, lässt 30 Minuten ziehen, seiht ab und gibt das Ganze in das Badewasser.
Als Hopfenkissen: Man füllt ein kleines Kissen mit Zapfen und legt es neben das Kopfkissen.
Es wird bei unruhigem Schlaf von Säuglingen und Kleinkindern verwendet.

Bemerkungen

Frische Hopfenzapfen können Hautreizungen, die so genannte Hopfenpflückerkrankheit, hervorrufen, welche sich durch Blasenbildung auf der Haut bemerkbar macht.

Bewährte und bekannte Teemischung

Der Hopfentee schmeckt nicht sonderlich gut, deshalb wird er als solcher nicht so gerne getrunken. Am besten verwendet man den Hopfen zusammen mit anderen beruhigend wirkenden Heilkräutern.
Als Nerven- und Schlaftee:

- 25 g Hopfenzapfen
- 25 g Melissenblätter
- 25 g Lavendelblüten
- 25 g Passionsblumenkraut

Zubereitung: 1 Teelöffel der Kräutermischung mit 1 Tasse kochendem Wasser überbrühen, 5–10 Minuten zugedeckt ziehen lassen, abseihen und davon mehrmals am Tag, aber hauptsächlich am Abend trinken.

Brauchtum und Kuriosa

Der Hopfen soll durch seine hormon ähnliche Komponente beim Mann sexuell dämpfend wirken, was erklären konnte, warum bei Männern, die viel und gerne Bier trinken, im Bett oft nicht mehr viel läuft.

Huflattichblätter/-blüten *Tussilago farfara L.*

FAMILIE: KORBBLÜTLER

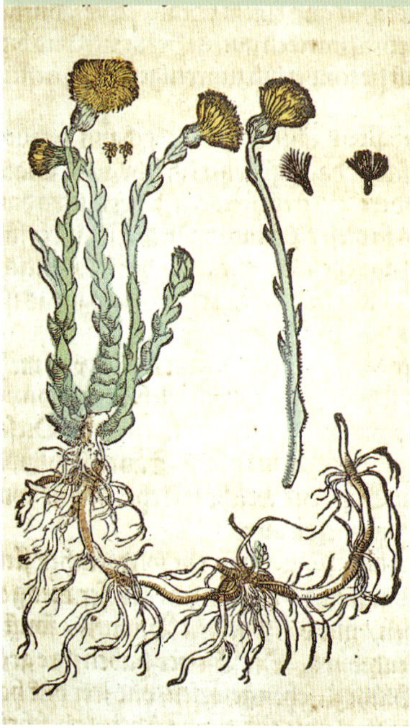

Geschichte

Wie schon der Name Tussilago verrät, ist der Huflattich einer der ältesten und bekanntesten Hustenmittel, und das schon seit dem Altertum. Auch im Mittelalter wird immer wieder auf die Heilkraft dieses Krautes hingewiesen, es wurde gelobt und gepriesen und wegen seiner guten Wirksamkeit viel angewendet.

Herkunft und Vorkommen

Die im ersten Frühjahr gelb blühende Pflanze wächst an steinigen Wegrändern, an Böschungen, in steinigen Bachbetten, auf Äckern und Schuttplätzen. Sie liebt feuchten, tonhaltigen Boden.

Verwendete Teile

Die Blüten sammelt man von März bis April, wenn sie sich ganz geöffnet haben, und trocknet sie sorgfältig im Schatten. Die Blätter erntet man am besten von Mai bis Juni und schneidet sie klein, bevor man sie trocknet.

Wirkstoffe

Saure Schleimpolysacharide und Gerbstoffe, Kalium, Zink, Inulin, Flavonoide und weitere Inhaltsstoffe, unter anderem aber auch Pyrrolizidinalkaloide, welche leberschädigend sind und deshalb die Verwendung dieses an sich wertvollen Heilkrautes einschränken.

Anwendungsbereiche

Huflattich ist eine so genannte Schleimstoffdroge. Den Huflattichaufguss verwendet man zum Gurgeln gegen leichte Entzündungen der Mund- und Rachenschleimhaut. Huflattichsirup oder -tinktur empfehlen sich gegen Katarrhe der Luftwege mit Husten und Heiserkeit.

In den oberen Luftwegen befinden sich empfindliche Rezeptoren, welche auf mechanische Reize sowie auf Luftzug reagieren. Der Schleim des Huflattichs bildet eine schützende Schicht in diesem Bereich und kann somit den Hustenreiz lindern.

Volkstümliche, wissenschaftlich nicht belegte Anwendung

Äußerlich angewendet, frisch zerquetscht oder als Absud, werden Huflattichblätter als Wundkraut und gegen Entzündungen eingesetzt. In einigen Gebieten werden diese auch bei Kopf- und Ohrenschmerzen verwendet.

Dosierung

Für einen Aufguss 1–2 Teelöffel getrocknete Blüten und Blätter mit 1 Tasse kochendem Wasser übergießen. Huflattichtee sollte wegen des Inhalts von leberschädigenden Stoffen nicht als solcher, sondern in Beimischung mit anderen auf die oberen Luftwege wirksamen Kräutern verwendet werden.

Vorsichtsmaßnahmen

Huflattichtee sollte mit Vorsicht und nicht auf längere Zeit hin eingenommen werden, da er leberschädigende und krebsauslösende Substanzen, Pyrrolizidinalkaloide, enthalten kann. Man soll, wenn schon, den Huflattichtee nicht länger als 4–6 Wochen anwenden.
In der Schwangerschaft und in der Stillzeit soll Huflattichtee nicht verwendet werden.

Bemerkungen

Durch intensive Forschung und Auslese ist es gelungen, Huflattichblätter zu züchten, die frei von Pyrrolizidinalkaloiden sind. Sie werden zur Herstellung eines Frischpresssaftes verwendet, welcher bedenkenlos eingenommen werden kann.

Bewährte und bekannte Teemischung

Als Brusttee:
25 g Huflattich
25 g Spitzwegerich
25 g Wollblumen
25 g Fenchelfrüchte
Zubereitung: 1–2 Teelöffel dieser Mischung mit 1 Tasse kochendem Wasser überbrühen, 10 Minuten ziehen lassen, abseihen und davon mehrmals am Tag 1 Tasse, eventuell mit Honig gesüßt, trinken.

Brauchtum und Kuriosa

In der Vergangenheit wurden die Huflattichblatter In armen Gegenden als Tabakersatzmittel verwendet. Wenn man nichts anderes zur Hand hat, kann man Huflattichblätter mit der filzigen Unterseite zur Haut hin auflegen und so Blasen, die sich beim Wandern an den Füßen bilden, mit Erfolg bekämpfen.

Isländisch Moos *Cetraria islandica L.*

FAMILIE: FLECHTEN

Geschichte

Dieses Kraut ist in den nördlichsten Teilen Europas wie Norwegen und Island als Heil- und Nahrungsmittel bekannt. Das Isländisch Moos, das kein Moos, sondern eine Flechte ist, hat seinen Namen nicht etwa, weil es nur in Island vorkommt, sondern weil es die Isländer erstmals als Heilkraut verwendet haben.

Herkunft und Vorkommen

Beheimatet ist das Isländisch Moos in den arktischen Gebieten der nördlichen Hemisphäre.
Es wächst von der Niederung bis ins Hochgebirge in Nadelwäldern, auf Sand-, Heide- und Moorböden sowie an bemoosten Felsen und am Fuße alter Baumstämme. In Südtirol kommt das Isländisch Moos in höheren Lagen, in Hochgebirgswäldern und auf Almen vor.

Verwendete Teile

Gesammelt wird von April bis Oktober die gesamte Flechte.

Wirkstoffe

Das Heilkraut enthält ca. 50 % wasserlösliche Schleimstoffe, hauptsächlich Lichenin und Isolichenin, sowie bitter schmeckende Flechtensäuren.

Anwendungsbereiche

Die Droge wirkt reizlindernd bei Husten, beruhigend auf die Schleimhaut, schwach antibakteriell, appetitanregend und ist leicht entzündungshemmend. Deshalb verwendet man sie bei Schleimhautreizungen im Mund- und Rachenraum, bei trockenem Reizhusten. Ein anderes Anwendungsgebiet ist Appetitlosigkeit sowie Mangel an Magensäure.

Volkstümliche, wissenschaftlich nicht belegte Anwendung

Äußerlich wurde das Isländisch Moos bei schlecht heilenden Wunden und in der Volksheilkunde früher auch bei Lungentuberkulose eingesetzt.

Zubereitung

Empfohlene Tagesdosis sind 4–6 g der Droge in Form von Kaltwasserauszug oder Teeaufguss sowie anderen pharmazeutischen Zubereitungen wie Pastillen zum Einnehmen.
Das Isländisch Moos ist ein Heilkraut, das sowohl bitter als auch schleimig ist. Der Schleim wird verdaut und kann als Nahrungsmittel dienen. Wegen des Schleimes wendet man die Droge bei Katarrhen der oberen Luftwege an, wegen des Bitterstoffes bei

Magenerkrankungen. Will man den Bitterstoff entfernen und nur die hustenwirksamen Teile des Heilkrautes verwenden, schüttet man das erste Kochwasser, in welchem diese gelöst sind, weg und bereitet noch einmal einen Teeaufguss zu. Will man nur den Bitterstoff, also bei Magen- und Verdauungsbeschwerden, bereitet man einen Kaltwasserauszug, in welchem die Bitterstoffe gelöst sind, und verwendet nach leichter Erwärmung nur diesen. Die Schleimstoffe werden so nicht gelöst.

Vorsichtsmaßnahmen

Leider speichern Flechten stark die Radioaktivität, deshalb sollten die Pflanzen, die in den Handel kommen, spätestens seit Tschernobyl unbedingt auf Verstrahlung geprüft worden sein.

Bewährte und bekannte Teemischungen

Bei Appetitlosigkeit:
25 g Isländisch Moos
25 g Pomeranzenschalen
25 g Fenchelfrüchte
25 g Kamillenblüten
Zubereitung: 1–2 Teelöffel der Mischung mit 1 Tasse kaltem Wasser ansetzen, kurz aufkochen, abseihen und davon mehrmals 1 Tasse vor oder zwischen den Mahlzeiten trinken.

Bei Husten im Allgemeinen:
10 g Fenchelfrüchte
10 g Isländisch Moos
10 g Süßholzwurzel
15 g Spitzwegerichkraut
25 g Eibischwurzel
30 g Thymiankraut
Zubereitung: 1 Esslöffel der Mischung mit 1 Tasse kochendem Wasser überbrühen, 10 Minuten ziehen lassen, abseihen und mehrmals täglich 1 Tasse davon heiß trinken. Diesen Tee immer frisch zubereiten und eventuell mit Honig süßen.

Brauchtum und Kuriosa

Eine Tiroler Sage erzählt, dass vor langer Zeit das Isländisch Moos in den Tälern üppig wuchs und dass die Kühe deshalb viel Milch gaben und die Bauern davon reich, jedoch überheblich wurden. Da zog einst der liebe Herrgott als Bettler verkleidet durch die Tiroler Lande, wurde aber von den Höfen verjagt und abgewiesen. Daraufhin verbannte er das Kraut hoch hinauf bis zur Schneegrenze. Von da an konnte es nur mehr für kurze Zeit und unter großen Anstrengungen gesammelt werden.

Johannisbeerblätter *Ribes nigrum L.*

FAMILIE: STACHELBEERGEWÄCHSE

Geschichte

Die Schwarze Johannisbeere war in der Antike völlig unbekannt, sie wird weder genannt noch beschrieben. Etwa seit dem Ende des 15. Jahrhunderts wird sie kultiviert und ist heute in allen gemäßigten Regionen der Erde anzutreffen. Wahrscheinlich wurde sie Johannisbeere genannt, da sich die auftretende Reifezeit um den Johannistag, das ist der 24. Juni, bewegt.

Herkunft und Vorkommen

Der ursprünglich in den Waldgebieten Mittel- und Osteuropas heimische Strauch wächst in feuchten Gebüschen, in humusreichen Laub- und Au wäldern. Heute wird der Strauch in Südtirol, zum Beispiel im Martelltal, feldmäßig kultiviert und ist in vielen Gärten anzutreffen.

Verwendete Teile

Als Heilkraut werden die kurz nach der Blütezeit gesammelten und getrockneten Blätter verwendet, die frischen, reifen Früchte finden in Form von Sirup und Gelee Verwendung.

Wirkstoffe

Flavonoide, ätherisches Öl, Anthocyane, welche für die intensive Farbgebung verantwortlich sind, Diterpene.

Anwendungsbereiche

Die Wirkungen der Inhaltsstoffe der Blätter sind wassertreibend und haben leichte blutdrucksenkende Eigenschaften. Aus diesem Grunde werden die Blätter zur so genannten Durchspülungstherapie, bei Entzündungen der Nieren und der Blase, verwendet. Sie können auch vorbeugend bei Personen angewendet werden, die an Nierengrieß leiden.
Die Johannisbeerblätter finden auch in Haustees und Gesundheitstees Verwendung, und das zu Recht, denn sie haben nachgewiesene antioxidative Eigenschaften, was der Gesundheit sehr förderlich ist.

Volkstümliche, wissenschaftlich nicht belegte Anwendung

Die Beeren werden bei Keuchhusten, aber vor allem als Hausmittel bei Erkältungskrankheiten und Magenbeschwerden in Form von Gelee oder Sirup verwendet. Bei Entzündungen im Mund- und Rachenraum werden die Beeren als Gurgelmittel angewendet.

Zubereitung

1 Teelöffel des geschnittenen Krautes mit 1 Tasse kochendem Wasser überbrühen, 10 Minuten ziehen lassen, abseihen und davon mehrmals täglich zwischen den Mahlzeiten 1 Tasse trinken.

Bewährte und bekannte Teemischungen

Die Blätter haben einen charakteristischen, angenehmen Geschmack und sind Bestandteil vieler Haustees und Kräutertees:

Als wassertreibender Tee:

20 g Birkenblätter
20 g Goldrutenkraut
20 g Brennnesselblätter
40 g Schwarze Johannisbeerblätter

Zubereitung: 1 Esslöffel Teemischung mit ca. 150 ml kochendem Wasser übergießen, 10 Minuten ziehen lassen, abseihen und mehrmals am Tag davon 1 Tasse trinken.

Als Haustee oder Gesundheitstee:

30 g Schwarze Johannisbeerblätter
20 g Himbeerblätter
20 g Brombeerblätter
20 g Hagebutten
5 g Ringelblumenblüten
5 g Bitterorangenschalen

Zubereitung: 1 Esslöffel Teemischung mit ca. 150 ml kochendem Wasser übergießen, 10 Minuten ziehen lassen, abseihen und mehrmals am Tag davon 1 Tasse trinken.

Brauchtum und Kuriosa

Der Schwarze Johannisbeerstrauch wurde auch Gichtstrauch genannt, da er gegen diese Beschwerden, zuweilen mit magischen Riten verbunden, wirken soll.

Johanniskraut *Hypericum perforatum L.*

FAMILIE: JOHANNISKRAUTGEWÄCHSE

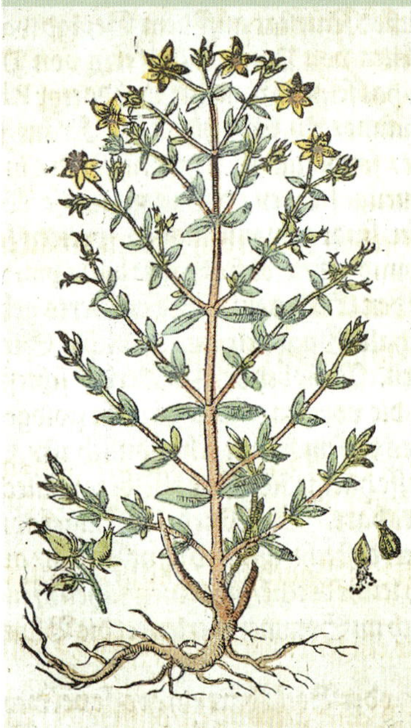

Geschichte

Das seit dem Altertum bestens bekannte Johanniskraut ist das Hexenkraut schlechthin, das selbstverständlich in der Johannisnacht (Nacht vom 23. auf den 24. Juni, Sommersonnenwende) geerntet wurde. Im Volksglauben hat es als Mittel gegen die Zauberei und die Versuchungen des Teufels eine große Rolle gespielt.

Herkunft und Vorkommen

Das Johanniskraut wächst in Gruppen auf trockenen Wiesen, an Weg- und Waldrändern, auf Bahndämmen und unbearbeiteten Äckern.

Verwendete Teile

Die bis zu 50 Zentimeter hohe Pflanze blüht von Ende Juni bis August, wobei man zu Beginn der Blütezeit ihre oberirdischen Teile sammelt. Das Kraut wird abgeschnitten, in Bündeln auf eine Schnur gebunden und so getrocknet.

Wirkstoffe

Bis zu 1 % ätherisches Öl, ca. 10 % Gerbstoffe, Harz, Hypericin, Flavonoide, 0,1 % rot fluoreszierende Farbstoffe.

Anwendungsbereiche

Johanniskraut wirkt gegen nervöse Erschöpfung, Angst und Unruhe, es ist mild antidepressiv.

Die öligen Zubereitungen wirken entzündungshemmend und wundheilfördernd, fördern aber auch die Durchblutung. Deshalb findet das Johanniskraut innerlich Anwendung bei depressiven Verstimmungszuständen, bei innerer Unruhe sowie bei Angstzuständen. Das Johanniskrautöl wird innerlich auch bei Magen- und Verdauungsbeschwerden angewendet, äußerlich als Nachbehandlung bei Verbrennungen, bei Verletzungen und bei Schmerzen unterschiedlichster Herkunft.

Volkstümliche, wissenschaftlich nicht belegte Anwendung

Zusätzlich zu den oben genannten Anwendungen wird das Johanniskraut auch bei Reizblase oder bei Bettnässen angewendet. Das rote Johanniskrautöl kann man sich selbst zubereiten, indem man die Blütenstände in Olivenöl ansetzt und an einem warmen Ort 3 Wochen lang unter fleißigem Umschütteln stehen lässt. Gebraucht wird es in der Volksheilkunde als Einreibung bei Rheuma und Hexenschuss, zur Förderung der Wundheilung und Schmerzlinderung nach Verstauchungen. Das Öl kann als leicht galletreibendes Mittel oder zur Beruhigung bei nervösen Magenleiden auch innerlich verwendet werden.

Bemerkungen

Bei depressiven Zuständen kann man auch eine Reihe von ergänzenden Maßnahmen ergreifen, welche hilfreich sein können:

- Geduldig und schonend mit dem Erkrankten umgehen.
- Immer wieder darauf hinweisen, dass die Erkrankung Schwankungen unterworfen ist und wieder abklingen wird.
- Nicht immer den Patienten auf seine Krankheit oder seinen Zustand aufmerksam machen. Weder aufmuntern noch das Erscheinungsbild verniedlichen.
- Wenn der Patient es wünscht, eine Psychotherapie einleiten, um eventuelle Konflikte zu lösen.

Dosierung

Für einen Tee 1–2 Teelöffel geschnittenes Johanniskraut mit 1 Tasse kochendem Wasser überbrühen, 10–15 Minuten ziehen lassen, abseihen und 3 × täglich langsam, schluckweise trinken.

Vorsichtsmaßnahmen

Johanniskraut steigert die Lichtempfindlichkeit der Augen und der Haut.
Wenn man Medikamente, welche die Gerinnungswerte beeinflussen, Herzmittel oder die Pille verwendet, sollte man das Johanniskraut nur nach Absprache mit dem Arzt einnehmen.

Bewährte und bekannte Teemischung

Als Schlaf- und Nerventee:
20 g Johanniskraut
20 g Baldrianwurzel
20 g Hopfenzapfen
20 g Passionsblumen
20 g Melissenblätter
Zubereitung: 1–2 Teelöffel der Kräutermischung mit 1 Tasse kochendem Wasser überbrühen, 5–10 Minuten zugedeckt ziehen lassen, abseihen und davon mehrmals am Tag trinken.

Homöopathie

Hypericum wird verwendet bei Verstimmungszuständen, Zahnschmerzen, Traumen aller Art und bei Wunden. Gebräuchliche Potenzen: D2, D3, D4, D6, auch äußerlich.

Brauchtum und Kuriosa

Der Sage nach stammen die kleinen Löcher auf den gelben Blüten vom Teufel, der aus Zorn über die Macht, die dieses Kraut über böse Geister und über ihn besaß, diese mit Nadeln durchstochen haben soll.

Kalmuswurzel *Acorus calamus L.*

FAMILIE: ARONSTABGEWÄCHSE

Geschichte

Der Kalmus stammt aus Südchina und Vorderindien und ist in diesen Gebieten seit jeher als Gewürz- und Arzneimittel im Gebrauch. Er war schon in der Antike bekannt und wurde bei den unterschiedlichsten Krankheiten verwendet. In Europa wurde er erst Ende des 16. Jahrhunderts eingeführt, verbreitete sich aber sehr schnell. Der Name Calamus aromaticus ist auf sein angenehmes Aroma zurückzuführen.

Herkunft und Vorkommen

Der Kalmus ist eine Wasserpflanze, die sich in ganz Europa eingebürgert hat und meist an Seen, Tümpeln und an Ufern langsam fließender Gewässer vorkommt. Am Ufer liegt der waagrecht kriechende Wurzelstock, aus dem viele schwertförmige Blätter, die bis zu 1 Meter hoch werden können, hervorwachsen.

Verwendete Teile

Im März oder im Oktober/November werden die Wurzelstöcke ausgegraben. Sie werden gewaschen, von Nebenwurzeln befreit, danach zerkleinert und getrocknet. Die Droge riecht angenehm, stark aromatisch.

Wirkstoffe

Die Wurzel enthält ätherisches Öl (1,5–3,5 %), Bitterstoffe, Schleimstoffe sowie Gerbstoffe.

Anwendungsbereiche

Kalmus wirkt appetitanregend, entkrampfend, magensaftanregend und wird deshalb bei Appetitlosigkeit, Erschöpfung und Schwäche, Gallenbeschwerden, Magenbeschwerden, Verdauungsstörungen, Völlegefühl, Blähungen und Krämpfen angewendet.
Zu empfehlen ist die Kalmuswurzel bei Appetitlosigkeit junger, schwacher Mädchen. Auch bei Appetitlosigkeit infolge schwerer Erkrankungen ist Kalmus oft sehr nützlich.

Volkstümliche, wissenschaftlich nicht belegte Anwendung

Die Kalmuswurzel wird als unterstützende Maßnahme zur Rauchentwöhnung gekaut, dadurch soll die Lust auf das Rauchen vergehen. Bäder sollen bei Frostbeulen und Erfrierungen helfen. Den Badezusatz stellt man wie einen Tee her, jedoch mit 5 Litern Wasser auf 200 g Kalmuswurzeln.

Dosierung

Als Teezubereitung 1 Teelöffel geschnittenes Heilkraut mit 1 Tasse kochendem Wasser überbrühen, 10 Minuten ziehen lassen, abseihen und vor oder unmittelbar nach den Mahlzeiten trinken.

Bewährte und bekannte Teemischung

Bei kolikartigen Magenbeschwerden und Blähungen:
30 g Pfefferminzblätter
30 g Anisfrüchte
30 g Kalmuswurzel
Zubereitung: 1 Teelöffel dieser Teemischung mit 1 Tasse heißem Wasser überbrühen, längere Zeit zugedeckt ziehen lassen (15–20 Minuten), abseihen und davon vor jeder Mahlzeit 1 Tasse trinken.

Vorsichtsmaßnahmen

Nicht anwenden während Schwangerschaft, Stillzeit oder an Kindern.

Bemerkungen

Der bei uns kultivierte nordamerikanische ß-asaronfreie Kalmus kann unbedenklich als Teezubereitung verwendet werden. Der indische Kalmus hat einen hohen ß-asaron-Gehalt, welcher gesundheitsschädigend sein kann. Deshalb sollte man, um sicherzugehen, den Kalmus immer als Arzneibuchware benützen.

Brauchtum und Kuriosa

Einige Völker aus dem fernen Osten kauen gezuckerte Kalmuswurzel, um ansteckende Krankheiten abzuwehren.

Kamillenblüten *Matricaria recutita L.*

FAMILIE: KORBBLÜTLER

Geschichte

Seit alters ist die Kamille ein äußerst beliebtes Heilkraut, und seit es Aufzeichnungen gibt, die die Medizin und die Heilkräuterkunde betreffen, wird die Kamille immer erwähnt. Im Altertum wurde dieses Heilkraut sogar als heilig verehrt. Die Anwendung ist im Laufe der Zeit immer dieselbe geblieben. Im Mittelalter glaubte man an die Heilkraft dieser Pflanze so stark, dass man meinte, man könne sie einfach neben eine kranke Pflanze setzen, um diese wieder gesund zu machen.

Herkunft und Vorkommen

Die Kamille ist eine anspruchslose Pflanze, welche in fast ganz Europa an Wegrändern, auf Äckern und auf Ödland wächst und von Mai bis August blüht.

Verwendete Teile

Medizinisch werden nur die Blüten verwendet, die von Juni bis Juli gesammelt werden. Die Blüten sollte man nur bei sonnigem, trockenem Wetter sammeln, dünn ausstreuen und sofort trocknen, damit sie nicht in Gärung übergehen können.

Wirkstoffe

Kamillenblüten enthalten ein ätherisches Öl (0,4–1,5 %), unter anderem das charakteristisch blau gefärbte Chamazulen, Matricin. Weitere Inhaltsstoffe sind alpha-Bisabolol, Bisabololoxide, Flavonderivate darunter Apigenin-Glykoside, Cumarine sowie Schleimstoffe.

Anwendungsbereiche

Die Kamille hat viele Anwendungsbereiche, sie wirkt entzündungshemmend, krampfstillend, gegen Blähungen, sie wirkt gegen Bakterien und Pilze und fördert die Heilung von Wunden. Kamille ist ideal zur Förderung der Heilung bei Entzündungen im Genitalbereich, bei schmerzhaften Hämorrhoidalbeschwerden sind tägliche Kamillen-Sitzbäder sinnvoll. Bei Erkältung, Schnupfen oder Entzündung der Nasennebenhöhlen führt das Einatmen heißer Kamillendämpfe oft zu rascher Besserung. Bei Halsschmerzen kann mit einem Gemisch von Kamille und Salbeiblättern gegurgelt werden. Weitere Anwendungsgebiete sind akute oder andauernde Entzündungszustände der Magenschleimhaut sowie Magengeschwüre. Sehr hilfreich ist Kamille auch bei Reizdarm, welcher sich durch Krämpfe, Durchfälle, abwechselnd mit Verstopfung, bemerkbar machen kann, oder bei Blähungen mit kurzen krampfähnlichen Leibschmerzen, welche durch eine gesteigerte Gasbildung verursacht werden.

Dosierung

1–2 gehäufte Teelöffel Kamille mit 1 Tasse heißem Wasser überbrühen, nach 5–10 Minuten abseihen und zwischen den Mahlzeiten trinken. Man soll Kamillentee immer frisch zubereitet und gut warm trinken, aber nicht zu heiß. Bei Hals- und Rachenbeschwerden kann man mit dem frisch zubereiteten Tee gurgeln und spülen. Der Tee kann auch als Badezusatz verwendet werden, wobei man 50 g Heilkraut auf ca. 10 Liter Wasser nimmt.

Bemerkungen

Auch wenn man es immer wieder liest, sollte man grundsätzlich den Kamillentee aus hygienischen Gründen nicht am Auge verwenden. Mit dem Auge sollten nur keimfreie Stoffe in Berührung kommen. Im Zusammenhang mit der Verwendung von Kamillentee am Auge wurde von allergischen Bindehautentzündungen berichtet, welche auf die im Tee enthaltenen Pollen zurückzuführen sind. Sterile Augentropfen, die Kamille enthalten, können bedenkenlos angewendet werden. Sicher ist auch die Anwendung von Kamillentee während der Schwangerschaft und der Stillzeit. Auch Kontraindikationen sowie Interaktionen mit anderen Kräutern sind keine bekannt.

Es gibt eine so genannte Lebensmittelkamille von niedriger Qualität, welche des Öfteren in Filterbeuteln angeboten wird. Diese hat oft einen geringen Anteil an Kamillenblüten, da auch Kamillenkraut verwendet wird.

Bewährte und bekannte Teemischungen

Magentee bei chronischer Magenschleimhautentzündung:
30 g Kamillenblüten
20 g Pfefferminzblätter
20 g Fenchelfrüchte
30 g Kalmuswurzel
oder
33 g Kamillenblüten
33 g Pfefferminzblätter
33 g Süßholzwurzel
Zubereitung: 1 Teelöffel der Teemischung mit 1 Tasse kochendem Wasser übergießen, 5–10 Minuten ziehen lassen, abseihen und mehrere Tassen davon zwischen den Mahlzeiten schluckweise trinken.

Homöopathie

Chamomilla wird hauptsächlich bei Kindern und Kleinkindern eingesetzt: Zahnungsbeschwerden, Ohrenschmerzen, Koliken, Angstzustände nachts, Schlafstörungen, Wundsein. Bei Erwachsenen Entzündungen und Krampfzustände im Allgemeinen, Krämpfe der weiblichen Geschlechtsorgane, Muskel- und Wadenkrämpfe. Gebräuchliche Potenzen: D3, D4, D6, D12, Hochpotenzen. Auch äußerlich.

Brauchtum und Kuriosa

In einem alten Buch liest man: Die Duftwirkung der Kamille ist so groß, dass durch mehrmaliges Abwaschen oder Eintauchen von Fleisch in Kamillentee selbst ein ziemlich starker Fäulnisgeruch verschwindet.

Klettenwurzel *Arctium lappa L. (Radix bardanae)*

FAMILIE: KORBBLÜTLER

Geschichte

Der Name findet sich schon bei Dioskurides und stammt vermutlich vom griechischen arcteion, der Bär, möglicherweise wegen der tatzenartigen Widerhaken der Früchte. Plinius nennt als weiteren Gattungsnamen lappa, vom griechischen labein, ergreifen, festhalten, was sich auf das »Kleben« der Früchte bezieht und der Pflanze im deutschen Sprachraum den Namen Klette gegeben hat. Symbolisch steht die Klette für lästige Anhänglichkeit.

Herkunft und Vorkommen

Diese anspruchslose Pflanze kommt mit wenig Erdreich aus, sie wächst auf Mauern, Dämmen, an Wegrändern, Zäunen, Schuttplätzen, aber auch an Bachufern.
In Europa und China wird sie kultiviert.

Verwendete Teile

Die Wurzeln sollten im Herbst des ersten, oder im Frühjahr des zweiten Jahres ausgegraben, zerkleinert und an der Luft getrocknet werden. Neben der Großen Klette kommen bei uns noch die Filz-, Hain- und Kleine Klette vor.

Wirkstoffe

Inhaltsstoffe der Klette sind: Inulin (45–70 %), geringe Mengen ätherisches Öl (0,06–0,18 %), Schleimstoffe, Gerbstoffe, Bitterstoffe.

Anwendungsbereiche

Die Klettenwurzel hat in der heutigen Kräuterheilkunde keinerlei Bedeutung mehr. Ich beschreibe sie hier nur deshalb, weil sie wegen ihrer eigentümlichen Früchte, die überall anhaften können, sehr bekannt ist. Diese Eigenschaft wurde der Natur abgeschaut, als man in der zweiten Hälfte des 20. Jahrhunderts den so genannten Klettverschluss entwickelte, der hauptsächlich bei Kleidungsstücken wegen seiner Einfachheit und Zuverlässigkeit häufig verwendet wird.
Die Klettenwurzel wird auch zur Gewinnung von Inulin gebraucht, das zur Herstellung von Fructose verwendet wird.

Volkstümliche, wissenschaftlich nicht belegte Anwendung

Beliebt und immer wieder verlangt wird das Klettenwurzelöl, das aus Klettenwurzel hergestellt wird und als Haaröl Verwendung findet.
Wurzeln werden roh als Salat gegessen oder wie Möhren gekocht.

Brauchtum und Kuriosa

Heinrich III., König von Frankreich (1574–1589), war träge und vergnügungssüchtig. Er zog Frauenkleider an, verbarg sich bei Gewittern im Keller und hatte ein verweichlichtes, unartiges Benehmen. Es hieß, er sei durch die Klette an der Syphilis geheilt worden, was der Pflanze um diese Zeit zu einem hohen Ansehen verhalf.

Knoblauchzwiebel *Allium sativum L.*

FAMILIE: LILIENGEWÄCHSE

Geschichte

Vielleicht stammt der Namen vom lateinischen Wort olere, riechen, wegen seines starken Geruches. Das deutsche Wort Knoblauch kommt vom althochdeutschen klobo-louth und dem mittelhochdeutschen Knobelouch und bedeutet gespaltener Lauch (klieben = spalten), was sich auf die abtrennbaren Tochterzwiebeln bezieht.

Herkunft und Vorkommen

Die Pflanze wird bei uns häufig in Bauerngärten und verschiedentlich auch landwirtschaftlich kultiviert. Wie bei vielen alten Kulturpflanzen, ist die ursprüngliche Heimat nicht sicher bekannt. Im Orient, in Zentralasien und in Ostindien kommt der Knoblauch wild vor und wird auch angebaut. Wahrscheinlich ist in diesen Gegenden seine Heimat zu suchen. Heute wird er wegen seiner Bedeutung als Nahrungsmittel und Gewürz auf der ganzen Welt angebaut.

Verwendete Teile

Von September bis Oktober, wenn die Blätter der Pflanze abgestorben sind, werden die Zwiebeln geerntet und gebündelt getrocknet. Man flicht das Kraut auch zu Zöpfen, aus denen die Zwiebeln »herausschauen«.
Die Droge hat einen scharfen, charakteristischen Geruch und einen beißenden und würzigen Geschmack.

Wirkstoffe

Die frische Knoblauchzwiebel enthält ca. 1 % geruchloses Alliin, Adenosin und Alliin-Lyasen. Das sind Enzyme, welche erst durch Verletzung der Zellen (z. B. beim Zerkleinern) in Kontakt mit Alliin gelangen, wobei die Verbindung abgebaut und die eigentlichen Wirkstoffe, Thiosulfinate, Allicin und weitere Folgeprodukte, gebildet werden, die den charakteristischen Geruch und Geschmack des Knoblauches ausmachen.

Anwendungsbereiche

Da der Knoblauch desinfizierend wirkt, wird er als Darmreinigungsmittel und in warmen Ländern vorbeugend gegen Durchfälle und allerlei bakterielle und parasitäre Darmerkrankungen verwendet. In diesen Ländern ist der Knoblauch ein fester Bestand der Ernährung und wird in zahlreichen Gerichten verwendet. Knoblauch beugt Arterienverkalkung und hohem Blutdruck vor und wirkt unterstützend auf den Kreislauf. Knoblauch kann den Cholesterinspiegel senken, hat Einfluss auf die Blutungs- und Gerinnungszeit.

Volkstümliche, wissenschaftlich nicht belegte Anwendung

Der Knoblauch ist trotz seines penetranten und oft als unangenehm empfundenen Geruchs in der Volksmedizin von großer Bedeutung. Innerlich wird er bei Arteriosklerose, Bluthochdruck, bei Erkrankungen der oberen Luftwege, bei Magen- und Darmerkrankungen, Blähungen sowie krampfartigen Schmerzen, bei Wurmerkrankungen, bei Beschwerden der Wechseljahre, bei Schwächezuständen usw. angewendet. Äußerlich als Hühneraugenmittel, gegen Warzen, bei Haarproblemen, Muskelschmerzen und rheumatischen Erkrankungen. Alles Anwendungen, die nicht wissenschaftlich belegt sind.

Dosierung

3–4 × täglich eine frische Knoblauchzehe.
Im Handel gibt es eine Menge verschiedener Produkte, welche aber durch ihre unterschiedliche Herstellung nicht miteinander verglichen werden können. Viele dieser Produkte sind neutral und haben keinen unangenehmen Geruch. Gezweifelt werden kann, ob diese Zubereitungen ihre heilende Wirkung beibehalten, was immer wieder beteuert wird, aber nicht bewiesen ist.

Schnitt-Knoblauch *Allium tuberosum*

Bemerkungen

Viele Versuche und Bemühungen sind unternommen worden, um den Geruch etwas zu verdecken oder zu mildern, denn wenn man eine Knoblauchkur machen will, sollte eine gewisse Menge davon eingenommen werden. Einige versuchen es mit Milch, andere mit Schwarzbrot, einige wiederum mit Kauen von Kardamom-Früchten oder durch Lutschen von Pfefferminzbonbons. Das Resultat ist meistens enttäuschend, aber versuchen kann man es trotzdem.

Homöopathie

Allium sativum wird eingesetzt bei Entzündungen der Atemwege, Verdauungsschwäche und Rheumatismus im Hüftbereich. Gebräuchliche Potenzen: D1, D2, D3, D4, D6.

Brauchtum und Kuriosa

Der Knoblauch spielte und spielt heute noch in ganz Europa im Aberglauben eine wichtige Rolle. Sagen sprechen ihm abschreckende Wirkung gegen Hexen und Teufel zu, außerdem eine lähmende Wirkung auf Vampire. Noch in unseren Zeiten sieht man an Türbögen und Scheunen Knoblauchzöpfe zu diesem Zwecke aufgehängt.

Königskerzenblüten Großblumige Königskerze *Verbascum densiflorum Bertol.*

Gemeine oder Wildblumenkönigskerze *Verbascum phlomoides* Kleinblütige Königskerze *Verbascum thapsiforme*

FAMILIE: RACHENBLÜTLER

Geschichte

In der Medizin der Antike wurden die Blüten der Königskerze zur Wundheilung und gegen Ausschläge aller Art mit Milchrahm zu einer Salbe gekocht. In Europa ist die Königskerze als Heilpflanze seit dem Mittelalter bekannt, wo sie bei Husten und anderen Erkältungskrankheiten angewendet wurde. Die Pflanze wird im Werk »Causae et Curae« der Hildegard von Bingen erwähnt. In der Volksmedizin wird die Wollblume, wie sie ebenfalls genannt wird, häufig angewendet.

Herkunft und Vorkommen

Königskerzen findet man in ganz Europa, mit Ausnahme des hohen Nordens, an Böschungen, an steinigen, sonnigen Standorten und auch auf Schotter in Bachbetten. Für die Gewinnung als Heilkraut wird die Großblumige Königskerze kultiviert. Die Königskerze ist auch eine in Südtirol bestens bekannte Heilpflanze und kommt, an trockenen Stellen verwildert, häufig vor.

Verwendete Teile

Verwendet werden die Blüten, welche bei trockenem Wetter ohne Kelch in der warmen Tageszeit einzeln gesammelt und möglichst schnell bei ca. 40 Grad getrocknet werden. Wenn sie braun werden, was sie nicht dürfen, wurden sie unsachgemäß getrocknet. Dieses Heilkraut muss in dicht schließenden Gefäßen aufbewahrt werden, da es von der Umgebung Wasser anzieht. Man sollte es deshalb häufig kontrollieren und auf Insektenbefall hin untersuchen. Die Königskerzenblüten haben einen dem Honig ähnlichen Geruch und einen angenehm süßen Geschmack.

Wirkstoffe

Schleimstoffe, Aucubin, Flavonoide, Saponine und ca. 11 % Invertzucker.

Anwendungsbereiche

Die Wirkung der Königskerzenblüten ist reizlindernd durch den Gehalt an Schleimstoffen, schleimlösend durch den Gehalt an Saponinen und entzündungshemmend durch den Gehalt an Iridoiden, z. B. Aucubin. Aus diesem Grunde wird dieses Heilkraut als hustenberuhigendes Mittel bei allen Erkältungskrankheiten, wie Husten, Bronchialkatarrh und Atemnot angewendet.

Dosierung

1 Esslöffel geschnittene Droge mit 1 Tasse kochendem Wasser übergießen, aber auch kalt ansetzen und zum Kochen bringen, 10–15 Minuten ziehen lassen, abseihen und mehrmals davon, eventuell mit Honig gesüßt, trinken.

Vorsichtsmaßnahmen

Empfindliche Personen können bei Kontakt mit den getrockneten Blüten mit allergischen Hauterscheinungen reagieren (Kontaktdermatitis).

Bemerkungen

Der Königskerzentee hat einen angenehmen Geschmack und eine überaus milde Wirkung. Er wird deshalb oft in der Kinderheilkunde angewendet.

Bewährte und bekannte Teemischungen

Als schweißtreibender Tee:
30 g Wollblumen
30 g Lindenblüten
30 g Holunderblüten
Als Brusttee:
20 g Eibischwurzel
10 g Eibischblätter
25 g Süßholzwurzel
10 g Huflattichblätter
10 g Wollblumen
10 g Thymiankraut
5 g Anis, zerstoßen
Zubereitung: 2–3 Teelöffel der jeweiligen Mischung mit ca. 150 ml kochendem Wasser übergießen, 10 Minuten ziehen lassen und 3–5 × täglich 1 Tasse davon lauwarm, schluckweise trinken.

Homöopathie

Verbascum verwendet man bei Entzündungen und Katarrhen der oberen Luftwege, Heiserkeit, Nervenschmerzen im Kopfbereich. Gebräuchliche Potenzen: D1, D2, D3, D4.

Brauchtum und Kuriosa

Nach Dioskurides soll die Königskerzenwurzel gut gegen Durchfall, innere Zerreißungen, Krämpfe, Quetschungen, Zahnschmerzen und chronischen Husten sein, die Blätter wurden bei Augenschmerzen und eitrigen Geschwüren aufgelegt.

Labkraut *Galium verum L.*

FAMILIE: RÖTEGEWÄCHSE

Geschichte

Seit prähistorischen Zeiten wurde das Labkraut, Galium verum, wie das verwandte Klebkraut, Galium aparinae L., benützt, wahrscheinlich wegen des im Kraut vorkommenden Ferments Labenzym, welches die Milch zum Gerinnen bringen kann. Sicher wurde es früher auch zur Herstellung von Käse verwendet.

Herkunft und Vorkommen

Das goldgelb blühende Labkraut wächst auf Äckern, in Gärten, auf Schuttplätzen und in Gebüschen. Die Blüten riechen stark nach Honig.

Verwendete Teile

Verwendet wird das zur Blütezeit gesammelte Kraut.

Wirkstoffe

Etwas ätherisches Öl, Kieselsäure, Gerbstoffe, organische Säuren und Flavonoide.

Anwendungsbereiche

Ich wurde bei meinen vielen Kräuterwanderungen immer wieder nach dem Labkraut gefragt. Diese anspruchslose Pflanze wächst auch in Südtirol und kommt verhältnismäßig häufig vor, auch wenn nicht so oft wie das mit ihr verwandte Klebkraut, das ähnlich aussieht, aber nicht gelb, sondern weiß blüht. Die Wirksamkeit des Labkrautes ist nicht belegt, so dass eine Anwendung aus der Sicht der modernen Kräuterheilkunde nicht mehr empfohlen werden kann.

Volkstümliche, wissenschaftlich nicht belegte Anwendung

Diese aromatisch duftende Pflanze wird kaum noch gebraucht. Früher setzte man sie bei Blasenleiden und Wasserstauungen als entkrampfendes und wassertreibendes Mittel, bei Hautleiden als Mittel gegen verschiedene Hautkrankheiten und Wunden, innerlich bei Magenleiden und Darmkatarrh ein. Dieses Heilkraut ist in Südtirol ziemlich bekannt und wird auch da und dort gebraucht. Es gibt aber viel besser und zuverlässiger wirkende Heilkräuter, deshalb ist sein Gebrauch etwas in Vergessenheit geraten und eigentlich nicht mehr gerechtfertigt.

Dosierung

1–2 Teelöffel Kraut mit 1 Tasse heißem Wasser überbrühen, 5–10 Minuten ziehen lassen, abseihen und 3–4 × täglich trinken.

Brauchtum und Kuriosa

Laut einigen Autoren war das echte Labkraut bei den alten Germanen der Göttin der Natur und der Fruchtbarkeit, der Liebe und der Beschützerin der Ehe und Geburt geweiht. Deshalb war es Brauch, den schwangeren Frauen zur Erleichterung der Entbindung einen Strauß Labkraut in das Bett zu legen.

Latschenkieferöl *Pinus mugo Turra*

FAMILIE: KIEFERNGEWÄCHSE

Geschichte

Im Altertum spielten die Nadelbäume im Allgemeinen eine wichtige Rolle, auch wenn unter den verschiedenen Nadelhölzern nicht immer unterschieden wurde. Wahrscheinlich war die Latschenkiefer den Alten nicht bekannt, da diese mehr in gebirgigen, höher gelegenen Lagen wächst. Allgemein waren in der Vergangenheit nur die Nadelholzharze bekannt und im 16. Jahrhundert verschiedentlich angewendet: bei Zahnweh, Leber- und Frauenleiden, zur Entgiftung von Speisen und bei Schwindsucht.

Herkunft und Vorkommen

Die Latschenkiefer wächst in subalpinen und alpinen Regionen, stellenweise in ausgedehnten Beständen bis in hohe Lagen. Sie bildet in den Höhen oft fast undurchdringliche Miniaturwälder und wächst hauptsächlich auf kalkhaltigen Böden, in den Dolomiten und fast überall in Südtirol bis über die Baumgrenze hinauf. Außer in den Alpen wächst die Latschenkiefer in den Karpaten, in der Hohen Tatra und in den Pyrenäen.

Verwendete Teile

Verwendet wird ausschließlich das bei uns überaus bekannte und beliebte farblose bis hellgelbe Latschenkieferöl, das *Oleum pini pumilionis,* welches aus den frischen Nadeln, jüngeren Ästen und Zweigspitzen der Pflanze durch Wasserdampfdestillation gewonnen wird. Es hat einen angenehmen, charakteristischen, nach Wald riechenden, frischen Duft und würzigen Geschmack. Da die Nachfrage nach Latschenkieferöl die natürlichen Bestände gefährden würde, wird die Latsche zusätzlich in tieferen Lagen angebaut. Destillationseinrichtungen zur Gewinnung des Latschenkieferöles gibt es in Südtirol unter anderem im Sarntal und im Pustertal.

Wirkstoffe

Pinene, Limonene, Bornylacetat, Phellandrene, Carene und andere.

Anwendungsbereiche

Das ätherische Öl, welches auch in Franzbranntwein, Badeölen und Saunaaufgüssen verwendet wird, hat entzündungshemmende, keimtötende und schleimlösende Eigenschaften. Deshalb wird es zur Inhalation bei Entzündungen der oberen Luftwege, Katarrhen, Schnupfen und Erkältungen verwendet. Äußerlich wird es wegen seiner durchblutungsfördernden Wirkung bei nicht akuten rheumatischen Beschwerden sowie Durchblutungsstörungen verwendet, aber auch in Salben bei allgemeinen Erkältungserscheinungen.

Volkstümliche, wissenschaftlich nicht belegte Anwendung

Das Latschenkieferöl wird in der Volksheilkunde viel verwendet. Als Zusatz zum Franzbranntwein hat es einen anregenden, durchblutungsfördernden Effekt. Es wird zu schmerzlindernden und heilenden Massagen und Einreibungen bei Rheuma, Gicht und Durchblutungsstörungen verwendet. Seine Wirkung ist mild und nachhaltig. Als Badezusatz und als Saunaaufguss hat es eine erfrischende und belebende Wirkung.
Latschenkiefer-Franzbranntwein eignet sich hervorragend bei schmerzhaften Muskelverspannungen und Muskelkater.

Bemerkungen

Latschenkieferöl reizt die Nieren nicht, im Gegensatz zu einigen anderen ätherischen Ölen aus Kiefern.

Bewährte und bekannte Zubereitungen

Das Latschenkieferöl wird zusammen mit anderen ätherischen Ölen, wie Eukalyptusöl, Pfefferminzöl, Rosmarin- und Lavendelöl, als Inhalation bei Atemwegserkrankungen angewendet.

Brauchtum und Kuriosa

In einem alten Buch liest man:
»Es heißt, wenn ein Aufguss des Öles im Speisezimmer umhergesprengt wird, die Gäste vergnügter werden.«

Lavendelblüten/-öl *Lavandula angustifolia Mill.*

FAMILIE: LIPPENBLÜTLER

Geschichte

Lavendel ist eine seit dem Mittelalter sehr beliebte Heilpflanze. Auch der Namen lavandula kommt erst seit dem Mittelalter vor, abgeleitet vom lateinischen lavare = waschen, weil man dieses aromatische Kraut sehr oft dem Waschwasser oder den Bädern zusetzte. In der Schule von Salerno wird Lavendel als Heilkraut gepriesen, das zusammen mit anderen Pflanzen »paralytica membra« zu heilen vermag. Lavendel wurde zur Parfümierung der Wäsche in der Umgebung von Wien in großem Maße angebaut.

Herkunft und Vorkommen

Die Heimat des Lavendels sind die trockenen Hügel des westlichen Mittelmeergebietes, wo er weit verbreitet ist und vereinzelt bis zur Waldgrenze vorkommt. Dieser in den wärmeren Lagen Südtirols winterharte Halbstrauch wird als Zierpflanze oder als Heilkraut sehr oft auch in unseren Gärten angepflanzt.
Im südlichen Frankreich wird Lavendel zur Gewinnung des Lavendelöles großflächig kultiviert.

Verwendete Teile

Verwendet werden die Blüten, welche mit dem Kelch, aber ohne Blätter und Stängel, vor ihrer vollständigen Entfaltung gesammelt und in lockerer Schicht getrocknet werden. Sie haben einen angenehmen aromatischen Geruch und einen bitteren Geschmack.

Wirkstoffe

Getrocknete Lavendelblüten enthalten ca. 12 % Gerbstoffe sowie mindestens 1,5 % ätherisches Öl *(Oleum lavendulae).*
Hauptbestandteile des Öls sind Linalylacetat und Linalool, auch Cumarin ist enthalten.

Anwendungsbereiche

Die Blüten als Teeaufguss haben eine beruhigende Wirkung bei nervösen Herzleiden und Schlafstörungen und wirken gallenflussfördernd sowie gegen Blähungen.
Äußerlich benutzt man die Blüten, besonders aber das ätherische Öl, hauptsächlich als den Blutkreislauf anregendes Mittel in Form von Einreibungen.
Als Bad angewendet, eignen sich Lavendelblüten zur Behandlung nervös bedingter Kreislaufbeschwerden.
Säckchen mit Lavendelblüten im Kleiderschrank vertreiben Kleidermotten.

Volkstümliche, wissenschaftlich nicht belegte Anwendung

Die Dämpfe der Lavendelblüten wirken beruhigend auf Säuglinge und Kleinkinder. Zu diesem Zwecke werden in der französischen Volksmedizin bei unruhigen Kleinkindern und Säuglingen Lavendelsträußchen oder Leinensäckchen, die mit Lavendelblüten gefüllt sind, in der Nähe der Kinder aufgehängt. Lavendel wird auch von Hebammen in der Geburtshilfe angewendet.

Dosierung

Als Einnahme: 1–4 Tropfen (entsprechend 20–80 mg) als Einzeldosis z. B. auf einem Stück Würfelzucker einnehmen.
Als Bad: 20–100 g Lavendelblüten werden mit 2 Liter Wasser kurz aufgekocht, nach 10 Minuten gibt man das abgeseihte Konzentrat in 20 Liter Wasser.
Als Tee: 1–2 Teelöffel Blüten mit 1 Tasse kochendem Wasser überbrühen, 5 Minuten ziehen lassen, abseihen und schluckweise trinken.
Als ätherisches Öl: 1–3 Tropfen auf einem Stück Würfelzucker vor dem Zubettgehen.

Bemerkungen

Im Altertum wurden die Blüten den Bädern zugesetzt. Echter Lavendel kam als Heilkraut erst im Mittelalter in Gebrauch und wurde als Augenmittel und gegen Motten angewendet. Früher nutzte man alle verschiedenen Arten von Lavendel zur Ölgewinnung, die als Spiköl in den Verkauf gebracht wurden. Erst spät, im 16. Jahrhundert, wurde das heute gebräuchliche *Oleum lavandulae* destilliert.

Bewährte und bekannte Teemischung

Als Beruhigungstee ohne Baldrian:

- 25 g Lavendelblüten
- 25 g Melissenblätter
- 25 g Passionsblumenkraut
- 25 g Hopfenzapfen

Zubereitung: 1 Esslöffel dieser Mischung mit ca. 150 ml kochendem Wasser übergießen, 5–10 Minuten ziehen lassen, abseihen, 2–4 Tassen tagsüber trinken. Sinnvoll ist es, diesen Tee bei Einschlafstörungen ½–1 Stunde vor dem Zubettgehen zu trinken.

Brauchtum und Kuriosa

Matthiolus nennt in seinem New-Kreutterbuch die Lavandula »ein köstlich Kraut wider alle kalten Gebersten des Hirns und der Senader, als da ist der Schwindel, gantze und halbe Schlag, der fallend Siechtag, die Schlafsucht, Krampff, Zittern, Contract und Lähme«, sie soll die verstopfte Leber und Milz öffnen, bei beginnender Wassersucht dienlich sein und als Kopfwaschmittel das Hirn stärken.
Aus einem Kräuterbuch Ende des 19. Jahrhunderts: »Die Lavendelblüthen finden nur äußerlich Anwendung zu Kräuterkissen, Räucherspecies, im Aufguss in Bädern und Waschungen oder in der häuslichen Wirthschaft zum Einlegen zwischen Wäsche und wollene Zeuge, theils des Geruchs wegen, theils zur Abhaltung vom Würmern und Insecten.«

Leinsamen *Linum usitatissimum L.*

FAMILIE: LEINGEWÄCHSE

Geschichte

Als eine der ältesten Kulturpflanzen wird der Lein, auch Flachs genannt, weltweit angebaut. Er war den Menschen schon seit der mittleren Steinzeit bekannt und wurde als nützliche Pflanze kultiviert. In jener Zeit wurde der Lein zur Fasergewinnung und als Öllieferant genutzt, was man aus den Funden in Schweizer Pfahlbauten erkennen, aber auch bis in das 14. Jahrhundert v. Chr. in Ägypten zurückverfolgen kann. Als Heilmittel wird der Leinsamen erstmals in den Schriften des Hippokrates um 500 v. Chr. gegen Katarrhe, Bauchschmerzen und Durchfälle genannt, auch Paracelsus erwähnt den Schleim der Leinsamen als reizlinderndes Hustenmittel.

Herkunft und Vorkommen

Vermutlich stammt der Echte Lein von einer im südwestlichen Mittelmeerraum beheimateten Art ab. Heute wird er nur mehr selten kultiviert und ebenso selten trifft man ihn auf Schuttplätzen verwildert an.

Verwendete Teile

Medizinisch verwendet wird der im September geerntete Samen des Leins. Zur Herstellung von Geweben werden die Fasern des Krautes verwendet.
Das Öl wurde früher in der Farbindustrie eingesetzt, da es nicht ranzig wird und an der Luft trocknet. Heute ist die Anwendung des Öles von synthetischen Stoffen weitgehend verdrängt worden.

Wirkstoffe

Hauptsächlich Ballaststoffe (Hemizellulose, Zellulose und Lignin), fettes Öl, Schleim sowie Proteine.

Anwendungsbereiche

Die gebrochenen Leinsamen werden wegen ihrer quellenden Eigenschaft innerlich gebraucht. Dadurch vermehrt sich die Masse des Darminhalts und fördert somit den Dehnungsreiz, die Peristaltik, das sind die Bewegungsabläufe im Darm.
Der Leinsamen wirkt regulierend bei chronischer Verstopfung, aber auch bei Durchfallerkrankungen.

Der Leinsamen wird als ganzer oder öfter als gebrochener Samen, als Brei, Mehl oder Öl verwendet. Zerstoßener Leinsamen wird für aufweichende, lindernde Umschläge bei örtlichen Entzündungen, bei Seitenstechen, Koliken, Muskelschmerzen und Prellungen angewendet. Frisch gemahlene Leinsamen werden mit kaltem, weichem Wasser, das man nach und nach zusetzt, zu einem gleichmäßigen Brei geknetet. Diesen lässt man dann unter ständigem Umrühren aufkochen. Der heiße Brei wird danach, so heiß wie möglich, in der gewünschten Dicke auf ein Tuch ausgebreitet und auf die zu behandelnde Stelle gelegt. Zur besseren Wirkung mit einem Wolltuch zudecken,

damit die Wärme länger anhalten kann. Diese Anwendungsform, das so genannte Kataplasma, hilft bei hartnäckigem Husten, aber auch bei Furunkeln und anderen Geschwüren.

Dosierung

Man nimmt 2–3 × täglich 1 Esslöffel nicht zerkleinerten oder aufgebrochenen Leinsamen zusammen mit ca. 150 ml Flüssigkeit.
Zur Zubereitung eines Leinsamenschleims: 2–3 Esslöffel eines geschroteten bzw. zerkleinerten Leinsamens mit genügend Flüssigkeit.

Vorsichtsmaßnahmen

Ganz wichtig bei der Einnahme von Leinsamen ist es, auf ausreichende Flüssigkeitszufuhr zu achten, die mindestens im Verhältnis 1:10 stehen sollte.
Auch sollte man Leinsamen nicht mit Milch einnehmen, da diese die Quelleigenschaften der Schleimstoffe hemmt.

Bemerkungen

Um den Stuhlgang zu regulieren, sollte man diese Therapie mit folgenden Maßnahmen unterstützen:

- Überwiegend ballaststoffreiche Kost essen, keinen Zucker; Süßigkeiten vermeiden, mehrere kleine Mahlzeiten statt wenige große.
- Viel trinken, dem Körper viel Flüssigkeit zuführen.
- Auf eine zeitlich geregelte Entleerung Wert legen.
- Viel körperliche Bewegung.
- Nach dem Aufstehen ein Glas Wasser oder Saft trinken.

Brauchtum und Kuriosa

Eine Bauernregel: Wer an Christian (3. April) säet Lein, bringt schönen Flachs in seinen Schrein.
Der Lein war die heilige Pflanze der Frigga, Gemahlin des Wotan, des Fürsten der Götter. Diese wird als Frau Holle oft als Spinnerin dargestellt.

Liebstöckelwurzel *Levisticum officinale* W. D. J. KOCH

FAMILIE: DOLDENBLÜTLER

Geschichte

Ob das Liebstöckel schon im Altertum bekannt war, ist ungewiss. Erst im Mittelalter wird diese Heilpflanze erwähnt, und in den Kräuterbüchern des 16. Jahrhunderts werden die Tugenden dieser Pflanze dann eingehend beschrieben und gepriesen. Der Namen Liebstöckel hat weder mit der Liebe noch mit dem Stock etwas zu tun, sondern ist eine volkstümliche Abwandlung des lateinischen Namens Levisticum.

Herkunft und Vorkommen

Die eigentliche Herkunft dieser Pflanze ist nicht bekannt, sie wird aber ursprünglich aus Asien stammen. Mittlerweile ist sie auch in Europa und Nordamerika anzutreffen und fehlt in fast keinem Südtiroler Garten, wo sie mit dem Namen Maggikraut, wegen ihres sellerieartigen, an Suppenwürfel erinnernden Geschmacks, bekannt ist.

Verwendete Teile

Verwendet werden die im Herbst gesammelten Wurzeln. Die Blätter werden als Küchengewürz gebraucht.

Wirkstoffe

Vor allem die Wurzel ist reich an ätherischem Öl (0,4–1,7 %), dessen Zusammensetzung sich je nach Reife und Alter der Pflanze unterscheidet. Das Öl enthält als charakteristische Geruchskomponente Alkylphthalide, darunter Ligustilid, welche auch die Wirksamkeit dieses Heilkrautes ausmachen, sowie Cumarinderivate und Phenolcarbonsäuren.

Anwendungsbereiche

Die Heilpflanze ist ein so genanntes aquareticum, wirkt also harntreibend, aber auch entkrampfend im Magen-Darm-Bereich, gegen Blähungen; da hat sie eine ähnliche Wirkung wie die Angelikawurzel. Die Liebstöckelwurzel wird zur Durchspülungstherapie bei entzündlichen Erkrankungen der ableitenden Harnwege und zur Vorbeugung von Nierengrieß angewendet.
Die Blätter werden als Salat gegessen oder getrocknet als Tee zubereitet.
Die Liebstöckelwurzel wird in der Lebensmittelindustrie zur Herstellung und Aromatisierung von Gewürzextrakten, Likören und Magenbittern eingesetzt.

Volkstümliche, wissenschaftlich nicht belegte Anwendung

Volkstümlich wird Liebstöckel als Gewürz und zur Behandlung von Verdauungsbeschwerden, wie Blähungen, Völlegefühl und Aufstoßen, verwendet. Obwohl für diese Wirkungen eingehende Untersuchungen fehlen, ist aufgrund des schwach bitteren Geschmacks die Verwendung gerechtfertigt.

Dosierung

½–1 Teelöffel (etwa 1,5–3 g) fein zerkleinerte, getrocknete Liebstöckelwurzel wird mit ca. 150 ml siedendem Wasser übergossen und nach 10–15 Minuten abgeseiht. Mehrmals täglich zwischen den Mahlzeiten 1 Tasse frisch bereiteten Tee trinken.

Bemerkungen

Als Heilkraut nicht während Schwangerschaft und Stillzeit anwenden. Die Verwendung als Gewürz erscheint jedoch unbedenklich. Nicht anwenden bei Ödemen (Schwellungen), die auf eine eingeschränkte Herz- oder Nierentätigkeit zurückzuführen sind. Diese Erkrankungen bedürfen der Behandlung durch den Arzt. Bei längerer Anwendung sollte wegen des Gehaltes an Furanocumarinen auf intensive Sonnenbäder und UV-Bestrahlung verzichtet werden. Während einer Durchspülungstherapie ist auf ausreichende (2–3 Liter täglich) Flüssigkeitszufuhr zu achten.

Bewährte und bekannte Teemischung

Bei Magenschwäche:

15 g Hopfenzapfen
15 g Tausendguldenkraut
20 g Bitterkleekraut
25 g Melissenkraut
25 g Liebstöckelwurzel

Zubereitung: 1 Teelöffel dieser Teemischung mit 1 Tasse kochendem Wasser überbrühen, 10 Minuten ziehen lassen, abseihen und vor jeder Mahlzeit davon 1 Tasse trinken.

Brauchtum und Kuriosa

Lonicerus rühmt in seinem Kräuterbuch die diaphoretischen, diuretischen, verdauungsfördernden und magenerwärmenden Eigenschaften des Liebstöckelkrautes. Überdies treibt die Liebstöckelwurzel, nach seiner Meinung, die »Geelsucht und schwarze Melancholei« aus.

Lindenblüten *Tilia cordata Mill.*

FAMILIE: LINDENGEWÄCHSE

Geschichte

Es ist nicht bekannt, ob die Lindenblüten in der Antike verwendet wurden, denn auch im Mittelalter werden sie als Heilkraut nicht erwähnt. Bei den Germanen war die Linde heilig, unter diesem stattlichen Baum waltete das Gericht seines Amtes. Nur die Lindenholzkohle war schon vor der Einführung der Tierkohle im 15. Jahrhundert als aufsaugendes Mittel bei Durchfällen, Vergiftungen und bei Fäulniserscheinungen im Darm in Verwendung.

Herkunft und Vorkommen

Die Linde wächst meist verstreut, selten in reinen Beständen, in Laubmischwäldern von der Ebene bis in höhere Lagen in fast ganz Europa. Die Winterlinde ist etwas empfindlich und wächst mehr in der Ebene und in geschützten Berglagen, die Sommerlinde stellt weniger Ansprüche und wird öfters an Straßen als Alleebaum und bei Höfen angepflanzt.

Verwendete Teile

Medizinisch verwendet werden die Blüten der Winter- und der Sommerlinde, die 1–3 Tage nach dem Aufblühen in der Mitte des Sommers gepflückt werden müssen, da dann der Gehalt an Wirkstoffen am höchsten ist. Verfälschungen können mit anderen Lindenarten, mit den Blüten der Silberlinde vorkommen, die weiter verbreitet ist. Die Blüten dieser Lindenart sind als Heilkraut minderwertig und sollten nicht verwendet werden. Sie haben auch keinen solch angenehmen, aromatischen Geruch und Geschmack.

Wirkstoffe

Flavonoide, Gerbstoffe, Schleimstoffe, ein ätherisches Öl, das sehr empfindlich ist und nicht lange im Heilkraut enthalten bleibt. Deshalb sollten die Lindenblüten alle Jahre erneuert werden.

Anwendungsbereiche

Die Lindenblüten gehören zu den bekanntesten Heilkräutern und sind überaus beliebt. Sie wirken schweißtreibend, reizlindernd und schleimlösend, deshalb werden sie bei Schwitzkuren bei Erkältungskrankheiten und bei Reizhusten angewendet. Man verwendet Lindenblütentee ebenfalls bei Rheuma, Ischias und zur Steigerung der Gallensekretion, aber auch als Gurgelmittel bei Halsentzündungen. Das ätherische Öl wird in der Kosmetik verwendet.

Volkstümliche, wissenschaftlich nicht belegte Anwendung

In der Volksheilkunde werden die Lindenblüten vorbeugend bei Grippeepidemien als Abwehrkräfte anregendes Mittel angewendet. Wegen seiner wassertreibenden Wirkung wird Lindenblütentee in der Volksheilkunde auch gegen Blasen- und Nierenleiden verwendet.

Dosierung

Als schweißtreibender Tee übergießt man 2 leicht gehäufte Teelöffel Lindenblüten mit 1/4 Liter kochendem Wasser, lässt 10 Minuten ziehen, seiht ab und trinkt den Tee sehr heiß. Zur Vorbeugung reicht 1 Teelöffel voll Lindenblüten, der auf dieselbe Weise zubereitet wird; dann nur mäßig warm trinken.

Bewährte und bekannte Teemischungen

Folgende Teemischung hat sich bei Erkältungsbeschwerden bestens bewährt:

- 15 g Holunderblüten
- 15 g Lindenblüten
- 10 g Pfefferminzblätter
- 10 g Kamillenblüten

Bei trockenem Husten:

- 20 g Lindenblüten
- 20 g Holunderblüten
- 20 g Thymiankraut
- 20 g Malvenblüten/-blätter
- 20 g Fenchelfrüchte

Zubereitung: 1 Teelöffel dieser Mischungen mit 1/4 Liter heißem Wasser übergießen, nach 5 Minuten abseihen und, mit Honig gesüßt, warm trinken.

Brauchtum und Kuriosa

Die bei den alten Germanen als heilig verehrte Linde war Mittelpunkt der Dörfer, Beziehungspunkt und Versammlungsort zugleich. Wie aus vielen Urkunden hervorgeht, glaubte man, dass dies der Ort sei, an dem die Wahrheit besser ans Licht kommen könnte, deshalb wurden unter den Linden öfters Gerichtsversammlungen abgehalten.

Löwenzahnkraut/-wurzel *Taraxacum officinale L.*

FAMILIE: KORBBLÜTLER

Geschichte

Der Löwenzahn, dessen Name aus der Form der Blätter hervorgeht, war im Altertum als Heilpflanze nicht bekannt. Die medizinische Anwendung des Löwenzahns stammt wohl aus dem arabischen Raum, wo sie zuerst erwähnt wurde. Von dort haben die Griechen die Erkenntnis seiner Heilwirkung übernommen. In den Kräuterbüchern des 16. Jahrhunderts wurde die Droge eingehend beschrieben und als Heilkraut empfohlen.

Herkunft und Vorkommen

Der wegen seines mit einem Fallschirm ausgestatteten Samens auch als Pusteblume bekannte Löwenzahn ist eine äußerst unempfindliche und widerstandsfähige Pflanze, die mit einer bis zu 30 Zentimeter langen Pfahlwurzel versehen ist. Die gesamte Pflanze enthält einen weißen Milchsaft. Sie wächst fast überall, vor allem an Wegrändern, in Hecken, auf Äckern und Wiesen, in Brachland und lichten Wäldern.

Verwendete Teile

Die im April und Mai vor der Blütezeit geerntete ganze Pflanze wird, nachdem sie von anhaftenden Erdresten befreit wurde, bei künstlicher Wärme bis zu 40 Grad getrocknet und dann zerkleinert. Die Wurzeln gräbt man am besten im Herbst aus, säubert sie, zerschneidet sie und trocknet sie in einem Dörrapparat. Der als Droge zugeschnittene und getrocknete Löwenzahn hat einen schwachen Geruch und einen bitteren Geschmack, er ist vor Licht und Feuchtigkeit geschützt aufzubewahren.

Wirkstoffe

Die Pflanze enthält in der Wurzel bis zu 25 % Inulin, einen charakteristischen Zucker, Bitterstoffe, darunter Taraxacin, und Flavonoide. Sie enthält einige Vitamine und Mineralstoffe, besonders Eisen, Vitamin A und C.

Anwendungsbereiche

Löwenzahn regt den Gallenfluss an, wirkt wassertreibend und appetitanregend, ist aber auch entzündungshemmend, entkrampfend und regt den Stoffwechsel an. Aus diesem Grunde wird dieses Heilkraut bei Beschwerden, die im Zusammenhang mit dem Gallenfluss stehen, angewendet sowie zur Anregung der Harnausscheidung. Bei Völlegefühl, Blähungen und Verdauungsbeschwerden sowie bei mangelndem Appetit wird der Tee des Löwenzahns mit Erfolg verwendet.
Löwenzahn wird, im Frühjahr vor der Blüte geerntet, gerne als Salat roh gegessen.

Volkstümliche, wissenschaftlich nicht belegte Anwendung

Der überaus bekannte und beliebte Löwenzahntee wird in der Volksmedizin bei Erkrankungen der Leber und Galle, zur Behandlung von Gicht, Rheuma, Ekzemen und anderen Hauter-

krankungen genutzt. Er soll außerdem Nieren- und Blasenleiden günstig beeinflussen.

Dosierung

Für einen Tee aus Löwenzahnwurzeln wird 1 Esslöffel mit 1 Tasse Wasser 5 Minuten aufgekocht, 10 Minuten ziehen gelassen, abgeseiht und 3 × täglich getrunken.

Bemerkungen

Wenn auf einer Wiese fast ausschließlich Löwenzahn wächst, ist es sehr wahrscheinlich, dass der Boden stark gedüngt wurde und mit Stickstoffen überlastet ist. Deshalb sollte in diesen Wiesen kein Löwenzahn geerntet werden, denn mit solchen Pflanzen tut man der eigenen Gesundheit keinen Dienst. Ebenso sollte Löwenzahn bei Verschluss der Gallenwege und bei Darmverschluss nicht angewendet werden. Auch empfiehlt es sich nicht, wegen seiner harntreibenden Wirkung, einen Löwenzahntee abends vor dem Schlafengehen zu trinken.

Bewährte und bekannte Teemischung

Leber- und Gallentee bei Völlegefühl und Blähungen:

10 g Kümmelfrüchte
30 g Löwenzahnwurzel mit Kraut
20 g Mariendistelfrüchte
20 g Schafgarbenkraut
20 g Pfefferminzblätter

Zubereitung: 1 Teelöffel dieser Teemischung mit 1 Tasse kochendem Wasser überbrühen, 10 Minuten ziehen lassen, abseihen und nach jeder Mahlzeit davon 1 Tasse trinken.

Homöopathie

Taraxacum verwendet man bei Entzündungen und Erkrankungen des Leber- und Gallesystems. Gebräuchliche Potenzen: D1, D2, D3, D4, D6.

Brauchtum und Kuriosa

Im »Neu Kreutterbuch« des Hieronymus Bock, erschienen im Jahre 1539, kann man bezüglich des aus Kräutern und Wurzeln gebrannten Wassers lesen: »die weiber pflegen sich auch under augen mit disem wasser zu weschen, verhoffen dadurch ein lautter angesicht zu erlangen, und die rote purpur oder bläterlin (Sommersprossen) damit zu vertreiben.«

Lungenkraut *Pulmonaria officinalis L.*

FAMILIE: BORRETSCHGEWÄCHSE

Geschichte

Das Lungenkraut wird in der Antike nicht genannt und auch im Mittelalter wurde dieses Kraut nicht mit Sicherheit erkannt. Erst im 16. Jahrhundert wurde es erwähnt, ist aber nie als wichtiges Heilkraut eingestuft worden. Der Name stammt aus der Signaturlehre des 16. Jahrhunderts, nach welcher Pflanzen mit Merkmalen, welche an die jeweiligen Organe erinnern, auch Krankheiten, welche diese befallen, heilen. Im Falle des Lungenkrautes erinnern die gefleckten Blätter an die Lungenbläschen.

Herkunft und Vorkommen

Diese aus Europa stammende Pflanze wächst in feuchten Laubwäldern, sowohl auf kalkarmen als auch kalkreichen Böden. Sie ist auch als Heilpflanze in den Südtiroler Gärten immer wieder anzutreffen.

Verwendete Teile

Verwendet wird das während der Blüte gesammelte Kraut.

Wirkstoffe

Schleimstoffe, Fructane, Flavonoide, Gerbstoffe, geringe Mengen Saponin, Chlorogensäure und Rosmarinsäure.

Anwendungsbereiche

Das Lungenkraut ist Bestandteil einiger Bronchialtees, wird aber nach dem neuesten Stand der Pflanzenheilkunde nicht mehr angewendet, denn es hat zu wenig Wirkung. Für Husten und Bronchialkatarrh gibt es besser und sicherer wirksame Heilkräuter. Ich führe dieses Kraut nur deshalb an, weil es in Südtirols Gärten als Zierpflanze, aber auch als Heilpflanze häufig anzutreffen ist.

Das Lungenkraut wird meist nicht als solches, sondern als Bestandteil einiger Bronchialtees verwendet. Es hat mehr volkstümliche Anwendung, da wissenschaftlich seine Wirkung nicht gänzlich geklärt ist.

Bemerkungen

Charakteristisch und einzigartig für diese Pflanze ist der Farbwechsel der frischen Blüten von Rosa zu Blau. Dieser Farbwechsel hängt mit einer Reaktion zusammen, die in den Zellen der Blüten entsteht: Die gelösten Stoffe in den Knospen sind zuerst sauer, daher sind die Blüten anfangs rosa; nach der Bestäubung werden sie dann neutral bis leicht alkalisch, wodurch die Blüten blau werden.

Brauchtum und Kuriosa

Die alten Griechen glaubten, das Lungenkraut sei nützlich gegen Krankheitsgeister und Dämonen, deshalb verräucherten sie es in Krankenhäusern und Spitälern und, mit Weihrauch gemischt, bei Leichenbestattungen.

Mädesüßblüten/-kraut *Filipendula ulmaria L., Spirea ulmaria L.*

FAMILIE: ROSENGEWÄCHSE

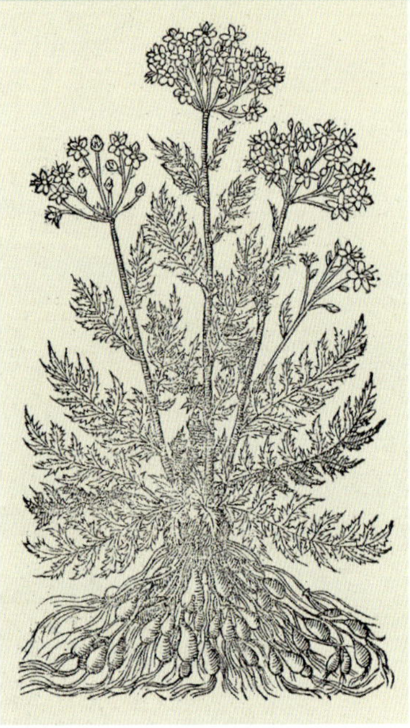

Geschichte

In den Kräuterbüchern der Antike kommt die Filipendula ulmaria, Mädesüß, welche auch Spirea ulmaria genannt wurde, nur spärlich oder fast gar nicht vor. Auch im Mittelalter wurde diese Pflanze selten genannt und teilweise nur als Viehfutter, aber nicht als Heilkraut erwähnt.

Herkunft und Vorkommen

Diese häufig vorkommende Pflanze wächst in der ganzen nördlichen Hemisphäre, und zwar an feuchten Stellen, an Flussufern, Wassergräben, Tümpeln und zwischen Röhricht.

Verwendete Teile

Verwendet werden die gelblichweißen, schwach, eigentümlich riechenden Blüten sowie das ganze Kraut. In den Blüten ist mehr Wirkstoff enthalten.

Wirkstoffe

Ätherisches Öl (Salicylaldehyd), Phenylglykoside (Glykoside des Salicylaldehyds und andere), Flavonoide und Gerbstoffe.

Anwendungsbereiche

Die Inhaltsstoffe der Mädesüßpflanze wirken entzündungshemmend, zusammenziehend und fiebersenkend, deshalb wird diese Heilpflanze bei Erkältungskrankheiten, Fieber, Grippe und den daraus entstehenden rheumatischen Schmerzen angewendet.

Volkstümliche, wissenschaftlich nicht belegte Anwendung

In der Volksmedizin wird die Heilpflanze als krampfstillendes, schweiß- und harntreibendes Mittel, bei Muskel- und Gelenksrheumatismus und als Mittel bei Nieren- und Blasenentzündungen angewendet.

Zubereitung

1 Esslöffel geschnittenes Heilkraut mit 1 Tasse kochendem Wasser übergießen, 10–15 Minuten ziehen lassen, abseihen und mehrmals täglich 1 Tasse davon trinken.

Vorsichtsmaßnahmen

Bei längerer Anwendung und in höheren Dosierungenkönnen aufgrund des Gehaltes an Salicylaten Magen- und Darmbeschwerden auftreten.

Bewährte und bekannte Teemischungen

Standard-Erkältungstee:
30 g Lindenblüten
30 g Holunderblüten
20 g Mädesüßblüten
20 g Hagebutten

Zubereitung: 1–2 Teelöffel dieser Teemischung mit 1 Tasse heißem Wasser aufgießen, 10 Minuten ziehen lassen, abseihen und mehrmals am Tag heiß trinken. Um eine gute Wirkung zu erzielen, sollte man diesen Tee immer frisch zubereiten.

Schweißtreibender Tee:
70 g Lindenblüten
10 g Mädesüßblüten
15 g Pfefferminzblätter
5 g Pomeranzenschalen
Zubereitung: 1–2 Teelöffel dieser Teemischung mit 1 Tasse heißem Wasser aufgießen, 10 Minuten ziehen lassen, abseihen, mehrmals am Tag heiß trinken, sich gut zudecken und darunter schwitzen.

Bemerkungen

Vor allem die Blüten enthalten Salicalsäureverbindungen, Flavonoide, aber auch Gerbstoffe, die für den zusammenziehenden Geschmack verantwortlich sind. Innerlich als Tee werden Mädesüßblüten oder -kraut zur unterstützenden Behandlung bei Erkältungserkrankungen und als schweißtreibendes und harntreibendes Mittel angewendet. Die Wirksamkeit bei rheumatischen Erkrankungen ist nicht belegt. Tee: 2,5–3,5 g Mädesüßblüten oder 4–5 g Mädesüßkraut werden mit ca. 150 ml siedendem Wasser übergossen und nach 10 Minuten abgeseiht. Mehrmals täglich 1 Tasse frisch bereiteten Tee möglichst heiß trinken. Mädesüß ist Bestandteil einiger Erkältungstees, aber auch einiger Fertigarzneimittel aus der Gruppe der Antipyretica-Analgetica.

- Nicht anwenden bei Überempfindlichkeit gegenüber Salicylaten!
- Nicht anwenden bei Asthmatikern!
- Nicht anwenden bei Säuglingen und Kleinkindern!
- Nicht anwenden während Schwangerschaft und Stillzeit!

Brauchtum und Kuriosa

In vielen Gegenden wurde die Pflanze zum Ausreiben der Bienenstöcke benutzt. Daher heißt sie in manchen Zonen auch Immenkraut oder Impenkraut.

Maiglöckchenkraut *Convallaria majalis L.*

FAMILIE: MAIGLÖCKCHENGEWÄCHSE

Geschichte

In der Antike wird das Maiglöckchen nicht erwähnt, vielleicht weil diese Pflanze im Mittelmeerraum nur ganz selten vorkommt. Erst im Mittelalter wird sie als Heilpflanze erwähnt und näher beschrieben. In der russischen Volksmedizin wurde das Maiglöckchen gegen Wassersucht, Epilepsie und Schlaganfälle benutzt.

Herkunft und Vorkommen

Das Maiglöckchen ist allgemein bekannt und beliebt und wird als Zierpflanze in vielen Gärten angepflanzt. Wild ist es heimisch in Europa, Kleinasien, China, Japan und Nordamerika. Die kleinen weißen, unverkennbar wohlriechenden Blüten sind glockenförmig und bilden mit 5–13 Blüten eine Traube.

Verwendete Teile

Verwendet werden die blühenden oberirdischen Teile.

Wirkstoffe

Herzwirksame Glykoside wie Convallatoxin, Convallatoxol und andere Cerdenoliden.

Anwendungsbereiche

Zubereitungen aus dem Maiglöckchen werden ähnlich dem Fingerhut bei Altersherz und leichter Herzschwäche angewendet. Das wirksame Prinzip bilden so genannte Glykoside, welche auf das Herz wirken, deren erwünschte Wirkung aber nahe an der toxischen, also giftigen Grenze liegt. Deshalb sollte dieses Heilkraut nicht im Rahmen einer Selbstmedikation angewendet werden.

Dosierung

Die Dosierung sollte immer von einem Arzt vorgenommen werden und sollte immer einer inhaltlich auf den Wirkungswert eingestellten Zubereitung entsprechen. Das Heilkraut ist nicht als solches anzuwenden, da der Inhalt an Wirkstoffen nicht immer konstant ist und es deshalb leicht zu Vergiftungen kommen kann.

Vorsichtsmaßnahmen

Nicht während Schwangerschaft und Stillzeit oder bei Kindern anwenden, oder wenn bereits ein anderes Arzneimittel eingenommen wird, welches Substanzen enthält, die gegen Herzbeschwerden wirken.

Bemerkungen

Vor Beginn einer Behandlung müssen die Beschwerden erst durch einen Arzt abgeklärt werden. Bei der Herzinsuffizienz handelt es sich um eine ernste Erkrankung, für welche wesentlich wirkungsvollere und modernere Medikamente zur Verfügung stehen. Zur Vorbeugung oder bei plötzlichen Beschwerden eingenommen, sind solche pflanzliche Heilkräuter gefährlich oder nutzlos.
Grundsätzlich sollte ein solches Heilkraut auch als Zierpflanze nicht in Gärten angepflanzt werden, wenn dort kleine Kinder spielen oder sich aufhalten. Diese giftigen Pflanzen sollten, wenn schon, von der Umgebung durch geeignete Schutzmaßnahmen getrennt angepflanzt werden.

Vergiftungserscheinungen

Eine Vergiftung zeigt sich zunächst in Übelkeit, Durchfall, Schwindel, Sehstörungen und raschem Puls. Schwere Vergiftungen führen zunächst zu Blutdrucksteigerung, dann Blutdruckabfall und Herzrhythmusstörungen. Der Tod kann schließlich durch Kammerflimmern eintreten. Schwere Vergiftungen durch den Verzehr der Beeren sind glücklicherweise selten, da die Wirkstoffe durch den Magen-Darm-Trakt nur schlecht aufgenommen werden. Eine medizinische Betreuung ist aber in jedem Falle notwendig.

Brauchtum und Kuriosa

In alten Büchern beschreibt man vielfach die Verwendung der Blüten als Niespulver, wie im Schneeberger Schnupftabak, und sogar als Schönheitsmittel bei Sommersprossen.

Malvenblätter/-blüten, Käsepappel *Malva sylvestris L.*

FAMILIE: MALVENGEWÄCHSE

Geschichte

Dioskurides glaubte, Malve helfe bei Gebärmutterleiden und sei ein Mittel gegen tödliche Gifte, Wespen- und Bienenstiche. Hildegard von Bingen empfiehlt sie dem gesunden Menschen wegen des hohen Schleimgehaltes und »den dicken, giftigen Säften« nicht, schlägt aber die Einnahme von zerriebenen Blättern bei schwachem Magen vor.

Herkunft und Vorkommen

Die Wilde Malve ist eine der ältesten Nutzpflanzen. Sie stammt wohl aus dem östlichen Mittelmeergebiet und ist bis Südsibirien verbreitet. Die Käsepappel, wie sie auch genannt wird, ist seit der jüngeren Steinzeit als Kulturbegleiter in der ganzen damals bekannten Welt aufgetreten. Als Stockrose hat sie eine lange Tradition und fehlt in keinem Bauerngarten. Goethe setzte diese schöne Pflanze beidseitig entlang des Weges seines Hausgartens und erfreute sich im Sommer an ihrer Blütenpracht. Die Wilde Malve besiedelt ödes Land, Wegränder und Mauern und braucht stickstoffreiche, kalkhaltige Böden.

Verwendete Teile

Verwendet werden die Blätter und die Blüten.

Wirkstoffe

Hauptinhalt der Wilden Malve sind Schleimstoffe. Die Blüten enthalten außerdem Malvin, ein Anthocyanglykosid, das ist ein Farbstoff, der früher zum Färben von Lebensmitteln verwendet wurde.

Anwendungsbereiche

Die Malve ist ein Schleimstoffkraut und wird bei Erkrankungen der oberen Luftwege und des Mund- und Rachenraumes verwendet. Dieser Schleimstoff überzieht das entzündete Gewebe wie mit einem Schutzfilm. Wenn die Atemwege verschleimt sind, ist der Malventee nicht geeignet, also sollte man ihn nur bei Reizhusten zur Linderung und Beruhigung benützen. Die Malve lindert den Hustenreiz, wird aber selten alleine angewendet, sondern ist Bestandteil vieler Hustentees.

Volkstümliche, wissenschaftlich nicht belegte Anwendung

In der Volksmedizin wird der Malven- oder Käsepappeltee durch seine auf die Schleimhaut beruhigend wirkende Eigenschaften auch bei Gastritis und bei Entzündungen des Magen- und Darmtraktes angewendet, außerdem bei gewissen Frauenleiden wie weißen Ausfluss. Die jungen Blätter eignen sich als Wildgemüse und auch die Blütenknospen sind essbar. Früher gab man die Wurzel zahnenden

Kleinkindern zum Kauen. Dieser Gebrauch ist aus hygienischen Gründen nicht mehr anzuraten.

Dosierung

Man übergießt 2 gehäufte Teelöffel der geschnittenen Droge mit 1 Tasse lauwarmem Wasser, lässt diese Blüten und Blätter über Nacht stehen, um die wirksamen Schleime nicht zu zerstören, kocht kurz auf, lässt 10 Minuten ziehen, seiht ab und trinkt den mit Honig gesüßten Tee schluckweise mehrmals am Tag.

Bemerkungen

Die Blätter der Malve werden leicht von einer Pilzkrankheit befallen, die weiße, später dunkelbraune Pusteln auf den Blattunterseiten hervorbringt. Vorbeugend wirken Behandlungen mit einer Brühe aus Schachtelhalmen. Befallene Blätter sollten gleich abgeschnitten und vernichtet werden.

Wechselwirkungen

Grundsätzlich gilt, dass Heilkräuter, aber auch Nahrungsmittel, die Schleimstoffe enthalten, die Aufnahme von Medikamenten verzögern oder vermindern können. Daran sollte man denken, wenn man solche Wirkstoffe verwendet, und eine an-gemessene Zeit, mindestens 1 Stunde, zwischen der Aufnahme dieser Heilkräuter und von Medikamente einplanen.

Bewährte und bekannte Teemischung

Bei trockenem Husten, Bronchitis:
- 20 g Malvenblätter
- 20 g Eibischwurzel
- 20 g Huflattichblätter
- 20 g Spitzwegerichkraut
- 20 g Thymiankraut

Zubereitung: 2 Teelöffel dieser Teemischung mit ca. 150 ml kochendem Wasser übergießen, 10–15 Minuten ziehen lassen, abseihen und mehrmals am Tag 1 Tasse trinken.

Brauchtum und Kuriosa

In Hexenprozessen kommt die Wilde Malve vor und wird als Hexenkraut verwendet. In Italien galt die Käsepappel als Allheilmittel und wurde »herba omnimorbium« genannt.

Mariendistelfrüchte/-kraut *Silybum marianum L.*

FAMILIE: KORBBLÜTLER

Geschichte

Die Mariendistel wurde schon vor über 2000 Jahren bei den Griechen und Römern als Heilpflanze verwendet. Im Mittelalter war sie ebenfalls bekannt und beschrieben, sie wurde unter anderem bei Fieber, Wassersucht und als milchanregendes Mittel eingesetzt. In alter Zeit, so berichtet ein Gelehrter, gebrauchte man die Mariendistel auch bei Fluor albus und als »Präservativ« gegen die Hundswuth. Die Körner wurden auch gegen das Seitenstechen verwendet.

Herkunft und Vorkommen

Die Pflanze stammt wohl aus den trockenen und steinigen Hängen Südeuropas und Nordamerikas. Sie gedeiht in Steppen und auf Ödland, ist teilweise auch in der Nähe von Bahnhöfen als Kulturbegleiter anzutreffen.

Verwendete Teile

Gebraucht werden die Wurzeln, das Kraut und die Früchte.

Wirkstoffe

Silymarin, das ist ein Komplex von drei Flavonolderivaten, Silybin, Silydianin, Silychristin, ca. 26 % fettes Öl, welches mehrfach ungesättigte Fettsäuren enthält.

Anwendungsbereiche

Der in der Mariendistel enthaltene Wirkstoff verhindert, dass zahlreiche leberschädigende Gifte die Leberzelle erreichen können. Die heilende Wirksamkeit besteht darin, dass Silymarin einerseits das Eindringen der Lebergifte in das Innere der Zelle verhindert, und anderseits, dass die Fähigkeit der Leber, sich zu regenerieren, angeregt wird. Aus diesem Grunde wendet man die Mariendistel bei Verdauungsbeschwerden, bei chronischen Lebererkrankungen, bei Leberverfettung und bei allen anderen mit der Leber zusammenhängenden Erkrankungen an.

Dosierung

Eine Teezubereitung aus zerkleinerten Mariendistelfrüchten hat einen schalen und durch den hohen Ölgehalt unangenehmen öligen Geschmack. Obwohl dieser mit der Zugabe von etwas Fenchelsamen verbessert wird, ist eine über lange Zeit durchzuführende Behandlung nicht sehr angenehm. Aus diesem Grunde zieht man die im Handel erhältlichen, standardisierten Zubereitungen vor, denn diese haben eine durchgehend gleiche und zuverlässige Wirksamkeit.

Homöopathie

Silybum marianum verwendet man bei Leber- und Gallenerkrankungen, Venenleiden und Rheumatismus der Schulter und Hüfte. Gebräuchliche Potenzen: Urtinktur D2, D3, D4.

Brauchtum und Kuriosa

Einem Volksglauben zufolge sollte diese stachelige Pflanze nicht auf dem Ofen einer Wirtshausstube aufbewahrt werden, da sonst unter den Gästen immer wieder Streit ausbricht.

Mäusedornwurzelstock *Ruscus aculeatus L.*

FAMILIE: SPARGELGEWÄCHSE

Geschichte

Über den Mäusedorn wurde im Altertum wenig berichtet. Erst im 16. Jahrhundert beginnt man über diese Pflanze zu schreiben. Die Wurzelsprossen wurden, wie jene des verwandten Spargels, als Gemüse verwendet. Als Heilpflanze wurde sie nur als wassertreibendes Mittel eingesetzt.

Herkunft und Vorkommen

Der Mäusedorn ist im Süden Europas beheimatet, hauptsächlich im Mittelmeergebiet. Der kleine Strauch wächst auch in Südtirol in Gebüschen, in trockenen Wäldern und auf steinigen Abhängen. Seine Blätter sind verkümmert und der Trockenheit angepasst. In Südtirol steht der Mäusedorn laut Landesgesetz unter strengem Naturschutz und ist eine der 23 vollkommen geschützten Pflanzen.

Verwendete Teile

Verwendet werden die unterirdischen Teile der Pflanze, das ist der Wurzelstock mit den anhängenden Wurzeln.

Wirkstoffe

Die Inhaltsstoffe des Mäusedornwurzelstockes, welche medizinisch genutzt werden, sind Steroidsaponine, Ruscin, Ruscosid, die ähnlich wie die Wirkstoffe der Rosskastanie wirken sowie Phytosterole und Triterpene.

Anwendungsbereiche

Die Inhaltsstoffe des Mäusedorns können den Venenkreislauf günstig beeinflussen, da sie die Venen stärken und die Durchlässigkeit derselben vermindern. Aus diesem Grunde wird das Heilkraut bei andauernden Venenproblemen verwendet, die sich durch Schmerzen, Schwellungen und ein Gefühl, schwere Beine zu haben, durch von Venenstauungen hervorgerufenen Juckreiz und in der Nacht auftretende Wadenkrämpfe sowie Hämorrhoiden bemerkbar machen.

Zubereitung

Als Teeaufguss wird dieses Heilkraut nicht verwendet. Es werden ausschließlich Fertigarzneimittel mit einem standardisierten Inhalt an Wirkstoffen verschrieben. Die Behandlung sollte sich, wie bei allen Venenerkrankungen üblich, auf eine längere Zeit erstrecken.

Bemerkungen

Im Allgemeinen sind Präparate aus dem Mäusedornwurzelstock besser verträglich als die Präparate der Rosskastanie, dennoch können Magen-Darm-Beschwerden oder Durchfälle auftreten. Selten können allergische Reaktionen vorkommen. Nicht während der Schwangerschaft oder in der Stillzeit anwenden.

Brauchtum und Kuriosa

Der Geschmack des Mäusedornwurzelstocks ist zuerst süßlich, dann widerlich und scharf. Vielleicht wird deshalb in einem der Kräuterbücher des 16. Jahrhunderts vorgeschlagen, ihn neben Fleisch aufzuhängen, damit er die Fledermäuse verscheucht.

Meisterwurzelstock *Peucedanum ostruthium L.*

FAMILIE: DOLDENGEWÄCHSE

Geschichte

Die Meisterwurz hat einen ausgeprägten aromatischen Geruch, der an Sellerie und Möhren erinnert. Sie ist ein Heilkraut, das seit dem Mittelalter häufig in Gärten angepflanzt wurde. Der Name weist auf die Heilkraft hin, denn sie war Bestandteil verschiedener beliebter Allheilmittel. Als Gartenpflanze ist sie weitgehend aus der Mode gekommen.

Herkunft und Vorkommen

Die Pflanze stammt aus den Alpen und den Pyrenäen, wo sie an Bachufern, auf feuchten Schutthalden und höher gelegenen Gebirgswiesen vorkommt. Die meisten Vorkommen in den tieferen Lagen, wo sie verwildert wächst, dürften von alten Anpflanzungen abstammen.

Verwendete Teile

Verwendet wird ausschließlich der Wurzelstock, welcher im Frühling oder Herbst geerntet und im Schatten getrocknet wird.

Wirkstoffe

Die Meisterwurz enthält ätherisches Öl, Cumarinverbindungen, Harz und Gerbstoffe.

Anwendungsbereiche

Die Meisterwurz wird nur mehr selten verlangt und angewendet, denn in ihrem Anwendungsbereich gibt es wirksamere Heilkräuter. Sie wirkt appetitanregend, fördert den Auswurf und wird bei Erkrankungen des Magen-Darm-Bereiches angewendet.

Volkstümliche, wissenschaftlich nicht belegte Anwendung

Die Meisterwurz hat in der Volksheilkunde ein hohes Ansehen und wurde immer wieder als Heilmittel gegen ansteckende Krankheiten verwendet. Aus der Wurzel wird ein Schnaps gebrannt, der in manchen Gebirgsgegenden zusammen mit anderen Kräutern als Magenstarkungsmittel beliebt ist. Die Meisterwurz findet in einigen Gegenden auch bei der Herstellung von Kräuterkäse Verwendung.

Dosierung

1 Teelöffel zerkleinerte Droge mit 1 Tasse kaltem Wasser ansetzen, kurz aufkochen, abseihen und 3–4 × am Tag 1 Tasse vor den Mahlzeiten trinken.

Brauchtum und Kuriosa

Zu Heilzwecken wurden früher die Wohnungen und Stallungen mit getrockneten und angebrannten Meisterwurzeln ausgeräuchert.

Melissenblätter *Melissa officinalis L.*

FAMILIE: LIPPENBLÜTLER

Geschichte

Das in unseren Bauerngärten überall angepflanzte Heilkraut war bei den alten Griechen ebenso bekannt wie bei den Römern, welche die Melisse als Heilmittel gegen allgemein nervös bedingte Beschwerden empfahlen. Der lateinische Name »Melissa« kommt vom griechischen melissophýllon, »Bienenblatt«, weil die Melisse wegen ihres Reichtums an Honig, lateinisch »mel«, eine Bienenpflanze ist.

Herkunft und Vorkommen

Die Zitronenmelisse ist eine genügsame Pflanze, welche, aus Gärten verwildert, an Wegrändern, in Weinbergen, auf und in alten Gemäuern, zwischen Hecken bis in höhere Gebirgslagen gedeiht. Sie wird in Gärten angepflanzt und ist häufig anzutreffen. Ursprünglich war sie wahrscheinlich im Orient, vom östlichen Mittelmeergebiet über den Kaukasus, den Iran bis nach Südwestsibirien verbreitet. In Europa und im Alpenraum ist sie wohl nur eingebürgert.

Verwendete Teile

Verwendet werden die Blätter, welche vor der Blüte, von Juni bis August, nachdem die Pflanze abgeschnitten wurde, gesammelt werden. Getrocknet werden sollten die Blätter möglichst rasch bei Warmluft bis zu 40 Grad. Da sich während der Blütezeit die Wirkstoffe der Pflanze verändern, sollten die Blätter von blühenden Pflanzen nicht gesammelt werden. Die Droge riecht nach Zitrone und hat einen leicht würzigen, ebenfalls zitronenähnlichen Geschmack.

Wirkstoffe

Melissenblätter enthalten von 0,05 bis höchstens 0,8 % ätherisches Öl mit einer komplexen, nicht immer gleichen Zusammensetzung. Es wurden bis zu 78 verschiedene Aromastoffe ermittelt. Das Melissenöl ist dem des Zitronengrases ähnlich, kann aber durch eine genaue Messung unterschieden werden. Weitere Bestandteile: Gerbstoffe, Triterpensäuren und Flavonoide.

Anwendungsbereiche

Das Heilkraut Melisse wirkt beruhigend, krampflösend, entspannend, karminativ, schwach antibakteriell und virustatisch. Aus diesem Grunde wird die Melisse bei nervös bedingten Einschlafstörungen, bei Unruhezuständen, Ängstlichkeit und Erschöpfung, aber auch bei Beschwerden des Magen-Darm-Traktes und bei Blähungen verwendet. Durch seine spasmolytische Wirkung wird der Melissentee bei allen Beschwerden, welche von Verkrampfungen ausgehen, z. B. Menstruationsbeschwerden, Kopfschmerzen, angewendet. Eine Wirkung auf Herpes simplex (Lippenbläschen) ist nachgewiesen, denn die Phenolcarbonsäuren, darunter die Rosmarinsäure, entfalten antivirale, antimikrobielle, entzündungshemmende und antioxidative Wirkungen.

Volkstümliche, wissenschaftlich nicht belegte Anwendung

Die volkstümliche Anwendung der Melisse deckt sich weitgehend mit dem von der Wissenschaft ermittelten Gebrauch.

Dosierung

Bei Unruhe und nervösen Schlafstörungen:
2 Teelöffel geschnittene Droge mit 1 Tasse kochendem Wasser übergießen, 5 Minuten zugedeckt ziehen lassen, abseihen und tagsüber mehrmals bzw. abends 1 Tasse davon trinken.
Anwendung als Bad:
50–60 g Melissenblätter mit 1 Liter Wasser übergießen, aufkochen, 10 Minuten ziehen lassen, abseihen und dann die Flüssigkeit dem Vollbad zusetzen.

Bemerkungen

Im Handel gibt es eine Menge so genannter »Melissen-Geister«, diese haben einen nur sehr geringen Anteil an destillierten Melissenblättern. Da diese »Melissen-Geister« aber durchwegs einen sehr hohen Gehalt an Alkohol haben, ist deren Gebrauch medizinisch nicht immer gerechtfertigt. Sinnvoll und wirkungsvoller ist es, statt Melissentee Melissen-Tinktur anzuwenden, denn da ist die Konzentration an ätherischen Ölen entsprechend. Ein mit frischen Melissenblättern zubereiteter Kräutertee ist unvergleichlich besser als der mit getrockneten Blättern; er ist auch geschmacklich Letzterem vorzuziehen.

Bewährte und bekannte Zubereitungen

Beruhigungstropfen:
10 g Baldriantinktur
10 g Passionskrauttinktur
10 g Hopfenzapfentinktur
10 g Melissenblättertinktur
Zubereitung: Man verdünnt, nach Bedarf, mehrmals täglich 15–20 Tropfen in ein wenig Wasser.
Als Schlaf- und Nerventee:
30 g Baldrianwurzel
20 g Hopfenzapfen
50 g Melissenblätter
Zubereitung: 1–2 Teelöffel der Kräutermischung mit 1 Tasse kochendem Wasser überbrühen, 5–10 Minuten zugedeckt ziehen lassen, abseihen und davon mehrmals am Tag 1 Tasse trinken.

Brauchtum und Kuriosa

Dioskurides meint, die Melisse sei ein gutes Mittel gegen Skorpion- und Spinnenstiche sowie heilend bei Hundebissen. Ferner sei ein mit Honig vermischter Melissensaft ein ausgezeichnetes Mittel gegen die Verdunkelung der Augen.

Mistelkraut *Viscum album L.*

FAMILIE: MISTELGEWÄCHSE

Geschichte

Die Mistel spielte sowohl in der Antike als auch in der germanischen Sagenwelt eine große Rolle. In vielen Erzählungen ist die Mistel ein Zauberkraut und hat in einigen dieser Geschichten sogar eine heilige Bedeutung.
Die auf Eichen wachsenden Misteln galten als besonders heilkräftig. Man glaubte, Misteln seien gegen epileptische Anfälle wirksam, wenn sie nicht mit der Erde in Berührung kamen.

Herkunft und Vorkommen

Diese im Winter grüne, hauptsächlich auf Laubhölzern und Kiefern schmarotzende Pflanze ist in ganz Eurasien anzutreffen. Die Laubholzmistel ist nach Osten bis Westiran und Nordasien, die Nadelholzmistel mehr in Süd- und Mitteleuropa verbreitet. In Südtirol ist die Mistel nicht sehr verbreitet, kommt aber in einigen Gegenden, z. B. in Tisens und Prissian, häufig vor. In letzter Zeit ist die Mistel nicht nur als Heilkraut sehr in Mode gekommen, und dadurch ist leider auch der Bestand dieser äußerst langsam wachsenden Pflanze teilweise gefährdet.

Verwendete Teile

Das ganze Kraut *(Herba Visci albi)*, welches von März bis April und Oktober entweder mit Stangen von den Bäumen geschlagen oder auf den Bäumen mit einer Schere abgeschnitten wird. Man reiht es in einem beheizten Raum zum Trocknen an einer Leine auf.

Wirkstoffe

Viscotoxin und Polypeptide, Acetylcholin, Cholin, Histamin, y-Aminobuttersäure und Oleanolsäure. Dieses Wirkstoff-Gemisch stärkt das Immunsystem, verlangsamt den Herzschlag, stärkt die Blutgefäßwände und mindert die Arteriosklerose.

Anwendungsbereiche

Bei Tumorpatienten verbessert die Mistel das Allgemeinbefinden durch Zunahme von Appetit, Normalisierung des Schlafes, Verbesserung der Stimmungslage, Linderung von Schmerzen und Steigerung der eigenen Immunabwehr.
Die moderne Krebstherapie versucht, Patienten mit fortgeschrittenen Tumoren zu einer Verbesserung der Lebensqualität zu verhelfen und gleichzeitig dazu beizutragen, für ein bestmögliches Befinden zu sorgen. Um dieses Ziel zu erreichen, sucht man nach Substanzen, die das Immunsystem der Kranken stimulieren und die oft sehr unangenehmen Nebenwirkungen von Strahlen- oder Chemotherapie vermindern.
Mistelpräparate wurden durch die anthroposophisch orientierte

Medizin bekannt. Zwei davon, Iscador M und Iscador P, sind bei Krebsleiden häufig verwendete Mittel. Es gibt auch standardisierte allopathische, phytotherapische Mistelpräparate, welche sich von den anthroposophischen nur geringfügig unterscheiden.

Volkstümliche, wissenschaftlich nicht belegte Anwendung

Da die Mistel Wirkstoffe hat, die den Blutkreislauf normalisieren, wird sie sowohl bei zu hohem als auch zu niedrigem Blutdruck eingesetzt. Bei Frauen wird Misteltee bei Menstruationsstörungen, bei zu starken monatlichen Blutungen, ebenso bei Beschwerden der Wechseljahre mit Herzklopfen, Wallungen, Angstgefühl und Atemnot getrunken.
Die Mistel kann man zusammen mit Weißdorn älteren Menschen empfehlen, hauptsächlich in Form von Tinktur, um die Leistung eines müden Herzens zu verbessern oder zur Stärkung eines geschwächten Herzens nach Krankheiten.

Dosierung

Als Tee: 1–2 Teelöffel geschnittene Droge mit 1 Tasse Wasser kalt ansetzen, 5–10 Stunden zugedeckt stehen lassen, dann aufkochen, 10–15 Minuten ziehen lassen, abseihen und dann 3 × täglich oder nach Bedarf trinken.
Verwendet wird ebenfalls die Tinktur, von der man 2–3 × täglich 15–20 Tropfen mit Wasser einnimmt.

Bemerkungen

In jedem Fall muss die Therapie mit Injektionen von Mistelpräparaten unbedingt mit einem Arzt geklärt werden. Die Misteltherapie ist umstritten. Jedenfalls werden Mistelpräparate von der Kommission E, einer vom deutschen Ministerium für Jugend, Familie und Gesundheit beim Bundesinstitut für Arzneimittel und Medizinprodukte eingesetzten Sachverständigenkommission, die sich mit Arzneipflanzen und Arzneipflanzenzubereitungen wissenschaftlich auseinandersetzt und diese bewertet, bei degenerativ entzündlichen Erkrankungen der Gelenke und als Palliativtherapie im Sinne einer unspezifischen Reiztherapie bei bösartigen Tumoren als wirksam beschrieben.

Homöopathie

Viscum album wird verwendet bei Durchblutungsstörungen aller Art, Schwindel, Arteriosklerose, Herzleiden und Verschleiß der Gelenke.
Gebräuchliche Potenzen:
D2, D3, D4.

Brauchtum und Kuriosa

Die alten Griechen und Römer bereiteten aus dem Fleisch der weißen Scheinbeeren der Mistel den Vogelleim. Im englischen Weihnachten hat die Mistel als glückbringende Pflanze eine mystische Bedeutung.

Odermennigkraut *Agrimonia eupatoria L.*

FAMILIE: ROSENGEWÄCHSE

Geschichte

Odermennig war eine der berühmtesten Heilpflanzen der Antike. Schon der griechische Arzt Dioskurides lobte »Eupatorios« als Wundheilmittel und Arznei gegen Lebererkrankungen. Im Mittelalter, als es nicht möglich war, wissenschaftlich geprüfte Heilkräuter anzuwenden, und man mehr nach Erfahrung oder Überlieferung heilte, wurde zum Beispiel dieses Heilkraut als wirksam bei Leber- und Milzerkrankungen, Ruhr, Schlangenbissen, gegen den Biss tollwütiger Hunde, gegen Würmer, bei Hauterkrankungen, schlecht heilenden Wunden sowie bei Entzündungen des Mundes und der Rachenschleimhaut gerühmt. Heutzutage ist man da etwas nüchterner, da man die Wirkungsweise kennt.

Herkunft und Vorkommen

Diese weit verbreitete, angenehm riechende Staude wächst an trockenen Stellen, bei Hecken, Zäunen sowie auf Magerwiesen, und bevorzugt lehmige Böden.

Verwendete Teile

Verwendet wird das Kraut, das im Mai und Juni gesammelt wird.

Wirkstoffe

Das Odermennigkraut enthält bis zu 10 % Catechingerbstoffe sowie Flavonoide.

Anwendungsbereiche

Durch den Gehalt an Bitter- und Gerbstoffen wirkt Odermennig adstringierend, entzündungshemmend, juckreizstillend und hat ebenso eine milde schmerzstillende Wirkung auf der Haut. Aus diesem Grunde wird dieses Heilkraut innerlich bei Durchfallerkrankungen angewendet, auch bei Entzündungen des Mundes sowie der Rachenschleimhaut. Äußerlich wird Odermennig bei leichten Entzündungen der Haut verwendet.

Dosierung

2 Teelöffel des getrockneten Krautes werden mit ¼ Liter kochendem Wasser übergossen und 10 Minuten ziehen gelassen. Davon trinkt man nach dem Abseihen 2–3 × täglich 1 Tasse.

Bewährte und bekannte Teemischung

Bei Durchfall: Odermennigkraut und Gänsefingerkraut zu gleichen Teilen.
Als Teeaufkochung: 1 Handvoll der oben genannten Mischung in 1 Liter Wasser kalt ansetzen, zum Kochen bringen, abseihen und dann schluckweise trinken.
Als Teeaufguss: 1 Teelöffel der oben genannten Mischung mit 1 Tasse heißem Wasser übergießen, 5–10 Minuten ziehen lassen, abseihen und 3 × täglich davon 1 Tasse vor dem Essen trinken.

Bemerkungen

Das Odermennigkraut hat eine etwas schwache Wirkung, deshalb wird es fast ausschließlich in Teemischungen mit anderen Gerbstoffdrogen verwendet.
In der Bachblütentherapie wird Odermennig Menschen empfohlen, die unter einer fröhlichen Maske Probleme, seelische Qualen und Sorgen verbergen. Das Kraut soll nämlich zu innerem Frieden und Ausgeglichenheit führen.

Brauchtum und Kuriosa

Nach einem alten Aberglauben gewinnt derjenige, welcher das Kraut bei sich trägt, die Liebe der Frauen.

Petersilienkraut/-wurzel *Petroselinum sativum, crispum Mill.*

FAMILIE: DOLDENGEWÄCHSE

Geschichte

Im Altertum wurde diese Pflanze vorwiegend als Heilkraut geschätzt, heute ist sie mehr als Gewürzpflanze einzuordnen. Galenus bemerkte, dass die Petersilie »einschneidend und bewegend auf die Säfte wirkt und den Harn treibe«. Im Capitulare Karls des Großen finden wir diese Pflanze als Kulturpflanze. In der modernen Kräuterheilkunde nimmt dieses Kraut als harntreibendes Mittel wieder einen wichtigen Platz ein.

Herkunft und Vorkommen

Heimisch ist diese manganreiche Pflanze im östlichen Mittelmeergebiet. Da sie als Gewürzpflanze unentbehrlich geworden ist, wird sie inzwischen auf der ganzen Welt angebaut.

Verwendete Teile

Verwendet wird die frische oder getrocknete Petersilie im ersten Jahr, oder das zur Blütezeit im zweiten Jahr gesammelte Kraut sowie die im Frühjahr gesammelten Wurzeln. Die Früchte werden wegen der Nebenwirkungen fast nicht mehr verwendet.

Wirkstoffe

Die Wurzel enthält ein ätherisches Öl und Furanocumarine, das Kraut ebenfalls, aber mehr ätherisches Öl, Terpene, Flavonoide und Polyne. Der charakteristische Geruch stammt von den Phthaliden.

Anwendungsbereiche

Sämtliche Pflanzenteile wirken wassertreibend und verdauungsfördernd. Hauptsächlich wird das Petersilienkraut/-wurzel bei Erkrankungen der Harnwege als wassertreibendes Mittel eingesetzt.

Volkstümliche, wissenschaftlich nicht belegte Anwendung

In der Volksheilkunde wird die Petersilie als Gewürz und überdies bei Magen- und Darmbeschwerden, bei Nieren- und Blasenentzündungen und zur Anregung der Periode häufig angewendet.

Zubereitung

1 Teelöffel getrocknete, geschnittene Petersilienwurzel oder -kraut wird mit ca. 150 ml siedendem Wasser übergossen, abgedeckt 10–15 Minuten stehen gelassen und abgeseiht.
2–3 × täglich 1 Tasse frisch bereiteten Tee trinken.

Vorsichtsmaßnahmen

Als Gewürz kann die Petersilie ohne Einschränkung benützt werden. Als Heilkraut nicht in der Schwangerschaft anwenden, auch nicht bei Nierenleiden, wenn diese auf eine verminderte Tätigkeit der Nieren zurückzuführen sind.
Es können allergische Reaktionen auftreten.
Bei besonders empfindlichen und hellhäutigen Personen kann es bei Sonneneinstrahlung zu einer Reizung der Haut kommen.

Bewährte und bekannte Teemischung

Bei Entzündung der Harnwege:
20 g Petersilienkraut
20 g Hauhechelwurzel
20 g Goldrutenkraut
20 g Schachtelhalmkraut
20 g Brennnesselkraut
Zubereitung: Von dieser Teemischung übergießt man jeweils 1 Esslöffel mit ca. 150 ml kochendem Wasser, lässt 10 Minuten ziehen, seiht ab und trinkt davon mehrmals täglich 1 Tasse.

Brauchtum und Kuriosa

Irgendwo heißt es, eine Hausfrau müsse beim Säen der Petersilie lachen, damit sie besser aufgeht. Ein alter Volksspruch sagt: »Petersilie hilft dem Manne aufs Pferd, den Frauen unter die Erd.« Eine deutliche Anspielung auf die die Manneskraft stärkende und abortive Wirkung der Pflanze.

Pfefferminzblätter/-öl *Mentha piperita L.*

FAMILIE: LIPPENBLÜTLER

Geschichte

Die Pfefferminze unserer Gärten ist eine Kreuzung aus Mentha crispa mit Mentha aquatica. Diese Kreuzung trat erstmals Ende des 17. Jahrhunderts in England auf und wurde wegen des besseren Duftes und Geschmackes sowie Inhaltes an ätherischen Ölen von dieser Zeit an kultiviert. Heute existieren mehrere Unterarten, welche ihren wild wachsenden Verwandten deutlich überlegen sind und deshalb angepflanzt werden. Die Vermehrung erfolgt durch oberirdische Ausläufer und nicht durch die spärlich keimfähigen Samen.

Herkunft und Vorkommen

Die Pfefferminze wird ausschließlich kultiviert und kommt als Wildpflanze nicht vor.

Verwendete Teile

Als Heilkraut genutzt werden hauptsächlich die Blätter und das ätherische Öl, welches durch Wasserdampf-Destillation der Triebspitzen der blühenden Pflanzen gewonnen wird. Man sammelt bei trockenem Wetter, nach Verdunsten des Morgentaus, zu Beginn der Blütezeit von Juni bis August. Die Blätter müssen gründlich getrocknet werden und danach luftig, besser nicht in verschlossenen Gefäßen, an einem trockenen Platz aufbewahrt werden. Pfefferminzblätter sollte man nie in Plastikbehältern aufbewahren, da diese das ätherische Öl absorbieren und dadurch die Wirkung vermindert wird.

Wirkstoffe

Enthalten sind hauptsächlich ein ätherisches Öl, 0,5–4 %, Flavonoide und Gerbstoffe. Der Inhalt an Wirkstoffen ist sehr unterschiedlich und hängt von vielen Faktoren wie Erntezeit, Herkunft, Anbaugebiet usw. ab. Der Anteil an Stängeln sollte gering sein und nicht mehr als 5 % betragen. Pfefferminzblätter sollten Arzneibuchqualität haben.

Anwendungsbereiche

Die Pfefferminze nimmt eine besondere Stellung unter den Heilkräutern für Magen und Darm ein. Der aus Blättern bereitete Heiltee wirkt krampflösend, galleflussfördernd, wirkt gegen Blähungen, fördert die Ausschüttung von Magensaft und wirkt ebenfalls appetitanregend. Deshalb wird er bei Beschwerden im Magen-Darm-Trakt sowie bei Gallenleiden gerne eingesetzt. Auch bei Aufstoßen, Übelkeit oder Brechreiz hat dieser Tee eine hervorragende Wirkung. Das Pfefferminzöl hat denselben Anwendungsbereich wie der Tee, darüber hinaus wirkt es antibakteriell, schleimlösend, kühlend, regt den Blutkreislauf an (äußerlich) und ist schmerzstillend. Das Pfefferminzöl wird deshalb wie der Tee auch bei krampfartigen Beschwerden angewendet, aber auch bei Entzündungen der oberen Luftwege, bei Muskelschmerzen, Kopfschmerzen, bei Juckreiz sowie bei rheumatischen Beschwerden.

Dosierung

Als Teezubereitung: 1 Esslöffel getrocknete Pfefferminzblätter mit 1 Tasse kochendem Wasser übergießen, 5–10 Minuten abgedeckt ziehen lassen, abseihen und mehrmals täglich 1 Tasse trinken.
Ätherisches Öl: innere Anwendung 3 × täglich 3 Tropfen; als Inhalation: 3–5 Tropfen in heißes Wasser geben und damit inhalieren. Äußerliche Anwendung: einige Tropfen an der betroffenen Hautstelle einreiben.

Vorsichtsmaßnahmen

Wenn jemand unter chronischen Magenbeschwerden leidet, sollte man auf einen regelmäßigen Gebrauch von Pfefferminztee verzichten, da wegen des hohen Menthol-Gehalts der Tee nicht so gut verträglich ist. Bei Magenbeschwerden ist ein Teegemisch von gleichen Teilen Pfefferminzblättern und Kamillenbluten besser geeignet.

Bewährte und bekannte Teemischungen

Die Pfefferminzblätter haben in der Kräuterheilkunde eine große Bedeutung und werden viel verwendet. Ich werde deshalb einige Teemischungen anführen, in welchen dieses Heilkraut enthalten ist:

Gegen Blähungen:
- 25 g Kümmelfrüchte
- 25 g Fenchelfrüchte
- 25 g Pfefferminzblätter
- 25 g Kamillenblüten

Bei Reizmagen:
- 50 g Kamillenblüten
- 30 g Pfefferminzblätter
- 15 g Melissenblätter
- 5 g Kalmuswurzel

Als Magen- und Darmtee:
- 30 g Kamillenblüten
- 30 g Pfefferminzblätter
- 30 g Süßholzwurzel
- 25 g Schafgarbenkraut
- 25 g Pfefferminzblätter
- 25 g Johanniskraut

Als Gallentee:
- 50 g Pfefferminzblätter
- 20 g Melissenblätter
- 20 g Kamillenblüten
- 10 g Fenchelfrüchte

Zubereitung: 1 Teelöffel dieser Teemischungen mit 1 Tasse kochendem Wasser übergießen, 5–10 Minuten ziehen lassen, abseihen und mehrere Tassen davon zwischen den Mahlzeiten schluckweise und möglichst warm trinken.

Brauchtum und Kuriosa

Die kandierten Blätter werden vor allem in der asiatischen Küche verwendet, in Indien sind sie als Gewürz eine Zutat für Chutneys.

Queckenwurzelstock *Agropyron repens L.*

FAMILIE: SÜSSGRÄSER

Geschichte

Dieses als überaus lästig empfundene Ackerunkraut wurde im Altertum nicht beschrieben. Erst im 18. Jahrhundert wurde es bei Gallen- und Nierensteinen verwendet. Im Laufe der Zeit wurde die Quecke unterschiedlich benannt, als Triticum repens oder Elytrigia repens ist sie in den alten Kräuterbüchern angeführt.

Herkunft und Vorkommen

Dieses häufige Ackerunkraut kommt in der gesamten nördlichem Erdhälfte vor, es hat kriechende Ausläufer, ist sehr verbreitet und wächst, sonnig bis halbschattig, auch auf verdichteten, lehmigen Böden, an Wegen, Hecken und in Feldern.

Verwendete Teile

Verwendet wird das Rhizom, welches im Herbst oder im Frühjahr vor Entwicklung der Halme gesammelt, gewaschen und getrocknet wird. Es hat einen schwach süßlichen Geschmack.

Wirkstoffe

Enthalten sind ein ätherisches Öl, Saponine, Polisaccharide und freie Fettsäuren.

Anwendungsbereiche

Das Heilkraut wirkt gegen Mikroben und ist wassertreibend. Deshalb wird es zur Durchspülung bei Entzündungen der Harnwege und als vorbeugendes Mittel bei Nierengrieß verwendet.

Volkstümliche, wissenschaftlich nicht belegte Anwendung

Die Queckenwurzel ist auch in der Volksmedizin bekannt, und außer bei den oben angeführten Erkrankungen wird der Teeaufguss aufgrund der Schleimstoffe auch als Ergänzung zur Behandlung leichterer entzündlicher Erkrankungen der oberen Atemwege verwendet, so bei Bronchialkatarrhen und Entzündungen der oberen Luftwege. Bei gutartigen Vergrößerungen der Prostata und den daraus entstehenden Beschwerden wird die Queckenwurzel ebenfalls verwendet.

Zubereitung

2–3 Teelöffel werden mit etwa 150 ml siedendem Wasser übergossen und nach 10 Minuten abgeseiht. Bis zu 4 × täglich 1 Tasse frisch bereiteten Tee trinken.

Vorsichtsmaßnahmen

Queckenwurzelteeaufguss nur bei Entzündungen und Infektionen der Harnwege anwenden, nicht bei Schwellungen und Wasseransammlungen, die durch Herz- oder Nierenversagen verursacht werden.

Bemerkungen

Um eine bessere wassertreibende Wirkung zu gewährleisten, ist es wichtig, eine ausreichende Menge Flüssigkeit, wenigstens 2 Liter täglich, zu sich zu nehmen.

Bewährte und bekannte Teemischung

Als Nieren- und Blasentee:
20 g Birkenblätter
20 g Hauhechelwurzel
20 g Goldrutenkraut
20 g Queckenwurzel
20 g Brennnesselkraut
Zubereitung: 1 Teelöffel der Teemischung mit 150 ml kochendem Wasser übergießen, 10 Minuten ziehen lassen, abseihen und warm trinken. Diese Teemischung ist auch für eine längere Therapie geeignet.

Brauchtum und Kuriosa

Ein kleines Stückchen der Wurzel im Garten, von irgendwoher eingeschleppt, und die Quecke ist fast nicht mehr auszurotten.

Rautenkraut *Ruta graveolens L.*

FAMILIE: RAUTENGEWÄCHSE

Geschichte

Im Mittelmeergebiet wird Ruta graveolens schon seit dem Altertum kultiviert. Älteste Nachweise der Weinraute gehen auf assyrische Quellen zurück, schon dort waren positive medizinische Wirkungen der Pflanze bekannt. In den Gärten der Römer pflanzte man die Raute als nützliche und zugleich dekorative Einfassung der Gartenbeete. Mit den Römern gelangte die Raute und das Wissen um ihre Verwendung als Würz- und Heilpflanze nach Mitteleuropa, wo sie im Mittelalter eine wichtige Rolle spielte.

Herkunft und Vorkommen

Diese kräftige, ungefähr 50 Zentimeter hohe Staude ist im Mittelmeergebiet heimisch und wird in Europa fast überall kultiviert. Sie ist eine wärmebedürftige, kalkliebende Pflanze.

Verwendete Teile

Verwendet wird das Kraut, das wegen seiner Nebenwirkungen und Giftigkeit nicht mehr als solches verschrieben wird.

Anwendungsbereiche

Wenn auch der Anbau der Weinraute, wie sie auch genannt wird, heute kaum noch Bedeutung hat, findet die Droge oder das aus der Pflanze gewonnene ätherische Öl Verwendung in der Naturheilkunde als Grundstoff zur Herstellung von Mitteln gegen Rheuma und Gicht. Durch ihre verdauungsfördernde Wirkung werden die Blätter als aromatischer Zusatz im Tresterschnaps sowie in Likören verwendet.

Volkstümliche, wissenschaftlich nicht belegte Anwendung

Die Weinraute hat eine vielfältige und unterschiedliche Verwendung in der Volksmedizin, denn sie hat den Ruf eines Zauberkrautes, das sogar den bösen Blick bannen und selbst vor dem Teufel schützen könne. Deshalb ist die Verwendung vielfältig und unterschiedlich, was durch ihre lange Geschichte zu erklären ist. Ich möchte hier einige Beispiele anführen, wie phantasievoll dieses Heilkraut in der Vergangenheit angewendet wurde: zur Stärkung des Magens, bei Krämpfen, Hysterie, Pilzvergiftungen, Schlangenbissen und Pest, Bronchialleiden, Gicht, Bauchschmerzen, Wallungen, Schwindel und Atemnot, Ermüdung und rheumatischen Schmerzen der Augen usw.

Vorsichtsmaßnahmen

Die Raute ist ein an und für sich giftiges Kraut. Die Rautenblätter können eine Kontaktdermatitis und das Rautenöl schwere Leber- und Nierenschäden hervorrufen. Das Kraut enthält eine Menge Furanocumarine, welche durch Lichteinstrahlung toxisch wirken. Früher wurde das Rautenöl sogar als Abtreibungsmittel verwendet, was einige Todesfälle bei Schwangeren zur Folge hatte.

Bemerkungen

Aufgrund ihrer seit alters bekannten Wirkung gegen viele Pflanzenschädlinge könnte die Weinraute eine interessante Verwendungsmöglichkeit im biologischen Gartenbau finden.

Homöopathie

Ruta verwendet man bei Sehnenscheidenentzündung, Prellungen, Quetschungen, Zerrungen und rheumatischen Erkrankungen der Wirbelsäule. Gebräuchliche Potenzen: Urtinktur, D2, D3, D4, D6. Auch äußerlich.

Brauchtum und Kuriosa

Man hielt die Raute als ein vorzügliches Vorbeugungsmittel gegen ansteckende Krankheiten, insbesondere gegen die Pest.

Gegen Hundswut hatte man ein anderes probates Mittel: das Fürst Blüchersche Mittel. »30 reife Walnüsse werden mit einer Hand voll Ruta gesotten, mit 1/4 Liter Honig gemischt und abends 1 Esslöffel davon genommen.«

Ringelblumenblüten *Calendula officinalis L.*

FAMILIE: KORBBLÜTLER

Geschichte

Die alten Griechen kannten die Ringelblume und vor diesen die indischen und arabischen Kulturen. Man verwendete sie für medizinische, kosmetische und auch für gastronomische Zwecke. Der Name Calendula stammt wohl aus dem Lateinischen und bedeutet »durch den Kalender, durch Monate hindurch«, was auf die lange Blütezeit der Pflanze hinweisen könnte.

Herkunft und Vorkommen

In Südtirol ist diese hübsche, dekorative und anspruchslose Pflanze häufig in Gärten anzutreffen und verwildert von diesen zuweilen als Gartenflüchtling. Die Ringelblume ist nur als Kulturpflanze bekannt. Vielleicht stammt sie von der im Mittelmeerraum verbreiteten Ackerringelblume *(Calendula arvensis)* ab. Heute wird sie überall in den gemäßigten Zonen kultiviert.
Sie liebt sonnige Standorte und wächst auf beinahe jedem Boden.

Verwendete Teile

Verwendet werden die voll entfalteten Blüten, die ohne Stielanteile gesammelt und dann bei milder Temperatur getrocknet werden. Die so getrockneten Blüten haben einen charakteristischen, balsamischen Geruch und einen bitteren, aromatischen Geschmack.

Wirkstoffe

Ätherische Öle, Harze, Pflanzenschleim, Vitamin A, Flavonoide, Saponine, Triterpene, Carotinoide, Xanthophylle, Bitterstoffe.

Anwendungsbereiche

Dieses Heilkraut wirkt entzündungshemmend, wundheilungsfördernd, antibakteriell, pilztötend und auch virustatisch. Als Gurgelwasser wird es zur lokalen Behandlung von Entzündungen der Mund- und Rachenschleimhaut eingesetzt.
Am bekanntesten ist wohl die heilende Wirkung der Ringelblume bei Hautproblemen, wobei sie äußerlich als Salbe oder Tinktur zur Behandlung von Schnittwunden, Abschürfungen und kleineren Verletzungen, bei Sonnenbrand und geringfügigen Verbrennungen, bei Akne und verschiedenen Ekzemen sowie bei Fußpilz angewendet wird.
Auch zur Beruhigung geröteter Brustwarzen und bei Kleinkindern wird sie wegen ihrer guten

Verträglichkeit bei Kopfschorf und bei Windelausschlag erfolgreich angewendet.

Dosierung

Die Ringelblume kann sowohl innerlich in Form von Tee als auch äußerlich als Umschlag, Tinktur, Öl oder Salbe angewendet werden.
Eine Abkochung von Ringelblumen ohne Kelch eignet sich hervorragend zur Reinigung von verschmutzten Wunden. Dazu nimmt man 2 Teelöffel Blüten, übergießt sie mit ca. 150 ml kochendem Wasser, lässt 10 Minuten ziehen, seiht ab und verwendet lauwarm.
Innerlich für einen Tee verwendet man 1–2 g Blüten auf 150 ml Wasser.
Von der Tinktur nimmt man 20–30 Tropfen, in Wasser verdünnt.
Für eine Salbe verwendet man 2–5 g Blüten auf 100 g Salbe.

Vorsichtsmaßnahmen

Man sollte nicht uneingeschränkt Ringelblumenprodukte anwenden, denn sie können Allergien hervorrufen. Bei besonders empfindlichen Personen sollte man darauf achten, dass nur Ringelblumenpräparate verwendet werden, die aus den Blüten, ohne Kelch, hergestellt wurden.

Bemerkungen

Die Ringelblumensalbe hat eine lange Tradition und wurde früher fast in jedem Bauernhaushalt selbst mit Schweineschmalz hergestellt. Das Schweineschmalz ist an und für sich eine sehr gute Salbengrundlage, hat aber den Nachteil, leicht zu oxydieren, also ranzig zu werden, was wiederum zu Hautreizungen und Unverträglichkeiten führen kann. Heutzutage gibt es im Handel bessere und weniger aggressive Salbengrundlagen, deren Verwendung sinnvoller erscheint.

Bewährte und bekannte Teemischung

Zur Mundspülung, als Gurgelmittel bei Mund- und Rachenentzündungen:
30 g Ringelblumen
30 g Salbeiblätter
30 g Kamillenblüten
Zubereitung: Von dieser Mischung nimmt man die Menge, die zwischen 3 Fingern Platz hat, pro Tasse, übergießt mit 150 ml kochendem Wasser, lässt 10 Minuten ziehen, seiht ab und gurgelt damit mehrmals täglich.

Homöopathie

Calendula wird eingesetzt bei schlecht heilenden Wunden und allen Arten von stumpfen Verletzungen. Gebräuchliche Potenzen: Urtinktur, D2, D3, D4.

Brauchtum und Kuriosa

Die Ringelblume wird wegen ihrer Anspruchslosigkeit und langen Blütezeit oft auf Gräbern angepflanzt. Deshalb wird sie im Volksmund auch Totenblume genannt.

Rosmarinblätter *Rosmarinus officinalis L.*

FAMILIE: LIPPENBLÜTLER

Geschichte

Die an den sonnigen Hängen des Mittelmeergebietes heimische Pflanze wird seit dem Altertum als Schmuckpflanze, Weihrauchersatz, vor allem aber als Gewürz- und Heilpflanze kultiviert. Als Kulturpflanze gelangte der Rosmarin möglicherweise schon durch die Römer nach Mitteleuropa, wo er, da frostempfindlich, nur in Töpfen kultiviert werden konnte.
Nur in dem vom Golfstrom geprägten Klima Englands kann die Kultur des Rosmarins in größerem Umfang erfolgen. In Südtirol ist diese allgemein beliebte Heilpflanze nur bedingt an geschützten Stellen in den Bauerngärten der Ebene anzutreffen.

Herkunft und Vorkommen

Der aromatisch duftende Strauch stammt aus dem Mittelmeergebiet, wo er an der Küste teilweise häufig vorkommt.

Verwendete Teile

Verwendet werden die nadelförmigen, getrockneten Blätter. Das Rosmarinöl gewinnt man durch Wasserdampfdestillation des blühenden Rosmarinkrautes.

Wirkstoffe

Rosmarin enthält 1–2,5 % ätherische Öle, darunter Borneol, Kampfer, Cineol, Gerbstoffe, Bitterstoffe und Harze.

Anwendungsbereiche

Die Inhaltsstoffe des Rosmarins wirken entkrampfend, hauptsächlich auf die Gallenwege und den Dünndarm, sie steigern die Koronardurchblutung, wirken bei äußerlicher Anwendung hautreizend und durchblutungsfördernd. Deshalb wird das Heilkraut innerlich bei Beschwerden der Verdauungsorgane im Allgemeinen und äußerlich bei rheumatischen Erkrankungen sowie bei Kreislaufbeschwerden eingesetzt. So beruhigt es das Verdauungssystem, löst psychische Spannungen mit Kopfschmerzen, Niedergeschlagenheit und Schwächegefühl. Rosmarin ist auch einer der Hauptbestandteile des Kölnischwassers, welches sich, auch wenn es ein wenig außer Mode geraten ist, durch seine belebende Wirkung bei Schwächezuständen und als anregendes Mittel bei kränklichen Personen immer noch großer Beliebtheit erfreut.
Als appetitanregendes und verdauungsförderndes Mittel ist der Rosmarin in der italienischen und französischen Küche ein äußerst wichtiges Gewürz und spielt dort eine bedeutende Rolle.

Dosierung

Für einen Teeaufguss, den man 3 × täglich trinken kann, werden 1–2 Teelöffel Rosmarinblätter, mit 1 Tasse kochendem Wasser überbrüht, 10 Minuten ziehen gelassen, und dann abgeseiht. Ein Rosmarinbad am Morgen, einige Tropfen Öl oder eine Hand voll getrocknete Blätter, regen den Kreislauf und die Durchblutung an. Für ein Vollbad nimmt man ca. 50 getrocknete Blätter, überbrüht diese mit 1 Liter kochendem Wasser, lässt 30 Minuten zugedeckt ziehen, seiht ab und gibt es in das Badewasser.

Bewährte und bekannte Anwendung

Im Handel gibt es eine Menge Produkte mit ätherischen Ölen, in denen Rosmarinöl enthalten ist, welche mit Erfolg als antirheumatische und schmerzlindernde Einreibungen verwendet werden.

Bewährte und bekannte Teemischung

Als entkrampfender Beruhigungstee ohne Baldrian:

30 g Melissenblätter
20 g Angelikawurzel
20 g Hopfenzapfen
10 g Rosmarinblätter
10 g Lavendelblüten
10 g Kamillenblüten

Zubereitung: 1 Teelöffel dieser Teemischung mit 1 Tasse kochendem Wasser überbrühen, 10 Minuten ziehen lassen, abseihen und zur Beruhigung untertags oder als Schlaftee eine ½ Stunde vor dem Schlafen gehen trinken.

Brauchtum und Kuriosa

Im 16. Jahrhundert wurde aus Rosmarinblättern das erste eigentliche destillierte Parfüm, das berühmte »Aqua Reginae Hungariae«, hergestellt. Königin Isabella von Ungarn soll es als 72-Jährige von einem Einsiedler als Mittel gegen verschiedene Altersbeschwerden erhalten haben.

Rosskastaniensamen *Aesculus hippocastanum L.*

FAMILIE: ROSSKASTANIENGEWÄCHSE

Geschichte

Dieser bei uns in Parkanlagen und Alleen häufig gepflanzte Baum, der aus keinem Biergarten wegzudenken ist, entfaltet zeitig im Frühjahr seine Blätter und Blüten. In Mitteleuropa wurden erstmals im 16. Jahrhundert Rosskastanien aus Samen gezogen. Die Türken benutzten die Pflanze als Heilmittel für »dämpfige« Pferde. Im 18. Jahrhundert glaubten viele Ärzte, in der Rinde dieser Pflanze ein Ersatzmittel für die Chinarinde gefunden zu haben.

Herkunft und Vorkommen

Der Rosskastanienbaum stammt aus den Schluchten des Balkans und wird in fast ganz Europa bis zu einer Meereshöhe von 1200 Metern kultiviert.

Verwendete Teile

Verwendet werden die Samen nicht als solche, denn sie schmecken überaus bitter, aber die aus diesen gewonnenen Extrakte und standardisierten Fertigarzneimittel.

Wirkstoffe

Enthalten ist ein 3–10 %iges Gemisch aus Saponinen mit dem Namen Escin, Flavonoide, ein fettes Öl.

Anwendungsbereiche

Die Wirkstoffe der Rosskastaniensamen haben einen positiven Einfluss auf das Venensystem. Sie wirken tonisierend auf die Venen, verhindern Schwellungen und sind gefäßabdichtend. Aus diesem Grunde verwendet man Rosskastanienprodukte bei chronischer venöser Insuffizienz, also bei Schmerzen und Schweregefühl durch Venenstauung, bei Krämpfen in den Waden sowie bei Juckreiz und geschwollenen Beinen.

Volkstümliche, wissenschaftlich nicht belegte Anwendung

In der Volksmedizin werden des Öfteren die unreifen Früchte mit Alkohol angesetzt und zu Einreibungen bei Rheuma und Gicht verwendet.

Vorsichtsmaßnahmen

Durch den hohen Gehalt an Saponinen kann eine Zubereitung aus Rosskastaniensamen Magenbeschwerden und Übelkeit hervorrufen.

Bemerkungen

Die Bezeichnung Rosskastanie will andeuten, dass die Samen, im Gegensatz zu denen der essbaren Edelkastanie, nur von Tieren, vor allem von Schweinen, Ziegen, Pferden und Wild, gefressen werden. Die Rosskastanie ist mit der Edelkastanie nicht verwandt.

Homöopathie

Aesculus hippocastanum wird angewendet bei Erkrankungen durch venöse Stauungen, Thrombophlebitis und Krampfadern, auch in der Schwangerschaft. Gebräuchliche Potenzen: D1, D2, D3, D4, D6, D12.

Brauchtum und Kuriosa

Der Erste, der eine Abbildung und eine Beschreibung der Rosskastanie veröffentlichte, war Matthiolus im Jahre 1565, der aus dem damaligen Konstantinopel einen Fruchtzweig zugeschickt bekam.

Rotkleeblätter *Trifolium pratense L.*

FAMILIE: SCHMETTERLINGSBLÜTLER

Geschichte

Der Rotklee oder Wiesenklee spielt im Altertum keine Rolle. Erst durch den Anbau als Futterpflanze nach dem 11. Jahrhundert wird diese Pflanze näher beschrieben. Auch Hildegard von Bingen erwähnt den Rotklee. Erst in den Kräuterbüchern des 16. und 17. Jahrhunderts, so Lonicerus in seinem Kreutterbuch, 1564, und Matthiolus in seinem New-Kreuterbuch, 1626, wird diese Pflanze unter anderem als erweichendes und weißflussstillendes Mittel erwähnt.

Herkunft und Vorkommen

Diese bekannte, überall auf leicht feuchten bis trockenen Fett- und Frischwiesen vorkommende, zu den Leguminosen zählende Wildpflanze ist auf der nördlichen Halbkugel heimisch und wurde fast auf der ganzen Welt eingebürgert.

Verwendete Teile

Verwendet wird das von Mai bis September blühende Kraut.

Wirkstoffe

Farbstoff Rhodanid, Phytoöstrogene als Isoflavone, das sind Substanzen, welche eine östrogenartige Wirkung haben; hoher Eiweißgehalt.

Anwendungsbereiche

Die Inhaltsstoffe der Rotkleeblätter wirken östrogenartig, leicht cholesterinsenkend und erhöhen die Dehnbarkeit der Arterien. Durch den erheblichen Gehalt an Isoflavonen wirken sie antioxidativ und haben so einen positiven Einfluss auf die Gesundheit im Allgemeinen.
Bis vor wenigen Jahren wurden vor und bei Eintreten der Menopause, der Wechseljahre, den Frauen häufig Hormone verschrieben. Man ging davon aus, dass die in den Wechseljahren abnehmende Ausschüttung von Hormonen, hauptsächlich von Östrogenen, durch hormonhaltige Medikamente wettgemacht werden könnte. Die Wechseljahre sind keine Erkrankung an sich, sie sind das Resultat einer ganz natürlichen, hormonellen Umstellung, welche meist zwischen dem 45. und 55. Lebensjahr der Frau erfolgt und mit der die fruchtbaren Jahre zu Ende gehen. Die Regel bleibt aus, häufig treten Hitzewallungen, Schwindel und Schweißausbrüche auf, es kann auch zu psychischen Veränderungen wie Reizbarkeit, Lustlosigkeit und Schlafstörungen kommen, und die Wahrscheinlichkeit, an einer Osteoporose, das ist eine Abnahme der Knochensubstanz, zu erkranken, wird größer.
Durch eine letzthin durchgeführte Studie erkannte man, dass bei einer Hormontherapie viele unerwünschte, ja oft erhebliche Nebenwirkungen auftraten, welche den durchaus vorhandenen Nutzen in Frage

stellten. Im Allgemeinen ist zu bemerken, dass seit dieser Zeit die Verschreibung dieser Arzneimittel nur noch auf schwer zu behandelnde Fälle beschränkt wird. Da aber die Beschwerden der Wechseljahre für viele Frauen ein Problem darstellen, hat man in den letzten Jahren nach einer Alternative gesucht und glaubt, diese nun in einem Heilkraut, eben dem Rotklee, gefunden zu haben. Die Rotkleeblätter enthalten so genannte Phytoöstrogene, das sind pflanzliche, den hormonellen Östrogenen ähnliche Substanzen, die an Stelle der eigentlichen Hormone eingenommen werden können. Frauen, denen diese Alternative angeboten wurde, waren im Allgemeinen mit dieser Behandlung zufrieden. Phytoöstrogene sind auch in der Soja enthalten und werden ebenfalls für diesen Zweck verschrieben.
Der Rotklee dient als gute Viehfutterpflanze, da er viel Eiweiß enthält, auch ist er eine wichtige Nahrungsquelle für Insekten, besonders für Hummeln.

Volkstümliche, wissenschaftlich nicht belegte Anwendung

Diese Pflanze spielt in der Volksheilkunde keine Rolle. Früher wurde sie selten bei Husten, Rheuma, Gicht, Verdauungsstörungen, zur Anregung der Lebertätigkeit und des Appetits verwendet.

Zubereitung

Als Aufguss werden die Rotkleeblätter wegen der unterschiedlichen Wirkung nicht verwendet. Verwendet werden Kapseln mit 40 mg Isoflavon aus Rotklee oder Soja, welche in den Apotheken zur Verfügung stehen.

Bemerkungen

Rotklee vom Herbst oder vom zweiten Schnitt bewirkt beim Vieh Geifern, Rückgang der Milchproduktion und allgemein ein Krankheitsbild, das Trifoliose genannt wird.

Salbeiblätter *Salvia officinalis L.*

FAMILIE: LIPPENBLÜTLER

Geschichte

Eigenartigerweise ist bis heute das genaue Herkunftsgebiet des Echten Salbeis oder des Gartensalbeis, wie man ihn auch nennt, unbekannt. Der Name Salvia stammt vom lateinischen salvare = heilen, was auf die Bedeutung als Heilpflanze hinweist. Wahrscheinlich gelangten die Pflanzen durch die Römer über die Alpen nach Mitteleuropa, wo sie kultiviert wurden und zur Zeit Karls des Großen in keinem Klostergarten fehlten. Auch hatte dieses Kraut mit seinem ausgesprochen aromatischen Geruch in der Zaubermedizin früherer Zeiten eine große Bedeutung.

Herkunft und Vorkommen

Diese würzig riechende, bekannte und überaus beliebte Heilpflanze stammt, wie viele dieser reich mit ätherischen Ölen ausgestatteten Kräuter, aus dem Mittelmeerraum, wo sie an fast allen Küsten vorkommt.

Verwendete Teile

Verwendet werden die zu Beginn der Blüte bei trockenem Wetter gesammelten, sorgsam, nicht über 35 Grad getrockneten Blätter sowie das aus den frischen Blättern gewonnene ätherische Öl.

Wirkstoffe

Ätherische Öle (Thujon, Cineol, Campher), Bitter- und Gerbstoffe, Flavonoide und Triterpene.

Anwendungsbereiche

Die im Salbei enthaltenen Stoffe haben zusammenziehende, schweißhemmende, die Sekretion fördernde, antibakterielle, antivirale und fungistatische Eigenschaften. Die drei letztgenannten Eigenheiten machen die Nutzung in der Hausapotheke so wertvoll. So eignet sich der Salbeitee hervorragend zur Behandlung von Entzündungen der Mund- und Rachenschleimhaut, von Zahnfleischbluten, ebenso zum Gurgeln bei Halsentzündung und den diese begleitenden Schluckbeschwerden. Innerlich angewendet, lindert der Salbeitee durch die enthaltenen Bitterstoffe Beschwerden der Verdauung. Innerlich angewendet, wird Salbei auch bei vermehrter Schweißbildung erfolgreich eingesetzt.
Salbeiblätter werden in der Küche auch als Gewürz verwendet.

Zubereitung

Bei Entzündungen im Mund und Rachenraum: 1 Esslöffel fein geschnittene, getrocknete Salbeiblätter mit ca. 150 ml kochendem Wasser übergießen, 10 Minuten ziehen lassen und öfters täglich damit möglichst warm gurgeln.
Bei Erkrankungen des Magen- und Darmtraktes: 1 Teelöffel fein geschnittene, getrocknete Salbeiblätter mit ca. 150 ml kochendem Wasser übergießen, 5–10 Minuten ziehen lassen und davon mehrmals täglich 1 Tasse trinken.

Vorsichtsmaßnahmen

Salbeitee ist innerlich für den Dauergebrauch nicht geeignet. Salbei regt die Kontraktion der Gebärmutter an und hemmt den Milchfluss der Brüste. Er sollte deshalb bei Schwangerschaft und in der Stillzeit nicht angewendet werden.

Homöopathie

Salvia benützt man bei Störungen der Schweißbildung und zum Abstillen. Gebräuchliche Potenzen: Urtinktur, D2, D3.

Bemerkungen

Der Geruch des Salbeis hält die Falter der Kohlfliege davon ab, ihre Eier an den Wurzelhals der Kohlpflanze zu legen. Während der Hauptflugzeit der Kohlfliegen (Ende April bis Anfang Mai) besprüht man den Kohl mit einer Brühe, hergestellt aus 1 Liter Wasser mit einer Hand voll frischer Salbeiblätter, welche darin einen Tag lang ziehen müssen. Eine solche Behandlung sollte alle 4–6 Tage wiederholt werden.

Sanddornbeeren *Hippophae rhamnoides L.*

FAMILIE: ÖLWEIDENGEWÄCHSE

Geschichte

Ursprünglich stammt der Sanddorn aus Zentralasien, von wo er sich am Ende der letzten Eiszeit über die europäischen Küsten verbreitet hat. Im Altertum wurde der Sanddorn nicht genannt und seine heilkräftige Wirkung für den Menschen wurde vermutlich erst im Laufe des Mittelalters erkannt.

In China, der Mongolei, zum Teil in Tibet und Indien gibt es sehr große Wildvorkommen und auch viele Plantagen.

Herkunft und Vorkommen

Wie schon der Name sagt, wächst dieser lichtliebende, dornige Strauch in Mitteleuropa vor allem an den Meeresküsten, an kiesigen und sandigen Stellen oder bei uns in den Alpen auf Geröllhalden und auf den Anschwemmungen der Flüsse. Heute wird er auch vielfach zur Bodenbefestigung und in den Gärten als Zierstrauch angepflanzt.

Verwendete Teile

Gesammelt werden die im Herbst, im September und Oktober, gereiften Scheinbeeren.

Wirkstoffe

Die Früchte enthalten sehr viel Vitamin C, Carotinoide, Flavonoide, Vitamin E, fettes Öl (Oleum Hippophae) und Mannitol.

Anwendungsbereiche

Das fette Öl wird bei äußerlicher Anwendung in Cremen eingearbeitet und als bewährtes Mittel gegen Reizungen der Haut wie Sonnenbrand und zur Wundbehandlung verwendet.
Innerlich als Saft wirkt der Sanddorn adstringierend, antiseptisch. Er wird bei Vitamin-C-Mangel verschrieben. Sanddorn wird daher vor allem in den Wintermonaten zur Stärkung des Immunsystems getrunken oder gegessen. Sanddornfrüchte werden zum Aromatisieren von Obstkonserven benützt.

Zubereitung

Nicht als Droge gebräuchlich. Die Früchte sind in Form von Säften, Konzentraten und Sirupen im Handel und werden wegen des hohen natürlichen Vitamin-C-Gehaltes viel und gerne genommen.

Schachtelhalmkraut *Equisetum arvense L.*

FAMILIE: SCHACHTELHALMGEWÄCHSE

Geschichte

Vor ca. 400 Millionen Jahren hatte der Schachtelhalm die Größe von Bäumen und bevölkerte zusammen mit Riesenfarnen und Moosen die damals ausgedehnten Wälder.
Wegen seines hohen Gehaltes an Kieselsäure wurde der Ackerschachtelhalm früher zum Putzen von Zinn verwendet, deshalb wird die Pflanze auch Zinnkraut genannt.
Als Heilkraut wird der Schachtelhalm seit der Antike verwendet.

Herkunft und Vorkommen

Der Schachtelhalm ist in Europa und Nordasien heimisch, er wächst auf eher trockenen, sonnigen Stellen, auf Wiesen, Feldern, Äckern und an Wegrändern.

Verwendete Teile

Verwendet wird das Kraut, also die Sommertriebe, welche von Mai bis Juli gesammelt werden, und nicht die im zeitigen Frühjahr erscheinenden Sporentriebe.

Wirkstoffe

Kieselsäure, Saponine, Flavone, Kalzium, Kalium, Magnesium, organische Säuren, weitere Spurenelemente.

Anwendungsbereiche

Die Inhaltsstoffe des Schachtelhalms wirken schwach harntreibend und regen den Hautstoffwechsel an. Aus diesem Grunde wird der Schachtelhalmtee innerlich als Durchspülungsmittel bei entzündlichen Erkrankungen der Harnwege, bei Nierengrieß und äußerlich bei schlecht heilenden Wunden angewendet. Zur Blutstillung eignet sich am besten der frische Presssaft.

Volkstümliche, wissenschaftlich nicht belegte Anwendung

Die Volksmedizin verwendet das Zinnkraut als beliebtes Blutreinigungsmittel bei Frühjahrs- und Herbstkuren, als Mittel zur Behandlung von Rheuma und Gicht sowie Husten und Asthma, als Mittel gegen Wasserstauungen im Körper, bei Hautunreinheiten, Krampfadern, brüchigen Fingernägeln und Haarausfall.

Zubereitung

1 Teelöffel des geschnittenen Krauts mit 150 ml heißem Wasser übergießen, ca. 5 Minuten auf kleiner Flamme kochen, abseihen und davon 3 Tassen pro Tag über einen längeren Zeitraum trinken.

Vorsichtsmaßnahmen

Es gibt verschiedene Arten von Schachtelhalmen, von denen einige giftig sind. Da Vergiftungsgefahr besteht, sollte man, wenn man das Heilkraut nicht sicher kennt, nicht selber sammeln! Vor allem beim Sammeln in sumpfigem, feuchtem Gelände ist Vorsicht geboten, da hier der giftige Sumpfschachtelhalm *(Equisetum palustre)* wächst, welcher dem Ackerschachtelhalm sehr ähnlich sieht, aber das giftige Palustrin enthält.

Bewährte und bekannte Teemischung

Bei Entzündungen der Harnwege:

20 g Schachtelhalmkraut
20 g Liebstöckelwurzel
20 g Brennnesselkraut
20 g Birkenblätter
20 g Goldrutenkraut

Zubereitung: 1 Teelöffel der Teemischung mit 150 ml kochendem Wasser übergießen, 10 Minuten ziehen lassen, abseihen und warm trinken. Diese Teemischung ist auch für eine längere Therapie geeignet.

Brauchtum und Kuriosa

Plinius, der die Pflanze zum ersten Mal Equisetum nennt, berichtet, dass die blutstillende Kraft des Schachtelhalmes so groß sei, dass es genüge, ihn in der Hand zu halten.
Wenn man das getrocknete Zinnkraut vorsichtig in einer Schale verbrennt, so bleibt ein zartes Skelett erhalten, das ausschließlich aus Kieselsäure besteht.

Schafgarbenkraut/-blüten *Achillea millefolium L.*

FAMILIE: KORBBLÜTENGEWÄCHSE

Geschichte

Schon seit der Antike wird die Schafgarbe in Zusammenhang mit Wundheilung und Blutgerinnung gebracht. Achilles pflegte mit den Blättern der Schafgarbe seine verwundeten Krieger, daher der Name. Der deutsche Name beruht auf der Tatsache, dass Schafe dieses Kraut besonders gerne fressen und in Krankheitsfällen damit gefüttert wurden. In den mittelalterlichen Kräuterbüchern wurde die Schafgarbe als blutstillendes Heilkraut erwähnt.

Herkunft und Vorkommen

Die Gemeine Schafgarbe ist eine in Europa heimische Wiesenpflanze, die von der Ebene bis in die alpine Region auf nicht zu feuchtem Boden gedeiht. Man findet sie häufig an Wegrändern, Bahndämmen und auf Getreidefeldern. Wegen ihrer schönen, unterschiedlich gefärbten Blüten und ihrer Anspruchslosigkeit wird die Schafgarbe oft in Gärten und Parks angepflanzt.

Verwendete Teile

Im Frühjahr zu Beginn der Blüte sammelt man ihre jungen, zarten Triebspitzen, welche in dünner Schicht bei weniger als 30 Grad getrocknet werden, damit das darin enthaltene ätherische Öl nicht verloren geht. Die oberen, nicht verholzten Teile der Schafgarbe erntet man von Juni bis September, bündelt sie und trocknet sie an einem schattigen, luftigen Ort.

Wirkstoffe

Bis zu 0,5 % ätherische Öle, Tannine, bittere Sesquiterpenalkohole, Flavonoide, unterschiedliche Mengen an Azulen.

Anwendungsbereiche

Die in der Schafgarbe enthaltenen Wirkstoffe regen den Gallenfluss an, sind antibakteriell, adstringierend und krampflösend. Aus diesem Grunde wird dieses appetitanregende, verdauungsfördernde, gallenblasentreibende Heilkraut häufig bei Beschwerden des Magen-Darm-Traktes verordnet. Seine krampflösenden Eigenschaften werden bei schmerzhaften Krampfzuständen, innerlich bei Beschwerden des Magen- und Darmbereiches, äußerlich als Sitzbäder bei krampfhaften Menstruationsbeschwerden verordnet.

Volkstümliche, wissenschaftlich nicht belegte Anwendung

Innerlich wurde dieses Heilkraut seit jeher gegen Schwermut, Nierenleiden und als Blutreinigung verwendet. Äußerlich gegen Geschwüre, Nasenbluten, Zahnschmerzen, Haarausfall und als Mundspülung.

Zubereitung

2 gehäufte Teelöffel Schafgarbenkraut mit 250 ml kochendem Wasser überbrühen, 10 Minuten zugedeckt ziehen lassen, abseihen und davon 2–3 Tassen täglich mäßig warm, schluckweise trinken.
Als Sitzbad: 100 g Schafgarben in kaltem Wasser über Nacht ansetzen, am nächsten Tag bis zum Kochen erhitzen und dem Badewasser zufügen.

Vorsichtsmaßnahmen

Selten können bei sehr empfindlichen Personen Kontaktallergien hervorgerufen werden.

Bewährte und bekannte Teemischungen

Die Schafgarbe wird meistens in Teemischungen verwendet.
Innerlich als Magen-Darm-Tee:
20 g Artischockenblätter
30 g Schafgarbenkraut
50 g Kamillenblüten
50 g Pfefferminzblätter
Zubereitung: 1 Teelöffel der Teemischung mit 1 Tasse kochendem Wasser übergießen, 5–10 Minuten ziehen lassen, abseihen und mehrere Tassen davon zwischen den Mahlzeiten schluckweise trinken.

Als Sitzbäder bei Dysmenorrhoe (krampfartige, kolikartige Schmerzen des Unterleibes in der Frauenheilkunde):
30 g Schafgarbenkraut
30 g Frauenmantelkraut
20 g Melissenblätter
20 g Lavendelblüten
Zubereitung: Eine Handvoll der Teemischung wird mit ½ Liter kochendem Wasser überbrüht, 15 Minuten zugedeckt stehen gelassen, abgeseiht und dem Sitzbad zugegeben.
Die Sitzbäder sollten möglichst warm durchgeführt werden.
Zusätzliche Maßnahmen, die eine Linderung der Schmerzen bewirken können:

- Wärmezuführung im Bereich des Unterbauches: Wärmflasche, feuchte, warme Umschläge.
- Sitzbäder mit geeigneten Teemischungen.
- Regelmäßige körperliche Bewegung, die nicht zu intensiv sein sollte.
- Leichte Kost mit viel Obst und Gemüse.

Homöopathie

Achillea millefolium wird eingesetzt bei Blutungen und krampfartigen Schmerzen. Gebräuchliche Potenzen: Urtinktur, D1, D3, D4.

Brauchtum und Kuriosa

Die Schafgarbe verträgt die Düngung gut, auch das ständige Abnagen durch die Weidetiere, denn sie wächst schnell wieder nach. Man sagt: »Es schießt unter dem Zahn der Tiere nach.«

Schlehdornblüten/-früchte *Prunus spinosa L.*

FAMILIE: ROSENGEWÄCHSE

Geschichte

Dem Schlehdorn wurde von den alten griechischen und römischen Ärzten keine größere Bedeutung beigemessen. Auch im Mittelalter wurde diese Heilpflanze nur wenig genannt. In der Volksmedizin spielt die Schlehe aber eine große Rolle. Als Hausmittel wurde sie im Alpenraum unterschiedlich angewendet, bekannt ist der Schlehenwein und seine Verwendung als Zaubermittel und als Vorhersage der Gestaltung der Ernte und des Wetters. Diese Anwendungen sind heute in Vergessenheit geraten, waren aber in der Vergangenheit, als man den Kräutern eine nicht nur wissenschaftliche Bedeutung zuordnete, sehr verbreitet.

Herkunft und Vorkommen

Die Schlehe gehört zur Gruppe der Rosengewächse und kommt in Hecken, an Waldrändern und an steinigen Hängen häufig vor. Ihre weithin kriechenden Wurzeln treiben reichlich Sprossen, wodurch die typischen undurchdringlichen Schlehenhecken entstehen, in denen die Vögel ideale Nistplätze vorfinden. Diese charakteristischen Hecken fallen leider der heute üblichen Flurbereinigung sehr oft zum Opfer.

Verwendete Teile

Verwendet werden die Blüten, die von März bis April gesammelt werden, und die Früchte, die astringierend wirken und so sauer schmecken, dass sie die Schleimhäute zusammenziehen. Nach mehrmaligem Durchfrieren im Herbst werden sie jedoch genießbar und frisch verwendet oder zu Schlehenschnaps und Marmelade verarbeitet.

Wirkstoffe

Die Schlehe ist eine so genannte Gerbstoffdroge. Sie enthält unter anderem Amygdalin, Cumarinderivate, Flavonglykoside, Gerbstoffe, Bitterstoffe, Vitamin C und Apfelsäure.

Anwendungsbereiche

Die Schlehenblüten sind Bestandteil vieler Blutreinigungstees, die Früchte werden bei leichten Entzündungen des Mundes und der Rachenschleimhaut angewendet. Die Schlehenfrüchte haben einen erheblichen Vitamin-C-Gehalt und werden als Sirup gerne bei Erkältungskrankheiten und zur Rekonvaleszenz genommen.

Volkstümliche, wissenschaftlich nicht belegte Anwendung

Hier ein Rezept zur Herstellung des Schlehensirups:
1 kg Schlehenfrüchte, 250 g geschälte und entkernte Äpfel, 1 Vanillestange, 900 g Zucker, 300 g Wasser und nach Belieben 1 Teelöffel Anis.

Zubereitung: Die nach den ersten Frösten gesammelten Schlehenfrüchte in eine tiefe Schüssel geben, mit Wasser bedecken und über Nacht stehen lassen. Am nächsten Tag abgießen und die Schlehen zusammen mit den übrigen Zutaten aufkochen, 30 Minuten zugedeckt ziehen lassen, das Ganze zerdrücken und das so gewonnene Mus ca. 8 Stunden durch ein Tuch laufen lassen. Den so gewonnenen Sirup kurz aufkochen, in vorgewärmte Flaschen abfüllen und sofort verschließen.

Zubereitung

2 Teelöffel Schlehenblüten mit 150 ml heißem Wasser übergießen, 10 Minuten ziehen lassen, abseihen und 2 × täglich 1 Tasse Tee, frisch bereitet, trinken.
Für Spülungen und zum Gurgeln verwendet man 2 Teelöffel Schlehenblüten auf 100 ml Wasser.

Brauchtum und Kuriosa

Der Gebrauch der Schlehen war im Alpenraum eng mit dem täglichen Leben und mit dem Brauchtum verbunden. In Tirol band man zum Beispiel gegen Gelbsucht eine Schlehe an die linke Brust. Auch ist überliefert, dass in manchen Gegenden 3 Blütenstängel des Schlehenstrauches, 3 × hintereinander gegessen, gegen Gicht und Fieber schützen sollen. Als Hausmittel werden gedörrte Früchte aufbewahrt.

Schlüsselblumenblüten

Wiesenschlüsselblume *Primula veris L.* Hohe Schlüsselblume *Primula elatior L.*

FAMILIE: PRIMELGEWÄCHSE

Geschichte

Die Schlüsselblume wird in den Schriften der Antike nicht erwähnt, was auf die Tatsache zurückzuführen ist, dass es sich um eine Pflanze handelt, welche im Mittelmeerraum nicht vorkommt. Umso mehr kommt sie in der nordischen Mythologie vor. Nixen, Elfen, Najaden und Undinen beschützten diese zeitig im Frühjahr blühende Pflanze.

Herkunft und Vorkommen

Die Wiesenschlüsselblume wächst auf kalkhaltigen Böden, man findet sie auf trockenen Wiesen, an Böschungen und in trockenen Mischwäldern. Die hohe Schlüsselblume wächst auf eher feuchten Wiesen, in Gebüschen und schattig am Rande von Wäldern, von der Ebene bis in die bevorzugten höheren Berglagen.

Verwendetet Teile

Gesammelt werden die Blüten mit den Kelchen; jene der Wiesenschlüsselblume von April bis Mai, jene der bei uns ebenfalls verbreiteten hohen Schlüsselblume zeitig von März bis Mai. Abgeblühte Blüten haben keine Heilkraft mehr und müssen entfernt werden. Die Wurzel wird ebenfalls gesammelt, im Herbst ausgegraben und an der Luft, oder schonend bei künstlicher Wärme, getrocknet. Die getrockneten Wurzeln riechen etwas nach Anis und schmecken kratzend und bitter.

Wirkstoffe

Hauptsächlich Saponine, außerdem Flavonoide und ätherisches Öl.

Anwendungsbereiche

Beide Schlüsselblumenarten haben dieselbe Wirkung. Die Schlüsselblume ist eine Saponindroge, die sekretolytisch, schleimlösend und expektorierend wirkt. Bestens bewährt sie sich in Zusammenhang mit anderen schleimlösenden Heilkräutern bei Entzündungen und Katarrhen der oberen Luftwege.

Volkstümliche, wissenschaftlich nicht belegte Anwendung

Der Schlüsselblumentee wird in manchen Gegenden auch als nerven- und herzstärkendes Mittel, als Mittel gegen Kopfschmerzen und Wassersucht verwendet.

Zubereitung

1 Teelöffel fein geschnittene Schlusselblumen mit ca. 150 ml heißem Wasser übergießen, 5 Minuten ziehen lassen, abseihen und davon mehrmals 1 Tasse trinken.

Vorsichtsmaßnahmen

Die Schlüsselblume gehört zu den Primelgewächsen, welche des Öfteren allergische Reaktionen hervorrufen können. Bei unsachgemäßer Verwendung können vereinzelt Magenbeschwerden und Übelkeit auftreten.

Bemerkungen

Der Schlüsselblumentee ist verhältnismäßig teuer, er wird deshalb fast immer nur in Kombination mit anderen ähnlich wirkenden Kräutern verwendet.

Bewährte und bekannte Teemischung

Bei unproduktivem Husten zur Schleimlösung:
20 g Schlüsselblumen
20 g Wollblumen
30 g Thymiankraut
30 g Spitzwegerichkraut
Zubereitung: 1–2 Teelöffel dieser Teemischung mit 1 Tasse heißem Wasser aufgießen, 10 Minuten ziehen lassen, abseihen und mehrmals am Tag heiß trinken.

Brauchtum und Kuriosa

Aus mittelalterlichen Kräuterbüchern unkontrolliert übernommen und immer wieder erwähnt wird die Behauptung, dass Schlüsselblumentinktur gegen das Stottern verwendet werden kann.

Schöllkraut *Chelidonium majus L.*

FAMILIE: MOHNGEWÄCHSE

Geschichte

Der Name Chelidonium stammt vom griechischen Wort Chelidon, was Schwalbe bedeutet, vielleicht weil die Pflanze mit dem Eintreffen der Schwalben zu blühen beginnt und mit deren Wegzug verblüht. Dem Schöllkraut wurde im Altertum große Heilkraft zugeschrieben und es wurde in fast allen damaligen Schriften erwähnt. Auch der an Malaria erkrankte Albrecht Dürer soll sich, einem damaligen Bericht zufolge, der heilsamen Wirkung des Schöllkrautes bedient haben.

Herkunft und Vorkommen

Das Schöllkraut ist eine in Europa allgemein weit verbreitete, ausdauernde Pflanze. Sie wächst vor allem in der Nähe menschlicher Bauwerke auf stickstoffreichen Böden, in der Nähe von Schuttplätzen, Zäunen, in Mauerritzen, an Weg- und Straßenrändern. Beim Pflücken tritt der allgemein bekannte, gelbe Milchsaft aus, welcher einen scharfen und bitteren Geschmack hat.

Verwendete Teile

Gesammelt wird das Kraut vor der Blütezeit, es wird entweder frisch verwendet oder schnell bei 60–70 Grad getrocknet. Die Heilpflanze verliert nach einigen Monaten ihre wichtigste Heilwirkung, deshalb sollte das Kraut möglichst frisch verwendet werden. Alkoholische Auszüge oder standardisierte Extrakte sind vorzuziehen.

Wirkstoffe

Im Schöllkraut, das mit den Mohngewächsen verwandt ist, wurden verschiedene Alkaloide nachgewiesen. Das wichtigste Alkaloid ist das Coptisin.

Anwendungsbereiche

Das Schöllkraut wirkt leicht krampflösend auf den oberen Verdauungsstrakt, es wirkt entzündungshemmend, gallenflussanregend und leicht schmerzstillend. Das Schöllkraut ist deshalb Bestandteil vieler Leber- und Gallentees.

Volkstümliche, wissenschaftlich nicht belegte Anwendung

In der Volksmedizin wird der frische Milchsaft aus dem Stängel zur örtlichen Behandlung von Warzen verwendet.

Zubereitung

Die alleinige Anwendung eines Schöllkrauttees ist wegen der Nebenwirkungen und der nicht immer gleich bleibenden sicheren Wirkung nicht zu empfehlen.

Vorsichtsmaßnahmen

Nicht bei Lebererkrankungen und nicht während Schwangerschaft und Stillzeit sowie bei Kindern unter 12 Jahren anwenden! Bei einer Einnahmedauer von über 4 Wochen sollten die Leberfunktionswerte kontrolliert werden.

Bewährte und bekannte Teemischung

Leber- und Gallentee:
- 10 g Artischockenblätter
- 10 g Schafgarbenkraut
- 10 g Enzianwurzel
- 20 g Schöllkraut
- 20 g Pfefferminzblätter
- 30 g Löwenzahnwurzeln mit Kraut

Zubereitung: 1 Teelöffel dieser Teemischung mit 1 Tasse kochendem Wasser überbrühen, 10 Minuten ziehen lassen, abseihen und vor oder nach jeder Mahlzeit davon 1 Tasse trinken, je nachdem ob man eine appetitanregende oder verdauungsfördernde Wirkung erzielen will.

Homöopathie

Chelidonium verwendet man bei chronischen Störungen des Leber- und Gallenbereichs, Entzündungen und Rheumatismus. Zur Alkoholentwöhnung. Gebräuchliche Potenzen: D2, D3, D4, D6, D12.

Brauchtum und Kuriosa

Dieses Kraut wird in der Volksmedizin erfolgreich gegen Warzen eingesetzt, obwohl diese Anwendung in keiner wissenschaftlichen Abhandlung eingehend untersucht wurde.
In seinem Buch »Die Fischerei – Tollköder in Europa vom Altertum bis zur Neuzeit« bemerkt der Autor Zaunick, dass Vögel, denen Weizenkörner zu fressen gegeben wurden, welche 3 Tage lang im Schöllkrautsaft eingeweicht waren, besonders leicht zu fangen wären.

Sonnenhutkraut/-wurzel *Echinacea purpurea*

FAMILIE: KORBBLÜTLER

Geschichte

Echinacea war jahrhundertelang bei der Urbevölkerung Nordamerikas im Gebrauch, von dort gelangte das Wissen zu den Naturärzten, welche dieses Heilkraut im späten 18. bis Anfang des 19. Jahrhunderts verwendeten. Sie geriet in Vergessenheit, auch weil ihr die American Medical Association jede Heilkraft aberkannte. Erst nach 1930 wurde hauptsächlich in Deutschland das Kraut eingehend studiert und von da an begann die Pflanze Verbreitung zu finden. Der Sonnenhut ist heutzutage eine der bekanntesten und am häufigsten verwendeten Heilpflanzen.

Herkunft und Vorkommen

Echinacea ist in Amerika heimisch, wo sie in offenen Wäldern und in der Prärie wächst. Obwohl es sich beim Sonnenhut um keine einheimische Pflanze handelt, habe ich sie trotzdem aufgenommen, denn wegen ihrer schönen, anmutigen Blüten ist sie auch in Südtirol, unter dem Namen Rudbeckie, in vielen Bauerngärten häufig anzutreffen. Sie blüht vom Sommer bis in den Herbst hinein und hat einen aromatischen, süßlichen Geruch.

Verwendete Teile

Verwendet wird hauptsächlich das Kraut der *Echinacea purpurea.*

Wirkstoffe

Cichoriensäure, Polisaccharide, Alkamine, Flavonoide, ätherisches Öl.

Anwendungsbereiche

Sonnenhutprodukte steigern die körpereigenen Abwehrkräfte, außerdem haben sie eine antivirale und antiseptische Wirkung. Als Teeaufguss, Tinktur, Frischpflanzen-Extrakt oder in Tablettenform werden sie bei Erkältungskrankheiten wie Schnupfen, grippalen Infekten, Entzündungen der oberen Atemwege, Nasennebenhöhlen- und Halsentzündungen, aber auch bei Harnwegsinfektionen verschrieben.
Als Salbe zeigt der Sonnenhut bei schlecht heilenden Wunden eine sehr gute Wirkung.

Zubereitung

Echinaceaprodukte werden nicht als Tee gebraucht, sondern als Tinkturen, Presssaft, in verschiedenen Fertigpräparaten hauptsächlich in der Homöopathie und in der Naturheilkunde.

Vorsichtsmaßnahmen

Echinaceaprodukte sollten nicht zu lange eingenommen werden, denn eine zu lange Immunstimulierung kann in das Gegenteil umschlagen. Viel besser ist eine Intervalltherapie.

Bemerkungen

Echinaceaprodukte sollte man nicht in der Schwangerschaft einnehmen, auch nicht wenn man zu Allergien neigt. Bei schwerwiegenden Krankheiten sollte man diese Produkte nur in Absprache mit dem Arzt verwenden.

Brauchtum und Kuriosa

Es wird erzählt, dass ein pflanzenkundiger Arzt eines Tages eine Indianerfrau bemerkte, wie sie Pflanzen zerquetschte. Er fragte sie, was sie denn da tue, und sie erzählte ihm, sie mache einen Pflanzenbrei aus Echinaceapflanzen, mit dem sie die Wunden der Männer bestreiche, wenn sie sich verletzt hätten. Diese Wunden würden dann schneller heilen. Auch gegen Schlangenbiss soll die Pflanze wirken.

Spitzwegerichkraut *Plantago lanceolata L.*

FAMILIE: WEGERICHGEWÄCHSE

Geschichte

Es gibt mehrere Arten von Wegerichkräutern: den Breitwegerich, den Sandwegerich, den Spitzwegerich, aber nur Letzterer wird hier behandelt. Der Spitzwegerich ist eine seit der Antike, bei den alten Germanen und über das Mittelalter hinaus sehr bekannte und oft angewendete Pflanze. Hauptsächlich wurden damals seine wundheilenden und entzündungshemmenden Eigenschaften gerühmt.

Herkunft und Vorkommen

Diese aus Europa stammende, ausdauernde, überaus bekannte Pflanze, welche, wie z. B. der Breitwegerich, auch als Unkraut angesehen wird, ist inzwischen weltweit verbreitet.
Der Spitzwegerich, der von Mai bis September blüht, gedeiht auf eher trockenen Wiesen, auf Feldern sowie an Wegrändern.

Verwendete Teile

Verwendet wird das gesamte, vor der Blüte gesammelte Kraut. Dieses muss man möglichst schnell bei 30–50 Grad trocknen, da es sich bei zu langsamer Trocknung oder bei einer zu feuchten Lagerung verfärbt, was bedeuten würde, dass die antibakterielle Wirkung verloren gegangen ist.

Wirkstoffe

Iridoidglykoside wie Aucubin, Catalpol, Gerbstoffe, Schleimstoffe, Flavonoide.

Anwendungsbereiche

Die Inhaltsstoffe wirken aufgrund der Schleimstoffe reizberuhigend, aufgrund der Gerbstoffe zusammenziehend, aufgrund der Glykoside antibakteriell. Deshalb wird der Spitzwegerich oft und erfolgreich bei Katarrhen der Luftwege, Husten und Heiserkeit, bei Entzündungen im Mund und Rachen, aber auch äußerlich bei Entzündungen der Haut verwendet.

Volkstümliche, wissenschaftlich nicht belegte Anwendung

In der Volksmedizin werden frische, gereinigte Blätter auf offene Wunden gelegt und dauernd erneuert. Sie sind, sollte nichts anderes vorhanden sein, bei einer ersten Wundversorgung wirkungsvoll. Auch bei Insektenstichen werden die Blätter des Spitzwegerichs aufgelegt.

Zubereitung

1–2 Teelöffel der geschnittenen getrockneten Blätter werden mit 250 ml kochendem Wasser übergossen, 15 Minuten ausgezogen und abgeseiht. Davon werden täglich mehrmals, eventuell mit Honig gesüßt, 2–3 Tassen getrunken.

Bewährte und bekannte Teemischung

Bei Husten zur Schleimlösung:
30 g Spitzwegerichkraut
20 g Isländisch Moos
20 g Fenchelfrüchte
20 g Thymiankraut
10 g Wollblumen
Zubereitung: 2–3 Teelöffel dieser Mischung mit ca. 150 ml kochendem Wasser übergießen, 10 Minuten ziehen lassen und 3–5 × täglich 1 Tasse davon lauwarm schluckweise trinken.
Für Umschläge zur Wundbehandlung:
Zubereitung: 1–2 Teelöffel Spitzwegerichkraut mit 1 Tasse kaltem Wasser ansetzen, dann kurz aufkochen, abseihen, eine Mullbinde oder ein Leintuch damit durchfeuchten und als Umschlag verwenden.

Homöopathie

Plantago wird angewendet bei Bettnässen, Zahnschmerzen und anderen Schmerzen im Kopfbereich. Gebräuchliche Potenzen: Urtinktur D2, D3, D4.

Brauchtum und Kuriosa

Ein Weiblein aus dem Vinschgau hat mir bezüglich des Spitzwegerichs folgende Zubereitung mitgeteilt: In ein Einmachglas füllt man abwechselnd eine Schicht Spitzwegerichblätter und eine Schicht Zucker und füllt so lange nach, bis das Gefäß voll ist. Dann wird es gut zugebunden und in ein im Garten gegrabenes Loch gestellt. Man legt ein Brett drüber und bedeckt das Ganze mit Erde. Nach 8 Wochen gräbt man das Glas wieder aus und kocht den durch einen Gärungsprozess entstandenen Huflattichsirup 1–2 × auf. Danach füllt man ihn in kleinere Flaschen ein. Teelöffelweise eingenommen, wirkt dieser Sirup bestens gegen Erkältungskrankheiten.

Steinkleekraut *Melilotus officinalis L.*

FAMILIE: SCHMETTERLINGSBLÜTLER

Geschichte

Das seit der Antike bekannte und bei Plinius als zusammenziehendes und erweichendes Mittel bei hitzigen Geschwülsten, insbesondere solcher der Augen, des Alters und der Geschlechtsorgane, verwendete Heilkraut hatte auch im Mittelalter eine nicht ganz genaue Zuordnung, denn es wurde bei allerlei unterschiedlichen Erkrankungen wie Magenschmerzen und Leberleiden, Ohrenschmerzen und Gebärmutterleiden angewendet.

Herkunft und Vorkommen

Der Steinklee, auch Honigklee genannt, lateinisch *melilotus,* von mel = Honig, ist eine anspruchslose, honigreiche Pflanze, die auf Schutt, Geröll, an Wegrändern und Mauerruinen gedeiht. Sie stammt aus Mitteleuropa und Kleinasien.

Verwendete Teile

Im Sommer werden die Spitzen der blühenden Sprossen gesammelt, zu kleinen Sträußchen gebündelt und getrocknet, wobei man darauf achten muss, das Kraut gut zu trocknen, damit sich die Wirkstoffe nicht verändern.

Wirkstoffe

Die Droge enthält Cumarinderivate, freies Cumarin, Flavonoide und Saponine.

Anwendungsbereiche

Die Droge wirkt entzündungshemmend bei Ödemen und Stauungen des Venenapparates in den Beinen, die sich durch Wadenkrämpfe, Schmerzen, Schweregefühl, Juckreiz und Schwellungen bemerkbar machen können.
Äußerliche Anwendung bei Prellungen, Verstauchungen und oberflächlichen Blutergüssen.

Zubereitung

Um einen Tee aus Steinklee zuzubereiten, werden 1–2 Teelöffel des getrockneten Krautes mit 1 Tasse kochendem Wasser übergossen, zugedeckt etwa 10 Minuten ziehen gelassen und abgeseiht. Davon sollte man über einen längeren Zeitraum 2–3 × täglich 1 Tasse trinken.

Als Umschlag: 1–2 Teelöffel fein geschnittenes Kraut mit 1 Tasse kochendem Wasser übergießen, nach 10 Minuten abseihen, ein Leintuch oder Mulltuch damit tränken und 2–3 × täglich auf die zu behandelnde Stelle auflegen.

Bemerkungen

Der Inhalt an heilenden Stoffen ist sehr unterschiedlich und es ist fast nicht möglich, einen Kräutertee herzustellen, welcher immer dieselbe Wirkung hat, wie man es von anderen Kräutern kennt. Deshalb ist es sinnvoll, Fertigarzneimittel zu verwenden, in denen der Mindestgehalt an Cumarin gewährleistet ist.

Brauchtum und Kuriosa

Das getrocknete Steinkleekraut hat aufgrund seines erheblichen Gehaltes an Cumarinderivaten einen charakteristischen, stark ausgeprägten Geruch. Dies machten sich viele zunutze und legten das Kraut zur Abwehr von Motten in Kästen, Kleider und Wäsche.

Stiefmütterchenkraut *Viola tricolor L.*

FAMILIE: VEILCHENGEWÄCHSE

Geschichte

Erst seit dem Mittelalter ist das Stiefmütterchenkraut bekannt. Damals wurde das Heilkraut gegen allerlei Hautkrankheiten, Fieber und Bauchschmerzen verwendet. Matthiolus schreibt in seinem Kreutterbuch: »Es hilft den jungen Kindern, die mit Freisch belästigt sind.« Damit meint er wohl das auch in Südtirol früher übliche Wort »die Freisen«, mit dem man krampfartige, epilepsieartige Anfälle kleiner Kinder bezeichnete.

Herkunft und Vorkommen

Das Stiefmütterchen wächst stets in kleinen Gruppen in ganz Eurasien auf kalkarmen, sonnigen Feldböden. Es wurde teilweise als Ackerunkraut im Roggenanbau angesehen. Im Schatten darben die Pflanzen dahin, sie werden länglich und unansehnlich.

Verwendete Teile

Als Heilpflanze verwendet werden nur die während der Blütezeit gesammelten oberirdischen Pflanzenteile des Ackerstiefmütterchens, während das Gartenstiefmütterchen, welches größer und auffälliger ist und deshalb in vielen Gärten und Parkanlagen angepflanzt wird, nicht geeignet ist.

Wirkstoffe

Flavonoide, Glykoside, Saponine und Schleimstoffe.

Anwendungsbereiche

Die Wirkungen der im Stiefmütterchen enthaltenen Stoffe sind entzündungshemmend, ähnlich wie Kortison, und haben schützende Eigenschaften. So verwendet man das Heilkraut äußerlich bei leichten Hauterkrankungen wie Akne, Ekzeme, Milchschorf, Schuppenflechte und Allergien.

Volkstümliche, wissenschaftlich nicht belegte Anwendung

In der Volksmedizin wird das Kraut bei Störungen des Stoffwechsels als Bestandteil der immer beliebten Blutreinigungstees verwendet. Die Wirksamkeit bei der innerlichen Anwendung konnte jedoch bis jetzt nicht nachgewiesen werden.

Zubereitung

1 Teelöffel zerkleinertes, getrocknetes Stiefmütterchenkraut wird mit ca. 150 ml siedendem Wasser übergossen und nach 10 Minuten abgeseiht. Mehrmals täglich mit dem abgekühlten Aufguss Umschläge oder auch Sitzbäder machen.

Bemerkungen

Das wilde Stiefmütterchen darf nicht mit dem Veilchen oder dem im Garten angepflanzten Stiefmütterchen verwechselt werden, denn besonders das schöne, auffällig bunte Stiefmütterchen im Ziergarten ist medizinisch ohne Wirkung.

Bewährte und bekannte Teemischung

Für Umschläge bei Hauterkrankungen:

30 g Stiefmütterchenkraut
30 g Odermennigkraut
20 g Kamillenblüten
20 g Taubnesselkraut und -blüten

Zubereitung: 1–2 Esslöffel der Mischung mit ca. 250 ml kochendem Wasser überbrühen, 5 Minuten ziehen lassen, abseihen und damit mehrmals Umschläge machen.

Brauchtum und Kuriosa

Die Bezeichnung Stiefmütterchen wird folgendermaßen gedeutet: Die beiden oberen Blütenblätter sind Stühle, welche die Stiefmutter für sich in Anspruch nimmt. Auf den beiden seitlichen sitzen ihre eigenen Töchter und auf den untersten sitzen die Stieftöchter, die sich mit einem einzigen Stuhl begnügen müssen.
In einigen Gegenden der Schweiz wird das Stiefmütterchen »Schwigerli« genannt, da wurde offenbar die Stiefmutter mit der Schwiegermutter ersetzt.

Taubnesselblüten/-kraut *Lamium album L.*

FAMILIE: LIPPENBLÜTLER

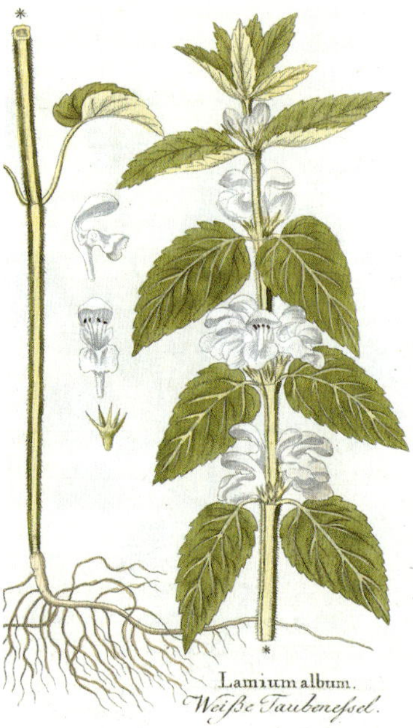

Geschichte

Die Taubnessel heißt so, weil ihre Blätter denen der Brennnessel ähneln, sie besitzen aber keine Brennhaare, sind also, wie der Name sagt, »taub«. Der Gattungsname Lamium stammt vom griechischen lamos = Rachen, Schlund, weil die Blüte einem aufgerissenen Schlund ähnelt.

Herkunft und Vorkommen

Die Taubnessel stammt aus dem gemäßigten Europa und aus Asien, wo sie bis ins Himalaja-Gebiet vorkommt. Sie ist als steter Begleiter der Menschen sehr verbreitet und wächst auf Schuttplätzen, an Zäunen, in Hecken, oft vergesellschaftet mitder Brennnessel auf Wiesen, an Dunghaufen und auf Viehweiden.

Verwendete Teile

Gesammelt werden von Mai bis Juli die weißen Lippenblüten, die bei trockenem Wetter vorsichtig aus den Kelchen herausgelöst und in dünner Schicht möglichst schnell getrocknet werden, um zu vermeiden, dass sich das Sammelgut braun verfärbt. Die Blüten haben einen leicht honigartigen Geruch und schmecken süßlich.

Wirkstoffe

Charakteristische Glykoside, außerdem Flavonoide, Saponine, Gerb- und Schleimstoffe.

Anwendungsbereiche

Im Großen und Ganzen ist die Taubnessel eine Gerbstoffdroge, sie wirkt deshalb, innerlich verwendet zusammenziehend, entzündungshemmend und äußerlich gewebeverdichtend, juckreizstillend, wundheilend und ebenfalls entzündungshemmend. Die Taubnessel findet Anwendung bei Entzündungen der oberen Luftwege, bei Entzündungen des Mund- und Rachenraumes, äußerlich als Sitzbad bei weißem Ausfluss in der Frauenheilkunde und als Umschlag bei oberflächlichen Entzündungen der Haut.

Volkstümliche, wissenschaftlich nicht belegte Anwendung

Auf dem Land werden nicht nur die Blüten, sondern auch das Kraut der Taubnessel viel verwendet, aus gutem Grund, denn sie ist zwar kein herausragendes Heilkraut, wirkt aber mild und zuverlässig. Außer den schon genannten Anwendungen wird sie innerlich viel in der Frauenheilkunde bei allerlei Beschwerden angewendet, und auch bei Störungen des Verdauungstraktes wird sie wegen ihres Schleimgehalts bei Magen- und Darmkatarrhen gebraucht.

Zubereitung

1–2 Teelöffel getrocknete Taubnesselblüten werden mit ca. 150 ml siedendem Wasser übergossen und nach 5 Minuten abgeseiht. Davon trinkt man 3 × täglich 1 Tasse mit Honig gesüßt. Sollte man damit gurgeln müssen, wird der Tee nicht gesüßt.
50 g getrocknete Taubnesselblüten mit ½ Liter siedendem Wasser übergießen und nach 2 Minuten abseihen. Den frisch bereiteten, abgekühlten Auszug für Umschläge verwenden.
Für ein Sitzbad wird ein Auszug aus 5 g getrockneten Taubnesselblüten verwendet und dem Bad zugegeben.

Bemerkungen

Das Pflücken der Taubnesselblüten ist eine mühsame Arbeit und das geerntete, getrocknete Gut hat fast kein Gewicht. Das schlägt sich auf den Verkaufspreis nieder, der für diese Droge erheblich ist. Wer sich die Mühe macht, die Blüten selbst zu sammeln, hat ein wertvolles Kraut in seiner Hausapotheke.

Bewährte und bekannte Mischung

Als Sitzbad zur Geburtserleichterung, im letzten Monat vor der Geburt:
50 g Taubnesselblüten
30 g Frauenmantelkraut
20 g Kamillenblüten
Zubereitung: 2 Esslöffel der Mischung mit ¼ Liter kochendem Wasser überbrühen, 10 Minuten ziehen lassen, abseihen und dem Sitzbad zugeben. Und das 1–2 × täglich.

Brauchtum und Kuriosa

Die vor der Blütezeit gesammelten Sprossen werden wie Spinat zubereitet oder auch in der Suppe gegessen.

Tausendgüldenkraut *Erythraea centaurium L.*

FAMILIE: ENZIANGEWÄCHSE

Geschichte

Das seit der Antike bekannte Heilkraut wurde nach dem Centauren Chiron, einem Wesen halb Mensch halb Pferd, benannt, welcher eine Wunde, die ihm ein auf den Fuß gefallener Pfeil zugefügt hatte, mit diesem Kraut geheilt haben soll. Im Mittelalter hat man den Namen dann wahrscheinlich durch ein Missverständnis aus centum = hundert und aureum = Gold in Hundertgüldenkraut verwandelt, aus dem, möglicherweise um die Wirksamkeit der Pflanze hervorzuheben und zu betonen, das Tausendgüldenkraut wurde.

Herkunft und Vorkommen

Heimisch in fast ganz Europa, Nordafrika, Nordamerika. Man findet diese Licht und Wärme liebende, rosarot blühende Pflanze selten in lichten Wäldern, auf Kahlschlägen und am Waldrand, seltener auf lehmigen bis sandig trockenen Böden.
Die Blüten öffnen sich vollständig bei 20–22 Grad und schließen sich wieder am Abend.

Verwendete Teile

Verwendet werden die getrockneten oberirdischen Teile, Stängel, Blätter und Blüten, der blühenden Pflanze, die von Juni bis September geerntet werden. Wie alle Enziangewächse gehört auch das seltene Tausendgüldenkraut zu den besonders geschützten Pflanzen, deshalb ist das Sammeln von Wildpflanzen nicht erlaubt.

Wirkstoffe

Die gesamte Pflanze enthält hauptsächlich Bitterstoffe, ätherische Öle und Flavonoide.

Anwendungsbereiche

Die im Tausendgüldenkraut enthaltenen Bitterstoffe regen die Speichel- und Magensaftsekretion an, wirken auch auf alle Verdauungsorgane anregend, sie steigern den Appetit, wirken gärungshemmend und verbessern die Peristaltik im Magen-Darm-Kanal.

Volkstümliche, wissenschaftlich nicht belegte Anwendung

In der Volksheilkunde hat das Kraut eine große Bedeutung und wird dazu benutzt, Blutarmut, Rachitis und Regelstörungen zu kurieren. Pfarrer Kneipp empfiehlt, das Tausendgüldenkraut gegen Gemütskrankheiten, Melancholie, Grippe und Gelenk- und Muskelrheuma zu verwenden. Äußerlich verwendet man den Aufguss, um Wunden und Geschwüre oder Haut- und Schleimhautentzündungen zu waschen und zu reinigen.

Zubereitung

1–2 Teelöffel in 1 Tasse kaltem Wasser ca. 8 Stunden ausziehen, erwärmen, abseihen oder ohne auszuziehen mit 1 Tasse Wasser kochend überbrühen, 5 Minuten ziehen lassen, abseihen und davon mehrmals täglich vor den Mahlzeiten 1 Tasse ungesüßt trinken. Durch Zucker wird das Bittere nicht gemildert, die einzige Möglichkeit besteht darin, das Kraut mehrmals aufzukochen, nur dadurch wird der Tee weniger bitter, wirkt aber auch schwächer.

Vorsichtsmaßnahmen

Bei Sodbrennen und saurem Aufstoßen ist dieses Heilkraut nicht geeignet, da sich die Beschwerden verschlechtern können. Mildere Kräuter ohne Bitterstoffe wie Kamille, Pfefferminze, Melisse, Kümmel, Fenchel und Anis sind da besser geeignet.

Bemerkungen

In der Bachblütentherapie wird das Tausendgüldenkraut schüchternen und ängstlichen Menschen empfohlen, die stets das Bedürfnis haben, es anderen recht zu machen, und nicht nein sagen können. Das Kraut soll nämlich den Willen stärken und eine tapfere Entschlossenheit hervorrufen.

Bewährte und bekannte Teemischung

Bei Appetitlosigkeit und Verdauungsbeschwerden:
20 g Tausendgüldenkraut
20 g Wermutkraut
20 g Enzianwurzel
20 g Kalmuswurzel
20 g Pfefferminzkraut
Zubereitung: 1 Teelöffel dieser Teemischung mit 1 Tasse kochendem Wasser überbrühen, 10 Minuten ziehen lassen, abseihen und vor jeder Mahlzeit davon 1 Tasse trinken.

Brauchtum und Kuriosa

Dem Tausendgüldenkraut wurden, wie vielen anderen rot blühenden Pflanzen, auch übernatürliche Kräfte zugeschrieben. Es schütze gegen Blitzschlag, in die Brieftasche gelegt, sollte es das Geld vermehren, im Wäscheschrank dafür sorgen, dass die Wäsche nicht ausging.

Thymiankraut Feldthymian *Thymus serpyllum* Gartenthymian *Thymus vulgaris L.*

FAMILIE: LIPPENBLÜTLER

Geschichte

Diese Heilpflanze, die schon seit dem Altertum bekannt ist, wurde erst im Mittelalter nach Mitteleuropa gebracht, wo sie hauptsächlich bei Frauenleiden verwendet wurde. Trotula, eine Ärztin aus Salerno, die zur Zeit Hildegards wirkte, rühmte Thymian besonders als Mittel gegen Keuchhusten.

Herkunft und Vorkommen

Der Feldthymian *(Thymus serpillum)* wächst auf trockenen, felsigen, sonnigen Standorten in ganz Eurasien bis hinauf nach Grönland, Island und Nordsibirien. Er unterscheidet sich vom Echten oder Gartenthymian *(Thymus vulgaris)* vor allem durch seine kriechenden, verwurzelten Ausläufer, denn jene des Echten Thymians wurzeln nicht. Letzterer kommt mehr in Mittel- und Südeuropa vor und wird weitgehend kultiviert. Beide Thymianarten haben mehr oder weniger dieselbe Wirkung, wobei der Gartenthymian eher als Heilkraut verwendet wird.

Verwendete Teile

Der Thymian blüht von Mai bis September. Man sammelt die blühenden Pflanzen des Feldthymians im Sommer an einem trockenen, sonnigen Tag. Die Blätter des Gartenthymians streift man von den Stängeln ab. Das Sammelgut wird, in dünner Schicht ausgebreitet, in einem trockenen und luftigen Raum getrocknet. Das Heilkraut hat einen unverwechselbaren aromatischen Geruch.

Wirkstoffe

Ätherische Öle, hauptsächlich Thymol, Carvacrol, Bitterstoffe, Gerbstoffe und Flavonoide.

Anwendungsbereiche

Thymian gehört zu den wichtigsten Heilkräuter für das Bronchialsystem. Seine Inhaltsstoffe wirken entkrampfend und entzündungshemmend auf die Bronchien, regen den Schleimauswurf an, sind schleimlösend und antibakteriell. Deshalb wird Thymian bei Husten, bei Reizhusten auf nervöser Basis, Bronchitis und bei Keuchhusten angewendet. Er ist Bestandteil vieler Heiltees gegen Katarrhe der oberen Luftwege, Völlegefühl und Blähungen.

Thymian wird als Heilkraut in Tees, als Extrakt in Sirupen, als Bestandteil vieler Tinkturen, und in Salben verarbeitet, in der Kinderheilkunde verwendet. Thymian ist auch Bestandteil vieler Kräuterlikörs.

Volkstümliche, wissenschaftlich nicht belegte Anwendung

In der Volksheilkunde wird der Thymian bei Magen- und Darmbeschwerden, bei Appetitlosigkeit oder bei chronischer Magenschleimhautentzündung, auch bei Blasen- und Nierenerkrankungen, als Spülung bei Entzündungen im Mundbereich, aber auch in der Frauenheilkunde und als Badezusatz bei rheumatischen Erkrankungen verwendet.

Zubereitung

Für einen Thymiantee werden 2 Teelöffel getrocknete Blätter in 1 Tasse mit kochendem Wasser aufgegossen, 10 Minuten stehen gelassen, abgeseiht; davon werden 3 Tassen täglich getrunken. Zum Gurgeln verwendet, lindert er Halsschmerzen, die durch Kehlkopf- und Mandelentzündungen entstehen.

Bemerkungen

Thymian ist auch ein gesundes, beliebtes und kräftiges Gewürz zu gegrilltem und gedünstetem Fleisch, zu Bratkartoffeln, Hülsenfrüchten, Suppen und Rohkost.

Bewährte und bekannte Teemischungen

Bei jeglicher Art von Husten:
- 10 g Fenchelfrüchte
- 10 g Isländisch Moos
- 10 g Süßholzwurzel
- 15 g Spitzwegerichkraut
- 25 g Eibischwurzel
- 30 g Thymiankraut

Zubereitung: 1 Esslöffel der Mischung mit 1 Tasse kochendem Wasser überbrühen, 10 Minuten ziehen lassen, abseihen und mehrmals täglich 1 Tasse davon heiß trinken. Diesen Tee immer frisch zubereiten und eventuell mit Honig süßen.

Als verdauungsfördernder Tee und gegen Blähungen:
- 20 g Gartenthymiankraut
- 20 g Kalmuswurzel
- 20 g Engelwurzel
- 20 g Kamillenblüten
- 20 g Fenchelfrüchte

Zubereitung: 1–2 Teelöffel dieser Teemischung mit 1 Tasse heißem Wasser aufgießen, 10 Minuten ziehen lassen, abseihen und mehrmals am Tag vor dem Essen heiß trinken.

Brauchtum und Kuriosa

Nicht nur als Heilpflanze, sondern auch als Gewürz ist das Thymiankraut ein allgemein beliebtes und viel verwendetes Kraut. Es verleiht Suppen, Braten und Würsten einen besonderen Geschmack.

Tollkirschenblätter/-wurzel *Atropa bella-donna L.*

FAMILIE: NACHTSCHATTENGEWÄCHSE

Geschichte

Der Name Atropa stammt vom griechischen atropos, so heißt eine der drei Schicksalsgöttinnen, Töchter des Zeus und der Themis: Klotho, die den Lebensfaden spinnt, Lachesis, die ihn misst, und Atropos, die ihn abschneidet. Selbst die Götter können ihr Tun nicht vereiteln. Damit ist eindrucksvoll die Giftigkeit der Pflanze zum Ausdruck gebracht, welche eingenommen, tödlich ist.

Herkunft und Vorkommen

Die Tollkirsche ist in Europa, Asien und Nordafrika heimisch, man findet sie meistens auf Lichtungen, an Waldschlägen und an Waldrändern. Sie bevorzugt Laub- und Mischwälder, hauptsächlich Buchen, und kalkhaltige Böden. Als Heilpflanze wird sie kultiviert.

Verwendete Teile

Verwendet werden die Wurzeln und die vor oder während der Blütezeit gesammelten Blätter oder Zweigspitzen, welche rasch getrocknet werden sollten, um zu verhindern, dass sich die Wirkstoffe abbauen.

Wirkstoffe

Die wichtigsten, die Wirksamkeit der Pflanze bestimmenden Alkaloide sind, neben Gerbstoffen und anderen, das Atropin, das L-Hyoscyamin und das Scopolamin. Der Gehalt ist sehr stark vom Standort und vom Zeitpunkt der Ernte abhängig, deshalb wird diese Pflanze zur Gewinnung der Wirkstoffe angebaut.

Anwendungsbereiche

Die Tollkirschpräparate wirken entkrampfend und schmerzlindernd auf den Magen- und Darmtrakt sowie auf die Gallenwege. Verschrieben werden sie nur mehr sehr selten auch bei Asthma und gewissen Herzbeschwerden auf nervöser Basis.

Zubereitung

Wegen der großen Gefahr einer unsachgemäßen Anwendung gibt es für diese Pflanze in der Hausapotheke keinen Platz. Eine Verschreibung und seine Anwendung sind ausschließlich dem Arzt vorbehalten.

Vergiftungserscheinungen

Wenn man eine Pflanze nicht genau kennt, sollte man im Zweifel nie davon essen oder daraus einen Kräutertee herstellen. Die Tollkirsche hat saftige, süße, gut schmeckende Beeren, 3–4 davon können für Kinder, 10–12 für Erwachsene tödlich sein. Die Vergiftungserscheinungen stellen sich folgendermaßen ein: Innerhalb sehr kurzer Zeit kommt es zu einer sehr starken allgemeinen, unkontrollierbaren Erregung, einer Austrocknung der Schleimhäute mit quälendem Durst und Schluckbeschwerden.

Die Haut wird scharlachrot, trocken und heiß, die Körpertemperatur erhöht sich stark. Die Erregung wird zur Euphorie, Heiterkeit und wechselt sich mit Weinkrämpfen ab. Der Vergiftete erlebt Halluzinationen und Delirien mit Kopfschmerzen, Schwindel, Zittern, Schwanken und Übelkeit. Die Erregung steigert sich zu Tobsuchtsanfällen, zum Teil sogar wie epileptische Anfälle aussehenden Krämpfen, welche unerwartet auftreten können. Die Pupillen sind maximal erweitert, dadurch entsteht ein Gefühl der Blendung, des Doppeltsehens, bei glänzend wirkenden Augen. Es stellt sich ein auffälliges Pulsieren der Halsschlagadern ein, ein heftiges Herzklopfen mit starkem Klopfen des Pulses, zuerst Bradykardie, ein langsamer Puls, dann aber sehr schnell Tachykardie, Herzrasen, mit Blutdruckanstieg. Die Atmung wird stark beschleunigt, der Patient wird zunehmend bewusstlos, erschöpft und fällt in einen narkoseähnlichen Schlafzustand. Der Blutkreislauf bricht zusammen, das Gesicht wird bläulich. Aus diesem Zustand kann sich der Vergiftete entweder wieder erholen oder er verstirbt im Koma an einer zunehmenden Atemlähmung.

Maßnahmen

Da es sich beim Verzehr von Teilen der Tollkirsche um eine lebensbedrohende Vergiftung handelt, muss unverzüglich Rettung herbeigeholt werden. Es ist an dieser Stelle nicht sinnvoll und auch nicht die Aufgabe dieses Buches, Gegenmaßnahmen anzuführen, welche, nicht richtig angewendet und ohne die nötigen Gegengifte bei der Hand zu haben, die Situation nur verschlimmern können.

Bemerkungen

Bella-donna spielt eine wichtige Rolle in der Homöopathie, wo sie in geeigneter homöopathischer Verdünnung bei akuten, fiebrigen entzündlichen Erkrankungen sowie bei Koliken und Krampfzuständen verschrieben wird.

Homöopathie

Bella-donna wird angewendet bei fiebrigen grippalen Infekten, Entzündungen der Mandeln, der Atemorgane, bei Krämpfen des Magen-Darm-Kanals, Migräne und Kopfschmerzen und im Allgemeinen gegen heftige, plötzlich auftretende Beschwerden. Gebräuchliche Potenzen: D4, D6, D12, Hochpotenzen.

Brauchtum und Kuriosa

Bella-donna wird die Tollkirsche genannt, weil es im späten Mittelalter in der Damenwelt Mode war, große Pupillen zu haben. Aus diesem Grunde wurden Säfte der Pflanze in die Augen geträufelt, was zwar Sehstörungen hervorrief, welche aber der Schönheit wegen gerne in Kauf genommen wurden.

Selbst Kriege wurden mit dem Gift dieser Pflanze entschieden, indem man sie Wein und Bier zufügte, um so den Gegner besser überfallen zu können.

Tormentillwurzel, Blutwurz *Potentilla erecta L.*

FAMILIE: ROSENGEWÄCHSE

Geschichte

Schon im Altertum verwendete man die Blutwurz als Heilpflanze, auch im Mittelalter wurde sie des Öfteren erwähnt und war auch unter dem Namen »bistorta« bekannt. Sie wurde zur Blutstillung verwendet und auch Hildegard von Bingen schätzte sie wegen ihrer Wirkung gegen Durchfälle.
Die zuverlässige Wirksamkeit verhalf der Heilpflanze immer zu hohem Ansehen. Sogar als Mittel gegen die Pest und allerlei Gifte wurde sie angewendet.

Herkunft und Vorkommen

Die Blutwurz ist in Europa und in den gemäßigten bis kalten Zonen der nördlichen Hemisphäre weit verbreitet. In Südtirol findet man sie auf nassen bis trockenen Wiesen und in Wäldern.

Verwendete Teile

Verwendet werden die von März bis April oder von September bis Oktober ausgegrabenen Wurzelstöcke, welche von den Wurzeln befreit, gewaschen und in dünner Schicht zum Trocknen ausgelegt werden. Man kann den Wurzelstock auch bei künstlicher Wärme trocknen.
Die Wurzelstöcke der Blutwurz lassen sich verhältnismäßig leicht aus dem Erdreich ziehen, weil die Pflanze meistens auf lockerem Boden wächst.

Wirkstoffe

Der Wurzelstock enthält bis zu 20 % Gerbstoffe, außerdem organische Säuren, Harz und Gummi.

Anwendungsbereiche

Bei der Tormentillwurzel handelt es sich um eine Gerbstoffdroge, die man bei Magen- und Darmkatarrhen oder für Spülungen bei Entzündungen im Mund- und Rachenraum verwendet. Innerlich wird sie bei akuten, unspezifischen Durchfallerkrankungen und bei entzündlichen Erkrankungen des Dickdarms alleine oder mit anderen ähnlich wirkenden Heilkräutern eingesetzt.

Volkstümliche, wissenschaftlich nicht belegte Anwendung

In der Volksheilkunde nimmt der Tormentillwurzelstock wegen seiner zuverlässigen Wirkung bei Durchfallerkrankungen eine wichtige Stellung ein. Die Abkochung des Wurzelstockes wird zum Baden bei schlecht heilender Wunden verwendet.

Zubereitung

1 Teelöffel zerkleinerte Droge mit 1 Tasse kaltem Wasser ansetzen, kurz aufkochen, abseihen und 3–4 × am Tag 1 Tasse vor den Mahlzeiten trinken. Man sollte diesen Tee, der als Mittel gegen Durchfall angewendet wird, ungesüßt trinken, da Zucker im Allgemeinen Gärungen hervorruft oder, sollten solche vorhanden sein, verschlechtert.

Die Tinktur wird verdünnt äußerlich in Form von Spülungen oder unverdünnt als Pinselung bei Entzündungen der Mund- und Rachenschleimhaut verwendet.

Vorsichtsmaßnahmen

Da die Wirkstoffe noch nicht vollständig klinisch erforscht sind, wird die Verwendung der Blutwurz in der Schwangerschaft, Stillzeit und bei Kindern unter 12 Jahren nicht empfohlen. Bei empfindlichen Personen kann es bei der Einnahme zu Magenbeschwerden kommen. Da es zu einer Wechselwirkung zwischen gerbstoffhaltigen Präparaten und Medikamenten kommen kann, sollten diese nicht zusammen eingenommen werden.

Bemerkungen

Grundsätzlich gilt, dass Durchfallerkrankungen, die länger andauern (3–4 Tage), oder gar blutige Durchfälle nie ohne ärztliche Abklärung behandelt werden dürfen. Plötzlich auftretende Veränderungen des Stuhlverhaltens können ein Zeichen schwerwiegender Darmerkrankungen sein.

Bewährte und bekannte Teemischung

Bei Durchfallerkrankungen:
20 g Tormentillwurzelstock
20 g Gänsefingerkraut
20 g Kamillenblüten
20 g Odermennigkraut
20 g Frauenmantelkraut

Zubereitung: 1–2 Teelöffel dieser Mischung mit 1 Tasse kochendem Wasser überbrühen, 10 Minuten ziehen lassen, abseihen und davon mehrmals am Tag 1 Tasse trinken.

Brauchtum und Kuriosa

In seinem Kreutterbuch im Jahre 1565 schreibt Bock: Äußerlich säubert und heilt die Tormentillwurzel »alle faule vunden, schäden und geschvär«, stillt die Menses, vertreibt Beulen und Knollen, zerteilt Kröpfe und heilt Grinde und Feigwarzen.

Vogelknöterichkraut *Polygonum aviculare L.*

FAMILIE: KNÖTERICHGEWÄCHSE

Geschichte

Der seit dem Altertum als Heilpflanze bekannte Knöterich wurde auch im Mittelalter gegen Blutspeien, Bauchfluss, Cholera und Harnzwang verwendet. Im 19. Jahrhundert wurde der Vogelknöterich bei verschiedenen Blutungen, wie der Gebärmutter, des Magens, Darms und der Lunge, angewendet. Vor der Entdeckung des Bazillus Koch, welcher für die Tuberkulose verantwortlich ist, glaubte man, diese Krankheit mit Teemischungen, in denen das Vogelknöterichkraut enthalten ist, heilen zu können.

Herkunft und Vorkommen

Die Pflanze ist in den gemäßigten Gebieten auf der ganzen Erde beheimatet. Sie wächst auf trockenen Sandböden, auf Wegen, Plätzen und zwischen Pflastersteinen, zusammen mit anderen Unkrautgewächsen in Äckern, Gärten und auf Schuttplätzen.

Verwendete Teile

Verwendet wird das zur Blütezeit gesammelte und getrocknete Kraut.

Wirkstoffe

Der Vogelknöterich enthält Gerbstoffe, Flavonoide wie Avicularin, Schleimstoffe, Kieselsäure.

Anwendungsbereiche

Das Vogelknöterichkraut wirkt entzündungshemmend und adstringierend, deshalb wird es bei leichten Erkrankungen der Atemwege und bei Entzündungen der Mund- und Rachenschleimhaut verwendet.

Volkstümliche, wissenschaftlich nicht belegte Anwendung

Vogelknöterichkraut ist hauptsächlich Bestandteil einiger Hustenteemischungen, da es alleine nur schwach wirksam ist. Verwendet wird dieses Kraut auch bei nicht näher bekannten Hautausschlägen, schlecht heilenden Wunden sowie bei Durchfällen.

Zubereitung

1 gehäufter Teelöffel der zerkleinerten, getrockneten Heilpflanze wird mit ca. 150 ml Wasser überbrüht und nach 5 Minuten abgeseiht. Öfters täglich 1 Tasse Tee möglichst heiß trinken.

Bewährte und bekannte Teemischung

Als Hustentee:

20 g Vogelknöterichkraut
20 g Schlüsselblumenblüten
20 g Sanikelkraut
20 g Spitzwegerichkraut
20 g Thymiankraut

Zubereitung: 2 Teelöffel dieser Mischung mit ca. 150 ml kochendem Wasser übergießen, 10 Minuten ziehen lassen und 3–5 × täglich 1 Tasse davon schluckweise, heiß trinken.

Brauchtum und Kuriosa

In den letzten Jahren des 19. Jahrhunderts war der Vogelknöterich, als Kieselsäure enthaltende Pflanze, Bestandteil verschiedener geheimer Tees gegen Schwindsucht und Asthma. Die überaus große Nachfrage führte zu Unfug und so überhöhten Preisen, dass die Behörden diesem Treiben ein Ende bereiten mussten.

Wacholderbeeren *Juniperus communis L.*

FAMILIE: ZYPRESSENGEWÄCHSE

Geschichte

Im Altertum waren es nicht nur die Griechen und die Römer, sondern auch die alten Germanen, welche dem Wacholder heilsame Wirkungen zuschrieben. Im Mittelalter versuchte man in Zeiten von Epidemien und vor allem der Pest, durch Räucherungen mit Wacholder die Ansteckungsgefahr zu bannen. Der Wacholder hat bis in die heutige Zeit, unabhängig von der öffentlichen Anwendung, eine große Bedeutung. Das Kauen von Wacholderbeeren zur Erhaltung einer guten Gesundheit hat sich in der Volksmedizin hartnäckig gehalten und auch sein Gebrauch beim Räuchern von verschiedenen Fleischwaren ist sehr verbreitet.

Herkunft und Vorkommen

Der Wacholder ist in ganz Europa, in Zentralasien, in Nordamerika und in Nordafrika heimisch und wächst an unfruchtbaren, trockenen Hängen, auf Weideflächen, als Unterholz hauptsächlich in Föhrenwäldern, auf Heide- und Moorboden, von der Ebene bis in die Hochalpen. Die Samen werden von den Wacholderdrosseln, Birk- und Haselhühnern verbreitet.

Verwendete Teile

Gesammelt werden die Ende August bis Mitte September reifen, schwarzblauen Beeren. Botanisch gesehen sind die Beeren, welche bis zur Reife 3 Jahre benötigen, eigentlich Zapfen. Die Trocknung erfolgt im Dörrapparat oder in einem geheizten Raum. Die Droge schmeckt angenehm würzig und süßlich.

Wirkstoffe

Wacholderbeeren enthalten ein etwas kompliziert zusammengesetztes ätherisches Öl, das *Oleum Juniperi,* Flavonglykoside, Gerbstoffe, Zucker, harz- und wachsartige Bestandteile.

Anwendungsbereiche

Die Wacholderbeeren wirken wassertreibend, haben entkrampfende Eigenschaften und fördern die Verdauung. Deshalb werden sie bei Beschwerden des Magen- und Darmtraktes, bei Entzündungen der Harnwege, zur Entwässerung in so genannten Blutreinigungstees und äußerlich als Einreibung bei rheumatischen Beschwerden sowie Muskelverspannungen verwendet.
Als Gewürz wird Wacholder auch sehr geschätzt, denn seine Beerenzapfen schmecken süßlich-würzig, leicht harzig-bitter und passen besonders gut zu Fisch, Wild- und Sauerbraten, Kohlgemüse, Sauerkraut und eingelegten Gurken.

Als Destillat aus Wacholderbeeren erfreut sich der Gin im angelsächsischen Raum großer Beliebtheit.

Zubereitung

1 Teelöffel zerquetschte Beeren mit 1 Tasse kochendem Wasser überbrühen, 5 Minuten zugedeckt stehen lassen, abseihen und davon 3 × täglich 1 Tasse trinken.

Vorsichtsmaßnahmen

Bei längerer Anwendung sind Nierenschäden möglich. Deshalb nicht während der Schwangerschaft, nicht bei entzündlichen Erkrankungen der Nieren und nicht länger als 4 Wochen anwenden.

Bewährte und bekannte Teemischung

Wassertreibend und leicht desinfizierend:

15 g Liebstöckelwurzel
15 g Hauhechelwurzel
15 g Birkenblätter
25 g Bärentraubenblätter
30 g Wacholderbeeren

Zubereitung: 2 gehäufte Teelöffel dieser Mischung mit 250 ml kochendem Wasser übergießen, 10 Minuten ziehen lassen, abseihen und täglich 2–3 Tassen trinken.

Brauchtum und Kuriosa

Das tägliche, frühmorgendliche Kauen von 2 Wacholderbeeren wird als lebensverlängerndes Mittel betrachtet. Nach einem alten Volksglauben soll der Himmel selbst durch eine Vogelstimme die Menschen auf die Wirksamkeit des Wacholders aufmerksam gemacht haben:
»Esst's Kranawit und Bibernell, dann sterbt's es nit so schnell!«

Waldmeisterkraut *Galium odoratum L.*

FAMILIE: RÖTEGEWÄCHSE

Geschichte

Über den Waldmeister ist im Altertum nichts berichtet worden. Er scheint unbekannt gewesen zu sein. Auch die Gelehrten des Mittelalters haben sich mit dieser Pflanze wenig beschäftigt. Lediglich als herzstärkendes Mittel und bei Leber- und Galleleiden wurde der Waldmeister einige Male erwähnt. Als Maitrank, im Wein, wird er in Mitteleuropa als beliebtes Getränk verwendet.

Herkunft und Vorkommen

Dieses von Ende April bis Juni blühende einheimische Kraut wächst auf humusreicher Lauberde in Wäldern und an Waldrändern. Seinen bekannten Wohlgeruch erhält der Waldmeister kurz vor der Blüte.
In Südtirol kann man den Waldmeister am Fennberg finden.

Verwendete Teile

Verwendet wird das vor der Blüte gesammelte und getrocknete Kraut, das man auch in Kräutertees zur Geschmacksverbesserung gibt.

Wirkstoffe

Beim Trocknen entsteht aus dem in der Pflanze vorkommenden Glykosid Melilotosid der Stoff Cumarin, der für den Waldmeistergeruch verantwortlich ist.
Von diesem Cumarin leiten sich stark wirksame Substanzen ab, die zur Hemmung der Blutgerinnung eingesetzt werden und in der modernen Medizin Verwendung finden. Das Cumarin selbst hat auf die Blutgerinnung nur geringen Einfluss.

Vorsichtsmaßnahmen

Das in der Pflanze beim Trocknen entstehende und für den typischen Waldmeistergeruch verantwortliche Cumarin steht im Verdacht, bei länger dauernder Anwendung Leberschäden verursachen zu können. Dies führte 1981 zum Verbot, Cumarin generell als Aromastoff Lebensmitteln zuzusetzen.
Zu bemerken ist aber, dass bei gelegentlichem Gebrauch und in normaler Menge keine Risiken entstehen.

Anwendungsbereiche

In der modernen Kräuterheilkunde hat das Waldmeisterkraut keine Anwendung. Die Wirksamkeit ist nicht ausreichend belegt. Die gelegentliche Anwendung eines Kräutertees mit Waldmeister und auch seine Verwendung in Teemischungen bringt keine Risiken mit sich.

Volkstümliche Anwendung

In der Volksmedizin wird das Waldmeisterkraut selten zur Behandlung von nervösen Unruhezuständen, Erkrankungen von Lunge, Magen, Darm, Leber, Galle und Niere, ferner bei Venenerkrankungen verwendet. Die Wirksamkeit des Waldmeisters in Bezug auf die oben angeführten Beschwerden ist wissenschaftlich nicht belegt, daher kann die Anwendung nicht empfohlen werden.

Zubereitung der Waldmeisteressenz, auch Maitrankessenz genannt

In eine Flasche mit weitem Hals wird frisches, nicht zerkleinertes, vor dem Aufblühen gesammeltes Waldmeisterkraut gegeben, leicht zusammengedrückt und mit 96-gradigem Weingeist übergossen. Nach ca. 30 Minuten wird abgegossen und das Kraut leicht ausgepresst. Man wiederholt den Vorgang, indem man diesmal in die mit neuem Waldmeisterkraut gefüllte Flasche den vorher gewonnenen Auszug schüttet. Nach wiederum ca. 30 Minuten wird abgegossen und filtriert. Für 1 Liter Wein genügen 10 ml Essenz.

Brauchtum und Kuriosa

König Stanislaus von Polen soll jeden Tag 1 Tasse Waldmeistertee getrunken haben und konnte sich dadurch einer ausgezeichneten Gesundheit erfreuen.

Walnussblätter *Juglans regia L.*

FAMILIE: WALNUSSGEWÄCHSE

Geschichte

Der schon im Altertum bekannte Walnussbaum wurde wahrscheinlich aus Asien eingeführt. Nach Deutschland kam er mit den Römern und wurde schon früh kultiviert. Im »Capitulare de villis« Karls des Großen ist er unter dem Namen »nucarios« angeführt, aber über die Heilkraft der Blätter wird auch in späteren Jahren wenig berichtet.

Herkunft und Vorkommen

Heimisch in Südwest- und Zentralasien und auf der Balkanhalbinsel. Dieser Baum wird stets kultiviert. Wild wächst er in Auwäldern und Stromtälern auf tiefgründigen, nährstoffreichen Böden.

Verwendete Teile

Verwendet werden die im Frühsommer gesammelten, von der Spindel befreiten Blätter.

Wirkstoffe

Gerbstoffe, Flavonoide, Phenolcarbonsäuren.

Anwendungsbereiche

Die Walnussblätter wirken hauptsächlich wegen ihres Gerbstoffgehaltes. Teezubereitungen sind zusammenziehend, entzündungshemmend, haben Einfluss auf die Durchlässigkeit der Kapillargefäße und wirken juckreizstillend. Angewendet werden die Blätter als Teeaufguss bei leichten, oberflächlichen Entzündungen der Haut sowie bei zu großer Schweißbildung.

Volkstümliche, wissenschaftlich nicht belegte Anwendung

In der Volksheilkunde werden die Blätter ebenfalls verwendet, und zwar als Mittel bei Durchfällen, gegen Wurmbefall und als Blutreinigungsmittel; äußerlich bei Hautleiden und Geschwüren. Die Abbrühungen werden als Ungeziefermittel verwendet.

Zubereitung

Innerlich bei Durchfallerkrankungen: 1 Teelöffel geschnittene Walnussblätter in 1 Tasse kaltem Wasser ansetzen, kurz aufkochen, 5 Minuten ziehen lassen, abseihen und 2–3 × täglich trinken.

Äußerlich bei Hauterkrankungen für Umschläge und Teilbäder: 1 Esslöffel geschnittene Walnussblätter mit 1 Tasse Wasser aufkochen, 10 Minuten ziehen lassen, abseihen und dann damit Umschläge machen.

Bewährte und bekannte Teemischung

Bei Hauterkrankungen und Ekzemen bei Kindern:

50 g Walnussblätter
50 g Stiefmütterchenkraut

Zubereitung: 1 Esslöffel der geschnittenen Teemischung mit 1 Tasse Wasser aufkochen, 10 Minuten ziehen lassen, abseihen und dann damit Umschläge oder Teilbäder machen.

Nicht nur in Südtirol ist der so genannte Nussschnaps beliebt und begehrt. Es sind viele Rezepte im Umlauf und ich möchte an dieser Stelle eines anführen, das bekömmlich und leicht zuzubereiten ist. Natürlich kann man die Gewürze nach Belieben verändern. Man nehme:

20 grüne Walnüsse
2 Nelken
1/2 Zimtstange
350 g Zucker
3/4 l Wasser
3/4 l Alkohol (96 Grad)

Die grünen Walnüsse werden Ende Juni geerntet, grob zerkleinert und zusammen mit den Gewürzen und dem Alkohol in eine Flasche gegeben. Man lässt das Ganze unter häufigem Schütteln 3–4 Wochen an einem sonnigen Platz stehen. Nach dieser Zeit gibt man zum Gewürz-Alkohol-Gemisch die Wasser-Zucker-Mischung, wobei der Zucker im Wasser geläutert wurde. Das heißt nichts anderes, als dass der Zucker 3–5 Minuten im Wasser aufgekocht und wieder abgekühlt wurde. Danach wird filtriert, in Flaschen abgefüllt und längere Zeit ruhen gelassen. Der Nusslikör gewinnt an Geschmack und Körper durch lange Lagerung.

Bemerkungen

In der Bachblütentherapie wird die Walnuss unsicheren und unschlüssigen Menschen empfohlen, die immer zögern und sich von anderen beeinflussen lassen. Die Pflanze soll nämlich Zielstrebigkeit hervorrufen und es ermöglichen, offen dem Neuen gegenüberzustehen.

Homöopathie

Juglans benützt man bei eitrigen Hautausschlägen, Leberstörungen und Kopfschmerzen. Gebräuchliche Potenzen: D2, D3, D4.

Brauchtum und Kuriosa

Nach Dioskurides sind die Früchte schwer verdaulich und verursachen Kopfschmerzen, bilden aber zusammen mit Feigen und Raute ein Gegenmittel für Pfeilgifte.
Beim Arzt und Apotheker Tabernaemontanus im 16. Jahrhundert lesen wir: »Um St. Johannes Tag stosse man die grüne Nuss und brenne ein Wasser daraus, welches man zum Gebrauch halte. Diß Wasser soll gut seyn zur Zeit der Pestilenz, wann man einen Trunck darvon thut, soll es dem Gifft und der Pestilentzischen Luft Widerstand thun …«

Wegwartenwurzel/-blüten/-blätter *Cichorium intybus L.*

FAMILIE: KORBBLÜTLER

Geschichte

Die Wegwarte war schon im Altertum bekannt und wurde wegen ihres bitteren Geschmacks als Heilpflanze verwendet. Während die mit der Wegwarte verwandte Endivie, welche in Italien als radicchio bekannt ist, ausschließlich als Salatpflanze angebaut wurde, war die Wegwarte mehr aus medizinischen Gründen geschätzt.
Bei den alten Germanen war sie Heil- und Zauberpflanze zugleich. Sie sollte unverwundbar machen, Fesseln sprengen, Dornen und Nadeln aus Wunden treiben und sogar unsichtbar machen.

Herkunft und Vorkommen

In Europa heimisch und inzwischen fast auf der ganzen Welt verwildert. Sie wächst an Weg- und Straßenrändern, auf Schuttplätzen, Geröll, Äckern und auf brachliegenden Feldern.

Verwendete Teile

Als Heilmittel werden die Blüten und die Blätter, aber hauptsächlich die Wurzel benützt. Blüten und Blätter pflückt man am besten im Juli und August, die Wurzel wird im Spätherbst ausgegraben, gereinigt und bei milder Wärme getrocknet.

Wirkstoffe

Bitterstoffe, Cichoriumsäure, Inulin, Pentosane.

Anwendungsbereiche

Die Bitterstoffe erhöhen etwas den Gallenfluss. Aus diesem Grunde verwendet man das Heilkraut bei Appetitlosigkeit, bei Verdauungsbeschwerden und bei Leber- und Gallenleiden.
Die Wegwartenwurzel, getrocknet, geröstet und dann gemahlen, wurde als Kaffee-Ersatz verwendet, und zwar erstmals in Kriegszeiten, als der Kaffee knapp wurde. In der heutigen Zeit wird dieser koffeinfreie Kaffee-Ersatz, gesünder als richtiger Kaffee, geschätzt und in Naturläden angeboten.

Zubereitung

Für einen Wegwartentee nimmt man 1 Esslöffel zerkleinerte Wurzel, überbrüht sie mit 1 Tasse kochendem Wasser, lässt 5 Minuten ziehen, seiht ab und trinkt davon täglich 2 Tassen.

Bewährte und bekannte Teemischung

Bei rheumatischen Beschwerden zur Entschlackung:

- 20 g Wegwartenkraut
- 20 g Wegwartenwurzel
- 20 g Löwenzahnkraut
- 20 g Löwenzahnwurzel
- 20 g Pfefferminzblätter

Zubereitung: 2 Teelöffel dieser Mischung mit 250 ml kaltem Wasser übergießen und dann aufkochen, 10 Minuten ziehen lassen, abseihen und über längere Zeit täglich 1–2 Tassen ungesüßt trinken.

Bemerkungen

In der Bachblütentherapie wird die Wegwarte (englisch »chicory«) besitzergreifenden, berechnenden, leicht gekränkten Menschen empfohlen, welche die eigenen Probleme übertreiben und gefühlsmäßig andere erpressen. Das Kraut soll nämlich selbstlose Liebe und Warmherzigkeit erzeugen.

Brauchtum und Kuriosa

Es gibt viele Geschichten über die Wegwarte, denn sie war immer von einem Hauch von Zauberei umgeben. Sie galt als Gegenmittel bei Vergiftungen und hatte allerlei übernatürliche Eigenschaften. Einer Sage zufolge handelt es sich bei der Wegwarte um eine verwunschene Prinzessin, die am Wegrand auf ihren Liebsten wartet.

Weidenrinde *Salix alba L.*

FAMILIE: WEIDENGEWÄCHSE

Geschichte

Der Gebrauch der Weidenrinde als schmerzstillende und fiebersenkende Droge geht auf die alten Griechen zurück und hat sich im Laufe der Jahrhunderte erhalten, auch weil die Weidenrinde eine leicht zugängliche Pflanze ist. Die Inhaltsstoffe der Weidenrinde sind Grundstoffe vieler heute gebräuchlicher Arzneimittel, welche unter dem Namen Salicylate bekannt sind. Das bekannteste unter ihnen ist wohl das Aspirin, das seit über hundert Jahren bekannt ist und in keinem Haushalt fehlt.

Herkunft und Vorkommen

Die Weide ist in Europa, Nordamerika und Nordasien heimisch, wächst an Flussufern, feuchten Wiesenrändern, entlang von Bächen, in Weinbergen und wird sehr oft angepflanzt. Sie prägt oft ganze Landschaften.

Verwendete Teile

Verwendet wird die im zeitigen Frühjahr von 1–2-jährigen Zweigen gesammelte Rinde verschiedener Weidenarten, darunter *Salix alba, Salix purpurea, Salix daphnoides* usw., welche rasch getrocknet wird.

Wirkstoffe

Inhaltsstoffe der Weidenrinde sind Salicylalkoholglykoside in unterschiedlicher Konzentration von 1,5–11 % sowie Gerbstoffe, Kaffeesäurederivate und Flavonoide.

Anwendungsbereiche

Die Weidenrinde wird heutzutage noch verwendet, auch wenn die synthetischen Derivate eine viel größere Bedeutung haben. Die Weidenrinde wirkt fiebersenkend, entzündungshemmend und schmerzstillend, deshalb kann man den Weidenrindentee bei grippalen, fieberhaften Erkrankungen und bei rheumatischen sowie Kopfschmerzen anwenden. Beim Tee aus Weidenrinden hat man weniger Nebenwirkungen, wie Blutungen oder Reizungen der Magenschleimhaut, zu befürchten, als bei Medikamenten mit entsprechenden salicylhaltigen Inhaltsstoffen. Bei empfindlichen Personen kann es zu allergischen Reaktionen kommen.
Die Weidenzweige hatten in gewissen Gebieten und auch in Südtirol eine große Bedeutung als Grundmaterial für Weidenkörbe.

Volkstümliche, wissenschaftlich nicht belegte Anwendung

In der Volksheilkunde wird die Weidenrinde als schweißtreibendes, schmerzlinderndes und entwässerndes Heilkraut verwendet.
Der Teeaufguss als Fußbad wird in der Volksmedizin als ein brauchbares Mittel gegen Fußschweiß angewendet.

Zubereitung

1 gehäufter Teelöffel fein geschnittene Weidenrinde wird mit 1 Tasse kochendem Wasser überbrüht, 15 Minuten stehen gelassen und abgeseiht. Davon trinkt man mehrmals täglich 1 Tasse.

Bewährte und bekannte Teemischung

Schweißtreibender Tee bei fiebrigen Erkrankungen:
20 g Weidenrinde
20 g Holunderblüten
20 g Lindenblüten
20 g Birkenblätter
20 g Kamillenblüten
Zubereitung: 1–2 gehäufte Teelöffel der Teemischung werden mit 1 Tasse kochendem Wasser überbrüht, 10 Minuten stehen gelassen und abgeseiht. Davon trinkt man mehrmals täglich 1 Tasse möglichst heiß und mit Honig gesüßt.

Brauchtum und Kuriosa

In der Mythologie ist die Weide der Göttin der Fruchtbarkeit Demeter geweiht. Im Volksglauben war die Weide ein Baum der Hexen und der Geister, er hatte die Fähigkeit, Krankheiten auf sich zu nehmen, die dann am Baum hängen blieben.

Weidenröschenkraut *Epilobium parviflorum L.*

FAMILIE: NACHTKERZENGEWÄCHSE

Geschichte

Das Weidenröschen hat keine geschichtliche Tradition aufzuweisen wie viele andere Heilpflanzen, denn es wurde als Unkraut abgetan und nicht beachtet. Auch bis Mitte des vorigen Jahrhunderts wird das Weidenröschen kaum erwähnt. Maria Treben war die Erste, die auf das Kraut aufmerksam gemacht hat. Erst in letzter Zeit hat man begonnen, die Wirkstoffe näher zu untersuchen, und das kleinblütige Weidenröschen als Heilkraut eingestuft.

Herkunft und Vorkommen

Das Weidenröschen ist eine anspruchslose Pflanze, die zu den Nachtkerzengewächsen gehört und nahezu auf der ganzen Welt verbreitet ist. Auch bei uns wächst es auf Kahlschlägen, an Waldrändern sowie auf Waldlichtungen und in der Nähe von Gewässern.

Verwendete Teile

Verwendet werden die kurz vor oder zur Blütezeit gesammelten und getrockneten oberirdischen Pflanzenteile der kleinblütigen und schmalblättrigen Arten *(Epilobium parviflorum* und *Epilobium angustifolium).*

Wirkstoffe

Die Heilpflanze enthält Phytosterine und als Hauptwirkstoff das Beta-Sitosterin, welches kaum in einer anderen Pflanze vorhanden ist, außerdem Gerbstoffe, Flavonoide und Triterpensäure.

Anwendungsbereiche

Wissenschaftlich und klinisch ist die Wirksamkeit von Weidenröschentee noch nicht genau untersucht worden. Im Experiment und in der Erfahrungsheilkunde konnte eine deutliche entzündungshemmende Wirkung nachgewiesen werden. Angewendet wird das Heilkraut als Teeaufguss bei akuten oder chronischen Beschwerden der Prostata, nachdem vom Arzt abgeklärt wurde, dass es sich dabei um eine gutartige Veränderung handelt, bei Harnröhren- und Blasenentzündungen. Weidenröschentee hilft als unterstützende Maßnahme nach Prostata-Operationen. Für Frauen mit chronischer Reizblase kann Weidenröschentee ebenfalls verwendet werden.

Zubereitung

1 Esslöffel des geschnittenen getrockneten Krautes wird mit 1 Tasse kochendem Wasser übergossen, 5 Minuten ausgezogen und abgeseiht. Davon werden 3–4 Tassen täglich getrunken.

Brauchtum und Kuriosa

Unkraut ist die Opposition der Natur gegen die Regierung der Gärtner. (Oskar Kokoschka)

Weißdornblätter/-blüten *Crataegus monogyna Jacq.*

FAMILIE: ROSENGEWÄCHSE

Geschichte

Der im Altertum noch nicht als Heilpflanze bekannte Weißdorn wurde erst in der zweiten Hälfte des 19. Jahrhunderts als solche erkannt. Er spielte in der Volksmedizin aber immer schon eine bedeutende Rolle als Mittel gegen Altersbeschwerden. Heute ist der Weißdorn allgemein als ein für Herz und Kreislauf wirksames Heilmittel bekannt.

Herkunft und Vorkommen

Der Weißdorn ist ein Busch oder kleiner Baum, der überall in Europa am Rande von lichten Laub- oder Nadelwäldern, in lichtem, weiträumigem Gebüsch, an Zäunen und Hecken wächst. Der Dornen wegen und weil er sehr dichte, undurchdringliche Hecken bildet, eignet er sich sehr gut zur Umzäunung von Weiden und Gärten. Ganze Landschaften, wie zum Beispiel im Vinschgau, sind oder waren von diesen Hecken durchzogen. Die Blüten des bis zu 5 Meter hohen Strauches sind weiß, davon der Name der Pflanze.

Verwendete Teile

Verwendet werden die von Mai bis Juni gesammelten Blüten und Blätter sowie die im Oktober reifenden Beeren.

Wirkstoffe

Flavonoide, Procyanidine, Saponine, Triterpensäuren, Phenolcarbonsäuren. Für die Wirkung entscheidend sind in erster Linie die Flavonoide, doch erst das Zusammenspiel aller anderen Inhaltsstoffe, die sich gegenseitig ergänzen und verstärken, macht den Weißdorn so wertvoll.

Anwendungsbereiche

Der Weißdorn bewirkt eine Zunahme der Durchblutung der Herzkranzgefäße, eine Verminderung des Widerstandes der Gefäße, eine Steigerung der Belastbarkeit und eine Verbesserung im Allgemeinen der Beschwerden des Altersherzens. Im Gegensatz zu anderen herzwirksamen Heilmitteln sind die Wirkstoffe des Weißdorns nicht giftig, und somit ist eine längere Anwendung absolut unschädlich. Beschwerden am Herzmuskel und an den Herzkranzgefäßen mit mangelhafter Durchblutung sowie Rhythmusstörungen, welche mit zunehmendem Alter auftreten können, werden durch Weißdorn erheblich gebessert.

Weißdorn kann auch vorbeugend bei beginnender Arteriosklerose und Herzmuskelschwäche verwendet werden, man kann damit eine Verbesserung der Herzleistung und die Normalisierung eines erhöhten Blutdruckes bewirken.

Volkstümliche, wissenschaftlich nicht belegte Anwendung

Weißdorn ist sehr beliebt und wird in der Volksmedizin bei fieberhaften Infektionen, Husten und Erkrankungen der Harnorgane angewendet, was aber wissenschaftlich nicht geprüft ist.

Zubereitung

1 Teelöffel voll geschnittener Weißdornblätter mit Blüten wird mit 1 Tasse siedendem Wasser übergossen und 10 Minuten ziehen gelassen. Danach abseihen und davon 2–3 × täglich 1 Tasse trinken.
Da Weißdorn auf längere Zeit, 5–6 Wochen, eingenommen werden sollte, um eine bessere Wirkung zu erzielen, ist es sinnvoll, auf leichter zu handhabende Produkte wie Tinkturen oder Fertigpräparate zurückzugreifen.

Bewährte und bekannte Teemischung

Bei Herzneurosen, nervösen Herzrhythmusstörungen, Schlafstörungen und Unruhe:

- 15 g Melissenblätter
- 15 g Baldrianwurzel
- 15 g Hopfenzapfen
- 15 g Herzgespann
- 40 g Weißdornblätter und -blüten

Zubereitung: 1–2 Teelöffel dieser Teemischung mit 1 Tasse kochendem Wasser übergießen, 5–10 Minuten ziehen lassen, abseihen und ½ Stunde vor dem Schlafengehen schluckweise trinken.

Homöopathie

Crataegus wird eingesetzt bei Herz- und Kreislaufstörungen. Gebräuchliche Potenzen: Urtinktur D2, D4, D6.

Wermutkraut *Artemisia absinthium L.*

FAMILIE: KORBBLÜTLER

Geschichte

Kaum ein anderes Heilkraut hat in der Geschichte eine so unterschiedliche und abenteuerliche Vergangenheit. Der Wermut, schon von den alten Ägyptern geschätzt, wurde im Altertum mit unterschiedlichen Eigenschaften ausgestattet. Mit Essig getrunken, war er ein gutes Mittel gegen Pilzvergiftungen, mit Wein gegen Ischias und Vergiftung durch den Schierling. Im Mittelalter verwendete man das Kraut als Wundmittel, gegen Cholera und Pest, Rheumatismus, Lähmungen, Magen- und Frauenleiden.

Herkunft und Vorkommen

Verbreitet im ganzen eurasischen Raum, vielfach angebaut und von da verwildert, wächst das Wermutkraut an trockenen, kalkhaltigen Stellen wie Schutthalden und brachliegenden Orten.

Verwendete Teile

Als Heilkraut verwendet werden die zur Blütezeit gesammelten Blüten, oberen Triebe und Laubblätter. Unverwechselbar sind der aromatische Geruch und der sehr bittere Geschmack.

Wirkstoffe

Ätherisches Öl, alfa- und beta-Thujon, Bitterstoffe, Flavone, Vitamin C, Gerbstoffe.

Anwendungsbereiche

Die im Wermutkraut enthaltenen Stoffe wirken anregend auf das zentrale Nervensystem, entzündungshemmend, bakteriostatisch, entkrampfend und den Gallenfluss anregend. Deshalb wird der Wermuttee bei Appetitlosigkeit, bei Beschwerden des Verdauungssystems, hauptsächlich der Galle und Leber, verschrieben.

Volkstümliche, wissenschaftlich nicht belegte Anwendung

In der Volksheilkunde wird ein Auszug von Wermutkraut bei schlecht heilenden Wunden oder Insektenstichen angewendet, dafür gibt es aber keine wissenschaftlichen Untersuchungen.

Zubereitung

Als Tee: 1 Teelöffel des geschnittenen Wermutkrautes mit 1 Tasse kochendem Wasser überbrühen, 5–10 Minuten zugedeckt stehen lassen, abseihen und davon morgens und mittags 1 Tasse schluckweise trinken. Als Tinktur, die im Gegensatz zu den üblichen Tinkturen nicht 20-, sondern 10 %ig sein sollte, nimmt man 5 bis höchstens 20 Tropfen vor den Mahlzeiten.

Vorsichtsmaßnahmen

Tinkturen und andere alkoholische Zubereitungen aus Wermutkraut sollten nicht länger als 5–6 Wochen eingenommen werden. Auch sollte man nicht mehr als 60 Tropfen täglich einnehmen. Im Wermutkraut ist Thujon enthalten, das ein Nervengift ist.

Bemerkungen

Wermut ist mit den Küchengewürzen Estragon *(Artemisia dracunculus)* und Beifuß *(Artemisia vulgaris)* verwandt.

Bewährte und bekannte Teemischung

Cholagog, ein appetitanregend und entkrampfend wirkender Teeaufguss:

20 g Löwenzahnwurzel
20 g Löwenzahnkraut
20 g Angelikawurzel
20 g Tausendgüldenkraut
20 g Wermutkraut

Zubereitung: 1 Teelöffel dieser Teemischung mit 1 Tasse kochendem Wasser überbrühen, 10 Minuten ziehen lassen, abseihen und vor oder nach jeder Mahlzeit davon 1 Tasse trinken.

Brauchtum und Kuriosa

Die appetitanregenden Eigenschaften des Wermuts hielt man für so stark, dass es genügte, die Blätter in die Schuhe zu legen und darauf zu gehen, damit die »Lust zur Speiß komme«.

In der neueren Zeit, nach der Mitte des 19. Jahrhunderts, begann von Frankreich und Algerien aus der Siegeszug des Absinthlikörs, ein hauptsächlich aus Wermutkraut hergestelltes, stark alkoholisches Getränk, welches berauschte, abhängig machte, Halluzinationen hervorrief und sehr schädliche Nebenwirkungen erbrachte. Dies führte zu einem völligen Verbot der Herstellung dieses Likörs.

Krankheiten und die entsprechenden Heilkräuter

Erkrankungen der Atemwege

Heilkräuter im Allgemeinen

Alantwurzelstock *Inula helenium L.*
Fenchelfrüchte *Foeniculum vulgare Mill.*
Kamillenblüten *Matricaria recutita L.*
Salbeiblätter *Salvia officinalis L.*
Thymiankraut *Thymus vulgaris L.*

Schleimhaltige Heilkräuter

Sie mildern den Reiz, sind entzündungshemmend und schützen die Schleimhaut.

Eibischwurzel/-blätter *Althaea officinalis L.*
Huflattichblätter *Tussilago farfara L.*
Isländisch Moos *Cetraria islandica L.*
Malvenblätter/-blüten *Malva officinalis L.*
Spitzwegerichkraut *Plantago lanceolata L.*
Wollblumen *Verbascum densiflorum L.*

Auswurffördernde Heilkräuter

Sie wirken schleimlösend, entzündungshemmend und helfen beim Abhusten.

Andornkraut *Marrubium vulgare L.*
Bibernellwurzel *Pimpinella saxifraga L.*
Brunnenkressenkraut *Nasturtium officinale R.Br.*
Holunderblüten *Sambucus nigra L.*
Lindenblüten *Tilia cordata Mill.*
Sanikelkraut *Sanicula europea L.*
Schlüsselblumen *Primula veris L.*
Seifenwurzel *Saponaria rubra L.*

Krampflösende Heilkräuter

Efeublätter *Hedera helix L.*
Hohlzahnkraut *Galeopsis ochroleuca L.*
Thymiankraut *Thymus vulgaris L.*

Erkrankungen des Bewegungsapparates

Heilkräuter im Allgemeinen

Arnikablüten *Arnica montana L.*
Heublumen *Graminis flores*
Johanniskrautöl *Hypericum perforatum L.*
Rosskastaniensamen *Aesculus hyppocastanum L.*
Steinkleekraut *Melilotus officinalis L.*
Weidenrinde *Salix alba L.*

Arthrosen

Brennnesselkraut/-blätter *Urtica urens L.*
Weidenrinde *Salix alba L.*

Gelenksentzündungen

Birkenblätter *Betula pendula ROTH*
Brennnesselkraut/-blätter *Urtica urens L.*
Goldrutenkraut *Solidago virgaurea L.*
Weidenrinde *Salix alba L.*
Äußerlich:
Arnikablüten *Arnica montana L.*
Beinwellwurzel *Symphytum officinale L.*

Muskelschmerzen und Rheumatismus

Äußerlich:
Fichtennadelöl *Picea excelsa L.*
Johanniskrautöl *Hypericum perforatum L.*
Pfefferminzöl *Mentha piperita L.*
Rosmarinblätter *Rosmarinus officinalis L.*

Prellungen und Zerrungen

Äußerlich:
Arnikablüten *Arnica montana L.*
Beinwellwurzel *Symphytum officinale L.*
Heublumen *Graminis flores*
Johanniskrautöl *Hypericum perforatum L.*
Pfefferminzöl *Mentha piperita L.*
Ringelblumenblüten *Calendula officinalis L.*
Rosskastaniensamen *Aesculus hyppocastanum L.*
Steinkleekraut *Melilotus officinalis L.*

Erkrankungen der Gefäße

Heilkräuter im Allgemeinen

Arnikablüten *Arnica montana L.*
Beinwellwurzel *Symphytum officinale L.*
Buchweizenkraut *Fagopyrum esculentum L.*
Ginkgoblätter *Ginkgo biloba L.*

Maiglöckchenkraut *Convallaria maialis L.*
Rosskastaniensamen *Aesculus hyppocastanum L.*
Schachtelhalmkraut *Equisetum arvense L.*
Steinkleekraut *Melilotus officinalis L.*
Weinlaubblätter *Vitis vinifera L.*

Venenleiden
Arnikablüten *Arnica montana L.*
Beinwellwurzel *Symphytum officinale L.*
Brennnesselkraut *Urtica urens L.*
Ginkgoblätter *Ginkgo biloba L.*
Mäusedorn *Ruscus aculeatus L.*
Ringelblumenblüten *Calendula officinalis L.*
Rosskastaniensamen *Aesculus hyppocastanum L.*

Erkrankungen der Haut

Heilkräuter im Allgemeinen
Alantwurzelstock *Inula helenium L.*
Andornkraut *Marrubium vulgare L.*
Arnikablüten *Arnica montana L.*
Johanniskrautöl *Hypericum perforatum L.*
Kamillenblüten *Matricaria recutita L.*
Melissenblätter *Melissa officinalis L.*
Pfefferminzöl *Mentha piperita L.*

Heilkräuter mit Gerbstoffen
Sie wirken zusammenziehend, mildern den Reiz, sind entzündungshemmend und hemmen die Vermehrung von Bakterien.
Eichenrinde *Quercus robur L.*
Odermennigkraut *Agrimonia eupatoria L.*
Spitzwegerichkraut *Plantago major L.*
Walnussblätter *Juglans regia L.*
Hamamelisblätter/-rinde *Hamamelis virginiana L.*

Heilkräuter, die ebenfalls bei Erkrankungen der Haut angewendet werden
Haferstroh *Avena sativa L.*
Hirtentäschelkraut *Capsella bursa-pastoris L.*
Ringelblumenblüten *Calendula officinalis L.*
Schachtelhalmkraut *Equisetum arvensis L.*
Sonnenhutkraut *Echinacea angustifolia L*
Stiefmütterchenkraut *Viola tricolor L.*
Taubnesselblüten *Lamium album L.*

Hautentzündungen und Ekzeme
Äußerlich:
Eichenrinde *Quercus robur L.*
Haferstroh *Avena sativa L.*
Kamillenblüten *Matricaria recutita L.*
Odermennigkraut *Agrimonia eupatoria L.*
Spitzwegerichkraut *Plantago major L.*
Stiefmütterchenkraut *Viola tricolor L.*
Taubnesselblüten *Lamium album L.*
Walnussblätter *Juglans regia L.*
Hamamelisblätter/-rinde *Hamamelis virginiana L.*

Neurodermitis
Bittersüßstängel *Solanum dulcamara L.*
Eichenrinde *Quercus robur L.*
Haferstroh *Avena sativa L.*
Kamillenblüten *Matricaria recutita L.*
Hamamelisblätter/-rinde *Hamamelis virginiana L.*

Sonnenbrand
Äußerlich:
Eichenrinde *Quercus robur L.*
Johanniskrautöl *Hypericum perforatum L.*
Kamillenblüten *Matricaria recutita L.*

Wundbehandlung
Hirtentäschelkraut *Capsella bursa-pastoris L.*
Johanniskrautöl *Hypericum perforatum L.*
Kamillenblüten *Matricaria recutita L.*
Ringelblumenblüten *Calendula officinalis L.*
Sonnenhutkraut *Echinacea angustifolia L*
Spitzwegerichkraut *Plantago major L.*
Hamamelisblätter/-rinde *Hamamelis virginiana L.*

Erkrankungen des Herz-Kreislauf-Systems

Heilkräuter im Allgemeinen
Baldrianwurzel *Valeriana officinalis L.*
Ginkgoblätter *Ginkgo biloba L.*
Herzgespannkraut *Leonurus cardiaca L.*
Knoblauchzwiebel *Allium sativum L.*
Lavendelblüten *Lavandula angustifolia Mill.*
Rosmarinblätter *Rosmarinus officinalis L.*
Weißdornblätter/-blüten *Crataegus monogyna L.*

Störungen der Herzdurchblutung
Knoblauchzwiebel *Allium sativum L.*
Weißdornblätter/-blüten *Crataegus monogyna L.*

Herzrhythmusstörungen
Baldrianwurzel *Valeriana officinalis L.*
Weißdornblätter/-blüten *Crataegus monogyna L.*

Erkrankungen des Nervensystems

Schlafstörungen
Baldrianwurzel *Valeriana officinalis L.*
Hopfenzapfen *Humulus lupulus L.*
Lavendelblüten *Lavandula angustifolia Mill.*
Melissenblätter *Melissa officinalis L.*

Unruhezustände
Baldrianwurzel *Valeriana officinalis L.*
Hopfenzapfen *Humulus lupulus L.*
Lavendelblüten *Lavandula angustifolia Mill.*

Angst und Depressionen
Johanniskraut *Hypericum perforatum L.*

Bettnässen
Baldrianwurzel *Valeriana officinalis L.*
Kürbissamen *Cucurbita pepo L.*

Erkrankungen der Nieren und Blase

Heilkräuter im Allgemeinen
Baldrianwurzel *Valeriana officinalis L.*
Bärentraubenblätter *Arctostaphylos Uva Ursi L.*
Birkenblätter *Betula pendula L.*
Brennnesselkraut/-blätter *Urtica urens L.*
Goldrutenkraut *Solidago virgaurea L.*
Hauhechelwurzel *Ononis spinosa L.*
Johannisbeerblätter *Ribes nigrum L.*
Liebstöckelwurzel *Levisticum officinale L.*
Petersilienkraut/-wurzel *Petroselinum sativum, crispum Mill.*
Queckenwurzel *Agropyron repens L.*
Schachtelhalmkraut *Equisetum arvense L.*
Wacholderbeeren *Juniperus communis L.*

Infektionen der Harnwege
Bärentraubenblätter *Arctostaphylos Uva Ursi L.*
Brunnenkressenkraut *Nasturtium officinale R.Br.*
Gartenbohnenhülsen *Phaseolus vulgaris L.*
Goldrutenkraut *Solidago virgaurea L.*
Hauhechelwurzel *Ononis spinosa L.*
Schachtelhalmkraut *Equisetum arvense L.*

Reizblase
Baldrianwurzel *Valeriana officinalis L.*
Goldrutenkraut *Solidago virgaurea L.*
Kürbissamen *Cucurbita pepo L.*

Harnverdünnung und Durchspülung
Brennnesselkraut/-blätter *Urtica urens L.*
Goldrutenkraut *Solidago virgaurea L.*
Hauhechelwurzel *Ononis spinosa L.*
Liebstöckelwurzel *Levisticum officinale L.*
Schachtelhalmkraut *Equisetum arvense L.*

Gutmütige Prostatavergrößerung
Brennnesselwurzel *Urtica urens L.*
Kürbissamen *Cucurbita pepo L.*

Erkrankungen der Verdauungsorgane

Heilkräuter im Allgemeinen
Andornkraut *Marrubium vulgare L.*
Angelikawurzel *Angelica archangelica L.*
Artischockenblätter *Cynara scolymus L.*
Baldrianwurzel *Valeriana officinalis L.*
Bitterkleeblätter *Menyanthes trifoliata L.*
Eibischwurzel/-blätter *Althaea officinalis L.*
Eichenrinde *Quercus robur L.*
Enzianwurzel *Gentiana lutea L.*
Erdrauchkraut *Fumaria officinalis L.*
Faulbaumrinde *Rhamnus frangula L.*
Fenchelfrüchte *Foeniculum vulgare Mill.*
Frauenmantelkraut *Alchemilla vulgaris L.*
Heidelbeerfrüchte *Vaccinium myrtillus L.*
Gänsefingerkraut *Potentilla anserina L.*
Hopfenzapfen *Humulus lupulus L.*
Isländisch Moos *Cetraria islandica L.*
Kalmuswurzelstock *Acorus calamus L.*
Kamillenblüten *Matricaria recutita L.*
Lavendelblüten *Lavandula angustifolia Mill.*

Leinsamen *Linum usitatissimum L.*
Löwenzahnwurzel/-kraut *Taraxacum officinale L.*
Malvenblätter *Malva sylvestris L.*
Mariendistelfrüchte *Silybum marianum L.*
Melissenblätter *Melissa officinalis L.*
Odermennigkraut *Agrimonia eupatoria L.*
Pfefferminzblätter *Mentha piperita L.*
Ringelblumenblüten *Calendula officinalis L.*
Rosmarinblätter *Rosmarinus officinalis L.*
Schafgarbenkraut/-blüten *Achillea millefolium L.*
Schöllkraut *Chelidonium majus L.*
Taubnesselblüten *Lamium album L.*
Tausendgüldenkraut *Erythraea centaurium L.*
Tormentillwurzelstock *Potentilla erecta L.*
Wacholderbeeren *Juniperus communis L.*
Wegwartenwurzel *Cichorium intybus L.*
Wermutkraut *Artemisia absinthium L.*

Appetitmangel
Andornkraut *Marrubium vulgare L.*
Angelikawurzel *Angelica archangelica L.*
Artischockenblätter *Cynara scolymus L.*
Bitterkleeblätter *Menyanthes trifoliata L.*
Enzianwurzel *Gentiana lutea L.*
Isländisch Moos *Cetraria islandica L.*
Kalmuswurzelstock *Acorus calamus L.*
Schafgarbenkraut/-blüten *Achillea millefolium L.*
Tausendgüldenkraut *Erythraea centaurium L.*
Wegwartenwurzel *Cichorium intybus L.*
Wermutkraut *Artemisia absinthium L.*

Blähungen
Angelikawurzel *Angelica archangelica L.*

Dickdarmreizung
Kamillenblüten *Matricaria recutita L.*
Leinsamen *Linum usitatissimum L.*

Durchfall
Brombeerblätter *Rubus fruticosus L.*
Eichenrinde *Quercus robur L.*
Frauenmantelkraut *Alchemilla vulgaris L.*
Gänsefingerkraut *Potentilla anserina L.*
Heidelbeerfrüchte *Vaccinium myrtillus L.*
Odermennigkraut *Agrimonia eupatoria L.*
Tormentillwurzelstock *Potentilla erecta L.*

Erkrankungen der Gallenwege
Artischockenblätter *Cynara scolymus L.*
Erdrauchkraut *Fumaria officinalis L.*
Löwenzahnwurzel/-kraut *Taraxacum officinale L.*
Mariendistelfrüchte *Silybum marianum L.*
Pfefferminzblätter *Mentha piperita L.*
Schafgarbenkraut/-blüten *Achillea millefolium L.*
Schöllkraut *Chelidonium majus L.*
Wermutkraut *Artemisia absinthium L.*

Erkrankungen der Leber
Artischockenblätter *Cynara scolymus L.*
Erdrauchkraut *Fumaria officinalis L.*
Mariendistelfrüchte *Silybum marianum L.*

Magenentzündung
Baldrianwurzel *Valeriana officinalis L.*
Kalmuswurzelstock *Acorus calamus L.*
Kamillenblüten *Matricaria recutita L.*
Leinsamen *Linum usitatissimum L.*
Malvenblätter/-blüten *Malva sylvestris L.*
Schafgarbenkraut/-blüten *Achillea millefolium L.*

Magengeschwür
Kamillenblüten *Matricaria recutita L.*
Leinsamen *Linum usitatissimum L.*

Erkrankungen im Mund und Rachenraum
Arnikablüten *Arnica montana L.*
Brombeerblätter *Rubus fruticosus L.*
Eibischwurzel/-blätter *Althaea officinalis L.*
Gänsefingerkraut *Potentilla anserina L.*
Heidelbeerfrüchte *Vaccinium myrtillus L.*
Isländisch Moos *Cetraria islandica L.*
Malvenblätter/-blüten *Malva sylvestris L.*
Odermennigkraut *Agrimonia eupatoria L.*
Ringelblumenblüten *Calendula officinalis L.*
Salbeiblätter *Salvia officinalis L.*
Taubnesselblüten *Lamium album L.*
Tormentillwurzelstock *Potentilla erecta L.*

Schmerzzustände
Erdrauchkraut *Fumaria officinalis L.*
Kamillenblüten *Matricaria recutita L.*
Schöllkraut *Chelidonium majus L.*
Tollkirschenpräparate *Atropa bella-donna L.*

Übelkeit und Erbrechen
Artischockenblätter *Cynara scolymus L.*
Kamillenblüten *Matricaria recutita L.*
Melissenblätter *Melissa officinalis L.*
Pfefferminzblätter/-öl *Mentha piperita L.*

Verdauungsbeschwerden
Andornkraut *Marrubium vulgare L.*
Angelikawurzel *Angelica archangelica L.*
Artischockenblätter *Cynara scolymus L.*
Baldrianwurzel *Valeriana officinalis L.*
Bitterkleeblätter *Menyanthes trifoliata L.*
Enzianwurzel *Gentiana lutea L.*
Fenchelfrüchte *Foeniculum vulgare Mill.*
Hopfenzapfen *Humulus lupulus L.*
Kalmuswurzelstock *Acorus calamus L.*
Kamillenblüten *Matricaria recutita L.*
Lavendelblüten *Lavandula angustifolia Mill.*
Löwenzahnwurzel/-kraut *Taraxacum officinale L.*
Melissenblätter *Melissa officinalis L.*
Pfefferminzblätter *Mentha piperita L.*
Rosmarinblätter *Rosmarinus officinalis L.*
Salbeiblätter *Salvia officinalis L.*
Schafgarbenkraut/-blüten *Achillea millefolium L.*
Tausendgüldenkraut *Erythraea centaurium L.*
Wacholderbeeren *Juniperus communis L.*
Wegwartenwurzel *Cichorium intybus L.*
Wermutkraut *Artemisia absinthium L.*

Verstopfung
Faulbaumrinde *Rhamnus frangula L.*
Leinsamen *Linum usitatissimum L.*
Kürbissamen *Cucurbita pepo L.*
Weidenröschen *Epilobium parviflorum L.*

Frauenleiden

Heilkräuter im Allgemeinen
Brennnesselblätter *Urtica urens L.*
Dillfrüchte *Anethum graveolens L.*
Eichenrinde *Quercus robur L.*
Fenchelfrüchte *Foeniculum vulgare Mill*
Frauenmantelkraut *Alchemilla vulgaris L.*
Gänsefingerkraut *Potentilla anserina L.*
Hamamelisblätter/-rinde *Hamamelis virginiana L.*
Hirtentäschelkraut *Capsella bursa-pastoris L.*
Himbeerblätter *Rubus idaeus L.*
Johanniskraut *Hypericum perforatum L.*
Kamillenblüten *Matricaria recutita L.*
Mistelkraut *Viscum album L.*
Ringelblumenblüten *Calendula officinalis L.*
Schafgarbenkraut/-blüten *Achillea millefolium L.*
Stiefmütterchenkraut *Viola tricolor L.*
Taubnesselblüten/-kraut *Lamium album L.*

Heilkräuter in der Schwangerschaft und Stillzeit
Brennnesselblätter *Urtica urens L.*
Dillfrüchte *Anethum graveolens L.*
Eichenrinde *Quercus robur L.*
Fenchelfrüchte *Foeniculum vulgare Mill.*
Frauenmantelkraut *Alchemilla vulgaris L.*
Gänsefingerkraut *Potentilla anserina L.*
Hamamelisblätter/-rinde *Hamamelis virginiana L.*
Himbeerblätter *Rubus idaeus L.*
Kamillenblüten *Matricaria recutita L.*
Melissenblätter *Melissa officinalis L.*
Pfefferminzblätter *Mentha piperita L.*
Ringelblumenblüten *Calendula officinalis L.*
Stiefmütterchenkraut *Viola tricolor L.*
Taubnesselblüten/-kraut *Lamium album L.*

Wechselbeschwerden

Cimicifugawurzelstock *(wird in diesem Buch nicht näher behandelt)*
Frauenmantelkraut *Alchemilla vulgaris L.*
Hopfenzapfen *Humulus lupulus L.*
Johanniskraut *Hypericum perforatum L.*
Melissenblätter *Melissa officinalis L.*
Rotkleeblätter *Trifolium pratense L.*

Grippe und Erkältungskrankheiten

Heilkräuter im Allgemeinen
Beinwellwurzel *Symphytum officinale L.*
Heckenrose *Rosa canina L.*
Holunderblüten *Sambucus nigra L.*
Johannisbeerblätter *Ribes nigrum L.*
Kamillenblüten *Matricaria recutita L.*
Latschenkieferöl *Pinus mugo Tur.*
Lindenblüten *Tilia cordata Mill.*
Mädesüßblüten/-kraut *Filipendula ulmaria L.*

Odermennigkraut *Agrimonia eupatoria L.*
Pfefferminzblätter/-öl *Mentha piperita L.*
Sonnenhutkraut/-wurzel *Echinacea angustifolia L.*
Salbeiblätter *Salvia officinalis L.*
Sanddornbeeren *Hippophae rhamnoides L.*
Weidenrinde *Salix alba L.*

Halsschmerzen
Beinwellwurzel *Symphytum officinale L.*

Wunden und Verletzungen

Heilkräuter im Allgemeinen
Arnikablüten *Arnica montana L.*
Hamamelisblätter/-rinde *Hamamelis virginiana L.*
Hirtentäschelkraut *Capsella bursa-pastoris L.*
Johanniskrautöl *Hypericum perforatum L.*
Kamillenblüten *Matricaria recutita L.*
Ringelblumenblüten *Calendula officinalis L.*
Sonnenhutkraut *Echinacea angustifolia L.*
Spitzwegerichkraut *Plantago lanceolata L.*

Kräutermischungen bei Unpässlichkeiten	*Zu finden bei folgendem Heilkraut*
Abführend	Faulbaumrinde *Rhamnus frangula L.*
Appetitlosigkeit	Enzianwurzel *Gentiana lutea L.*
Appetitlosigkeit	Isländisch Moos *Cetraria islandica L.*
Appetitlosigkeit	Tausendgüldenkraut *Erythraea centaurium L.*
Appetitlosigkeit, Erkrankungen des Magens	Angelikawurzel *Angelica archangelica L.*
Appetitlosigkeit, Verdauungsstörungen	Andornkraut *Marrubium vulgare L.*
Beruhigung	Melissenblätter *Melissa officinalis L.*
Beruhigung ohne Baldrian	Rosmarinblätter *Rosmarinus officinalis L.*
Blähungen	Fenchelfrüchte *Foeniculum vulgare Mill.*
Blähungen	Pfefferminzblätter *Mentha piperita L.*
Blasen- und Nierentee	Bärentraubenblätter *Arctostaphylos Uva Ursi L.*
Blasen- und Nierentee	Bohnenhülsen *Phaseolus vulgaris L.*
Blasen- und Nierentee	Bruchkraut *Herniaria glabra L.*
Blasen- und Nierentee, wassertreibend, desinfizierend	Wacholderbeeren *Juniperus communis L.*
Blasenentzündung	Bärentraubenblätter *Arctostaphylos Uva Ursi L.*
Blutreinigung	Bittersüßstängel *Solanum dulcamara L.*
Brust- und Lungentee	Ehrenpreiskraut *Veronica officinalis L.*
Brusttee	Huflattichblätter *Tussilago farfara L.*
Brusttee	Königskerzenblüten *Verbascum densiflorum Bertol.*
Cholesterinspiegel	Artischockenblätter *Cynara scolymus L.*
Dammpflege	Hamamelisblätter/-rinde *Hamamelis virginiana L.*
Diabetikertee, Volksmedizin	Heidelbeerblätter/-früchte *Vaccinium myrtillus L.*
Durchblutungsstörungen	Ginkgoblätter *Ginkgo biloba L.*
Durchfall	Odermennigkraut *Agrimonia eupatoria L.*
Durchfallerkrankungen	Brombeerblätter *Rubus fruticosus L.*
Durchfallerkrankungen	Frauenmantelkraut *Alchemilla vulgaris L.*
Durchfallerkrankungen	Tormentillwurzelstock *Potentilla erecta L.*
Dysmenorrhö	Schafgarbenkraut/-blüten *Achillea millefolium L.*
Einschlafstörungen	Baldrianwurzel *Valeriana officinalis L.*
Entzündungen der Harnwege	Brunnenkressenkraut *Nasturtium officinale R.Br.*
Entzündungen der Harnwege	Schachtelhalmkraut *Equisetum arvense L.*
Erkältung	Lindenblüten *Tilia cordata Mill.*
Erkältung	Mädesüßblüten/-kraut *Filipendula ulmaria L.*
Fieber	Holunderblüten *Sambucus nigra L.*
Fieber	Königskerzenbluten *Verbascum densiflorum Bertol.*
Frauentee	Frauenmantelkraut *Alchemilla vulgaris L.*
Frühjahrskur	Brennnesselkraut/-blätter *Urtica urens L.*
Gallentee	Pfefferminzblätter *Mentha piperita L.*
Gallenwege, Beschwerden	Erdrauchkraut *Fumaria officinalis L.*
Geburtserleichterung	Himbeerblätter *Rubus idaeus L.*
Geburtserleichterung, Sitzbad	Taubnesselblüten *Lamium album L.*
Gesundheitstee	Brombeerblätter *Rubus fruticosus L.*
Gesundheitstee	Johannisbeerblätter *Ribes nigrum L.*
Grippe und Erkältungen	Holunderblüten *Sambucus nigra L.*

Gurgelmittel	Ringelblumenblüten *Calendula officinalis L.*
Hals- und Rachenentzündung	Eibischwurzel/-blätter *Althaea officinalis L.*
Hals- und Rachenentzündung	Salbeiblätter *Salvia officinalis L.*
Hämorrhoiden	Eichenrinde *Quercus robur L.*
Harnwegserkrankungen	Goldrutenkraut *Solidago virgaurea L.*
Haustee	Heckenrose *Rosa canina L.*
Hauterkrankungen, Ekzeme bei Kindern	Walnussblätter *Juglans regia L.*
Hauterkrankungen, Umschläge	Stiefmütterchenkraut *Viola tricolor L.*
Herzbeschwerden	Herzgespannkraut *Leonurus cardiaca L.*
Herzneurose	Weißdornblätter/-blüten *Crataegus monogyna L.*
Herzrhythmusstörungen	Weißdornblätter/-blüten *Crataegus monogyna L.*
Husten im Allgemeinen	Isländisch Moos *Cetraria islandica L.*
Husten jeglicher Art	Thymiankraut *Thymus vulgaris L.*
Husten, schleimlösend	Spitzwegerichkraut *Plantago lanceolata L.*
Husten, trocken	Lindenblüten *Tilia cordata Mill.*
Husten, trocken – Bronchitis	Malvenblätter/-blüten *Malva officinalis L.*
Husten und Katarrhe	Fenchelfrüchte *Foeniculum vulgare Mill.*
Hustentee	Vogelknöterichkraut *Polygonum aviculare L.*
Hustentee, schleimlösend	Bibernellwurzel *Pimpinella saxifraga L.*
Hustentee, schleimlösend	Eibischwurzel/-blätter *Althaea officinalis L.*
Hustentee, schleimlösend	Hohlzahnkraut *Galeopsis ochroleuca L.*
Hustentee, schleimlösend	Schlüsselblumen *Primula veris L.*
Leber und Galle	Artischockenblätter *Cynara scolymus L.*
Leber und Galle, bei Völlegefühl und Blähungen	Löwenzahnwurzel/-kraut *Taraxacum officinale L.*
Leber- und Gallentee	Schöllkraut *Chelidonium majus L.*
Leber- und Gallentee, entkrampfend	Wermutkraut *Artemisia absinthium L.*
Magen- und Darmtee	Pfefferminzblätter *Mentha piperita L.*
Magen- und Darmtee	Schafgarbenkraut/-blüten *Achillea millefolium L.*
Magen-Darm-Trakt, Erkrankungen	Gänsefingerkraut *Potentilla anserina L.*
Magen-Darm-Trakt, Verschleimung	Bibernellwurzel *Pimpinella saxifraga L.*
Magenbeschwerden	Tausendgüldenkraut *Erythraea centaurium L.*
Magenbeschwerden mit Koliken	Kalmuswurzelstock *Acorus calamus L.*
Magenschleimhautentzündung	Kamillenblüten *Matricaria recutita L.*
Magenschleimhautentzündung, chronisch	Kamillenblüten *Matricaria recutita L.*
Magenschwäche	Liebstöckelwurzel *Levisticum officinale L.*
Menstruationsbeschwerden	Gänsefingerkraut *Potentilla anserina L.*
Menstruationsbeschwerden	Schafgarbenkraut/-blüten *Achillea millefolium L.*
Milchbildung	Dillfrüchte *Anethum graveolens L.*
Mund- und Rachenentzündungen	Heidelbeerblätter/-früchte *Vaccinium myrtillus L.*
Mund- und Rachenentzündungen	Ringelblumenblüten *Calendula officinalis L.*
Nervöse Zustände	Baldrianwurzel *Valeriana officinalis L.*
Nieren und Blase, wassertreibend	Birkenblätter *Betula pendula ROTH*
Nieren und Blase, wassertreibend	Brennnesselkraut/-blätter *Urtica urens L.*
Nieren und Blase, wassertreibend	Johannisbeerblätter *Ribes nigrum L.*
Nieren- und Blasentee	Hauhechelwurzel *Ononis spinosa L.*
Nieren- und Blasentee	Queckenwurzel *Agropyron repens L.*
Nierentee, Volksmedizin	Haferstroh *Avena sativa L.*

Nusslikör	Walnussblätter *Juglans regia L.*
Prellungen usw.	Arnikablüten *Arnica montana L.*
Reizmagen	Pfefferminzblätter *Mentha piperita L.*
Rheuma	Bittersüßstängel *Solanum dulcamara L.*
Rheumatische Beschwerden	Brennnesselkraut/-blätter *Urtica urens L.*
Rheumatische Beschwerden	Goldrutenkraut *Solidago virgaurea L.*
Rheumatische Beschwerden	Mädesüßblüten/-kraut *Filipendula ulmaria L.*
Rheumatische Beschwerden	Wegwartenwurzel *Cichorium intybus L.*
Schlaf- und Nerventee	Hopfenzapfen *Humulus lupulus L.*
Schlaf- und Nerventee	Johanniskraut *Hypericum perforatum L.*
Schlaf- und Nerventee	Melissenblätter *Melissa officinalis L.*
Schlaf- und Nerventee ohne Baldrian	Lavendelblüten *Lavandula angustifolia Mill.*
Schlafstörungen	Weißdornblätter/-blüten *Crataegus monogyna L.*
Schlehensirup	Schlehdornblüten/-früchte *Prunus spinosa L.*
Schweißtreibend	Königskerzenblüten *Verbascum densiflorum Bertol.*
Schweißtreibend	Mädesüßblüten/-kraut *Filipendula ulmaria L.*
Stilltee, Milchbildung	Geißrautenkraut *Galega officinalis L.*
Verdauungsbeschwerden, Blähungen	Thymiankraut *Thymus vulgaris L.*
Waldmeisteressenz	Waldmeisterkraut *Galium odoratum L.*
Wundbehandlung, Umschläge	Spitzwegerichkraut *Plantago lanceolata L.*

Heilkräuter, die nicht ohne Einschränkung verwendet werden können

Nicht alle Heilkräuter eignen sich für eine uneingeschränkte Verwendung. Nach dem heutigen Stand der Untersuchungen hat es sich erwiesen, dass einige Heilkräuter, die schon lange in Verwendung waren, durch eine dauerhafte Anwendung Nebenwirkungen erzeugen können, welche nicht immer der Gesundheit dienen. So müssen zum Beispiel die Huflattichblätter, die Gingkoblätter oder auch das Johanniskraut in Hinsicht auf ihre Nebenwirkungen und Unvereinbarkeiten mit anderen Medikamenten geprüft werden. Dies erklärt zum einen die Wirksamkeit der Heilkräuter, zum anderen soll dies auch das Bewusstsein des Patienten erwecken, nicht sorglos Heilkräuter zu verwenden. Durch die modernen Analyse-Methoden und die immer sensibler werdenden Apparaturen ist es möglich geworden, unter anderem Giftstoffe zu entdecken, welche in sonst harmlos erscheinenden Heilkräutern enthalten sein können. So hat man unter anderem im Huflattich leberschädigende und krebsauslösende Substanzen wie Pyrrolizidinalkaloide nachweisen können, welche einen uneingeschränkten Dauergebrauch dieses Heilkrautes nicht mehr rechtfertigen. Auch weiß man inzwischen, dass Korbblütler Allergien auslösen können, und auch da ist zu bedenken, dass Pflanzen, die dieser Familie angehören, nicht uneingeschränkt verwendet werden können. Zu den Korbblütlern gehören bekannte Heilpflanzen wie Arnika, Beifuß, Kamille, Ringelblume sowie die Schafgarbe, um nur die wichtigsten zu nennen, bei welchen auf allergische Reaktionen zu achten ist. Einige Pflanzen enthalten Substanzen, welche die Lichtempfindlichkeit der Haut erhöhen, dadurch kann es zu Sonnenbrand und anderen Hautveränderungen kommen. Eine Heilpflanze, die in dieser Hinsicht mit Vorsicht anzuwenden ist, ist zum Beispiel das Johanniskraut. In diesem Buch wird bei jeder Pflanze, von welcher bekannt ist, dass sie Nebenwirkungen oder unerwünschte Wirkungen hervorrufen kann, darauf hingewiesen. Im Folgenden sind einige Heilkräuter angeführt, bei welchen in der Monographie solche Einschränkungen angeführt sind. Das Buch beinhaltet auch giftige und tödlich giftige Heilkräuter, deren Anwendung nur ausgebildeten und wissenschaftlich interessierten Personen vorbehalten bleiben sollte.

Alantwurzel *Inula helenium L.*
Arnikablüten *Arnica montana L.*
Augentrostkraut *Euphrasia officinalis*
Bärentraubenblätter *Arctostaphylos Uva Ursi L.*
Bärlappkraut/-pollen *Lycopodium clavatum L.*
Beifußkraut *Artemisia vulgaris L.*
Beinwellwurzel *Symphytum officinale L.*
Bittersüßstängel *Solanum dulcamara L.*
Blauer Eisenhut *Aconitum napellus L.*
Brunnenkressenkraut *Nasturtium officinale R.Br.*
Efeublätter *Hedera helix L.*
Enzianwurzel *Gentiana lutea L.*
Fingerhutblätter *Digitalis purpurea L.*
Ginkgoblätter *Ginkgo biloba L.*
Hopfenzapfen *Humulus lupulus L.*
Huflattichblätter *Tussilago farfara L.*
Johanniskraut *Hypericum perforatum L.*
Kalmuswurzelstock *Acorus calamus L.*
Kamillenblüten *Matricaria recutita L.*
Liebstöckelwurzel *Levisticum officinale W.D.J. KOCH*
Maiglöckchenkraut *Convallaria majalis L.*
Malvenblätter/-blüten *Malva officinalis L.*
Pfefferminzblätter *Mentha piperita L.*
Rautenkraut *Ruta graveolens L.*
Ringelblumenblüten *Calendula officinalis L.*
Rosskastaniensamen *Aesculus hyppocastanum L.*
Salbeiblätter *Salvia officinalis L.*
Schachtelhalmkraut *Equisetum arvense L.*
Schöllkraut *Chelidonium majus L.*
Sonnenhut *Echinacea angustifolia L.*
Tollkirschenpräparate *Atropa bella-donna L.*
Tormentillwurzelstock *Potentilla erecta L.*
Wacholderbeeren *Juniperus communis L.*

Heilkräuter, die in der Schwangerschaft nicht angewendet werden sollen

Einige Heilkräuter sollen in der Schwangerschaft und in der Stillzeit ohne vorherige Absprache mit dem Arzt nicht angewendet werden, und zwar aus mehreren Gründen. Zum Beispiel gibt es abführend wirkende Pflanzen, die eine reizende Wirkung haben und Wehen auslösen könnten. Beim Stillen werden die wirksamen Substanzen dieser Heilkräuter mit der Milch auf das Kind übertragen, was zu Koliken und Durchfällen führen kann.

Alantwurzel *Inula helenium L.*
Bärentraubenblätter *Arctostaphylos Uva Ursi L.*
Beifußkraut *Artemisia vulgaris L.*
Beinwellwurzel *Symphytum officinale L.*
Bittersüßstängel *Solanum dulcamara L.*
Huflattichblätter *Tussilago farfara L.*
Faulbaumrinde *Rhamnus frangula L.*
Kalmuswurzelstock *Acorus calamus L.*
Liebstöckelwurzel *Levisticum officinale W.D.J. KOCH*
Maiglöckchenkraut *Convallaria maialis L.*
Mäusedornwurzelstock *Ruscus aculeatus L.*
Petersilienkraut/-wurzel *Petroselinum sativum, crispum Mill.*
Rautenkraut *Ruta graveolens L.*
Schöllkraut *Chelidonium majus L.*
Sennesblätter *Cassia acutifolia Del. (in diesem Buch nicht näher behandelt)*
Sonnenhut *Echinacea angustifolia L.*
Tormentillwurzelstock *Potentilla erecta L.*
Wacholderbeeren *Juniperus communis L.*

Register